1%를 보는 눈

기계가 도달할 수 없는 오직 인간만이 가능한 창의성의 경지

1%를 보는 눈

크리스 존스 지음 · 이애리 옮김

THE EYE TEST

CHRIS JONES

Ć

추수밭

나를 돌아보게 하는 아들들에게
그리고 나를 구해준 애나에게

"나는 내 상상력을 자유롭게 끌어낼 수 있는 예술가다.
상상력은 지식보다 중요하다. 지식은 제한적이다.
상상력은 이 세상을 둘러싸고 있다."

―――――――――――――――――――――

아인슈타인

1929년 《새터데이 이브닝 포스트Saturday Evening Post》에 실린 인터뷰 중 "당신은 당신의 지식보다 상상력을 더 신뢰합니까?"라는 질문에 대한 아인슈타인의 대답이다. 유사한 의미로 널리 쓰이는 아인슈타인의 인용구로는 "논리는 당신을 A에서 B로 데려다줄 것이다. 하지만 상상력은 당신을 어디든 데려갈 수 있다"도 있다. 더 날카롭지만 아마 그가 한 말은 아닐 것이다.

여러분은 아마도 책 본문에 무수히 달린 주석 번호를 눈치챘을 것이다. 나는 일부 독자들이 주석에 대해 번거로워하고 독서에 방해가 된다고 생각하는 걸 잘 알고 있다. 그런데 독자의 몇 퍼센트가 그런지는 알 수 없다. 주석에 대한 어떠한 확실한 데이터도 존재하지 않아 보인다. 하지만《통계: 세계를 모델링하다 Stats: Modeling the World》라는 교과서는 첫 페이지에 다음과 같은 주석을 포함하고 있다. "이 장은 '서론'이라고 불렸을지도 모른다. 하지만 아무도 서론을 읽지 않는다. 나는 여러분이 서론을 읽어주기를 원했다. 하지만 아무도 주석을 읽지 않기 때문에 우리는 이를 주석에 써도 안전하다."[1] 통계 교과서의 저자들은 이 사실을 알고 있는 듯하다.

주석을 달갑게 여기지 않으시는 분들께는, 확실하게 사과드린다.

수고롭긴 하지만, 나는 출처를 설명하거나 이야기에 들어맞는 추가 맥락을 제공하기 위해 주석을 사용한다. 솔직히 전혀 획기적이지 않은 말이다. 설상가상으로, 몇몇 주석은 나의 글을 재인용한다. 나의 잡지 기사를 어느 정도 집해본 독자라면 이 책에서 처음 만나게 될 몇몇 사람들을 알아볼 것이다. 나는 일하면서 운 좋게 만난 수많은 창의적인 사람들과 그들이 내게 가르쳐준 교훈을 잊은 척하고 싶지 않았다. 참고로 '자기 참조적' 주석들은 필요하기는 하나 내가 보기에는 매우 어색하다. 그것들은 건너뛰어도 좋다. 모든 글은 텍스트 그 자체로 신성하지만 반드시 읽어야 하는 것은 없다.

그럼에도 주석을 챙겨 읽는 눈에 보이지 않는 소수의 독자 분들께 감사를 드린다. 주석은 많은 역할을 하고 있으며, 내가 인용한 사람들과 그들의 노동은 인정받을 자격이 있다.

여러분이 주석을 읽든 안 읽든, 모두가 이 책을 즐기고 여러분이 아름다운 무언가를 만들도록 영감을 줄 누군가를 찾길 바란다.

차례

---

①장 **엔터테인먼트** Entertainment

취향은 계산될 수 없다

---

②장 **스포츠** Sports

열정은 데이터를 이긴다

❸장　날씨 Weather
단 하나의 100%, 불확실성

❹장　정치 Politics
거짓말, 뭐 같은 거짓말, 그리고 통계

5장 범죄 Crime

숫자로 살인하기

6장 돈 Money

시장 조정은 인간의 몫이다

7장   의학 Medicine
모든 병은 질문을 던지며, 치료만이 그 대답이다

1장

엔터테인먼트

ENTERTAINMENT

취향은 계산될 수 없다

There's No Accounting for Taste

모든 것을 수치화할 수 있다는 생각은 어리석다. 인간의 상상력처럼 무한한 것을 어떻게 측정한단 말인가? 불행히도 이는 창작 활동엔 '정답'이 없으며, 우리가 성취하고자 하는 목표를 달성한다는 보장도 없다는 걸 의미한다. 그에 대해서 거짓 약속조차 받아내지 못할 것이다. 하지만 우리는 대개 전보다 더 나은 작품을 만들어낼 수 있고, 따라서 성공 확률도 높일 수 있다. 이렇게 벌어진 격차, 즉 우리의 현재와 앞으로의 가능성 사이의 간극이 개개인을 구분 지으며, 이는 인간이 기계와 구분되는 지점이기도 하다.

영화계를 완전히 혁신할 아이콘의 등장?

때는 2009년, 라이언 카바노 Ryan Kavanaugh가 할리우드를 초토화할 계획을 발표한 직후였다. 우리는 샤토 마몽 호텔 정원에서 만났는데, 아무리 혁명가라 해도 때론 기득권층의 우월한 취향을 인정해야 하기 때문이다.[1] 카바노는 30대 중반이었지만 나이보다 어려 보였거나 적어도 젊어 보이는 옷을 입고 있었다. 그는 좁은 타이에 진한 색의 청바지를 입고 파란색 컨버스 운동화를 신고 있었다. 적갈색 머리는 뾰족하게 세워져 있었으며, 눈동자는 그에게 반드시 필요한 사람들의 관심을 얻고자 끊임없이 움직였다. 우리가 도착한 지 1분이 채 지나기도 전에 화려한 색감으로 유명한 호주 출신의 바즈 루어만 Baz Luhrmann 감독이 나무 사이로 나타나 카바노와 긴 포옹을 나눴다.

"방금은 바즈 루어만 감독이었어요." 자리에 앉았을 때 카바노는 내게 알아두라는 듯 고개를 까딱이며 말했다. 그날 아침 웨스트 할리우드에 있는 카바노의 사무실 대기실에는 바즈 루어만 감독처럼 색감이 화려하진 않지만 그만큼 유명한 다른 감독이 자리를 빛내고 있었다. 야구모자를 쓰고 등산화를 신은 론 하워드Ron Howard 감독은 양손을 무릎에 포갠 채 학생처럼 다소곳이 앉아 있었다. 안내원이 그에게 물을 권하자 그는 우리가 정확히 예상한 대로 "됐습니다"라고 말했다.

하워드 감독은 자신의 책을 영화화하고 싶어 하는 어느 작가와 카바노의 미팅이 끝날 때까지 기다리고 있었다. 그들이 계약 조건을 합의하는 데에는 시간이 걸렸다. 그 작가는 할리우드 이곳저곳을 돌아다니고 있었는데, 카바노에게 지금까지 자신이 얼마나 많은 유명 감독들을 만났는지 이야기했다. 카바노는 스타를 동경하는 얼빠진 숙맥이 아니었다. 잘나가는 부동산을 보유하고 있었으며, 제대로 값을 받길 원했다. 협상 전문가인 카바노는 웃으며 어깨를 으쓱했다. 배우 케이트 보스워스Kate Bosworth와 데이트를 할 때도 전혀 부끄러워하지 않는 사람이었다. "저도 유명 감독들을 여럿 알고 있습니다." 그가 작가에게 말했다. 그중 한 명이 '바로 지금' 카바노를 만나기 위해 밖에서 기다리고 있었다.

카바노는 렐러티비티 미디어Relativity Media의 설립자였고, 유명 감독들은 그의 얼굴을 보기 위해 하염없이 기다리거나 그와 포옹하기 위해 이리저리 뛰어다녔다. 왜냐하면 그가 공식적으로 (논란의 여지가 있지만) 20억 달러의 유동자산을 깔고 앉아 있었기 때문이다. 카바노는 자산 중 상당 부분을 초기 투자액 대비 수십억 달러의 거금을 보유하게 된 뉴욕의 유서 깊은 헤지펀드사 엘리엇 매니지먼트Elliott Management에게서 투자받았다. 카바노의 스튜디오에는 중국같이 먼 곳에서 온 거액의 후원자들도 있었다. 할리우드 기준으로 따져봐도 렐러티비디 미디어의 금고는 바닥이 보이지 않을 정도였고, 카바노는 그 금고를 여는 유일한 열쇠를 쥐고 있었다. 창작을 위해 돈이 필요한 사람들은 물론, 더 많은 돈을 벌고 싶은 사람들 사이에서 그의 인기는 갑자기 치솟았다.

카바노는 많은 사람이 모여 있는 곳에서 집중적으로 관심 받는 일에 익숙해졌다. 실제 그는 젊었을 때 투자계에서 용감무쌍하다는 평판을 얻기도 했다. 나중에 카바노를 고소한 사람들조차 그가 믿을 수 없이 뛰어난 세일즈맨이었음을 인정했다. 이후 카바노는 유명 스튜디오에서 제작되는 영화의 재정 중개인으로 재기했다. 수십억 달러의 벤처 자본 덕분에 그는 지각변동이 임박한 업계에서 자신의 입지를 다질 수 있었다. 그리고 투자자들에게 지난 100년 동안 어떠한 영화사 대표도 해내지 못한 일을 할 것이라는 결코 흠잡을 데 없는 약속을 했다. 바로 흥행작만 만들겠다는 약속이었다.

영화판에 애널리틱스를 도입하다

카바노의 타이밍은 완벽했다. 그의 메시지가 이보다 더 사람들에게 잘 먹힐 수 없었다. 2008년 경제 위기 이후 그 끔찍하고 불안한 시기에도 그는 사업체를 꾸렸다. 금융 긴축 정책과 투자자의 이탈, 디지털 불법 복제, 예기치 못한 독일 조세 회피처의 해체, 아주 형편없는 영화들로 인해 영화계에 늘 차 있던 금고는 바닥을 보였다. 와인스타인Weinstein 형제는 제작 편수를 1년에 10편으로 줄이라는 지시를 받았다.[2] 뉴 라인New Line은 워너 브라더스의 품으로 사라졌으며, 메트로 골드원 메이어Metro-Goldwyn-Mayer는 파산 직전이었다.

문제의 핵심은 영화 제작비가 비싸졌다는 것이며, 이는 굴지의 영화사들조차 성공하는 만큼 실패한다는 기존의 우려를 더욱 심화시켰다. "아무도 모른다"는 할리우드의 처세훈으로, 영화 〈내일을 향해 쏴라〉(1970)의 각본가인 고故 윌리엄 골드먼William Goldman이 처음 한 말이다. 골드먼의 명언은 이게 끝이 아니다. "영화 산업 전체를 통틀어 무슨 일이 일어날지 확실하게 알 수 있는 사람은 한 명도 없다. 그런 이야기는 언제나 추측에 불과하며, 운이 좋아야 근거 있는 추측을 할 수 있을 뿐이다."[3] 누구도 〈사막 탈출〉(1987)이나 〈천국의 문〉(1980) 같은 영화를 만들려고 의도하진 않았지만 영화가 성공할지 실패할지 아니면 거의 잊힐지는 대개 운에 좌우되는 듯 보였다. 〈더 레슬러〉(2008)와 〈블랙 스완〉(2010)을 연출한 대런 아로노프스키Darren Aronofsky 감독은 이렇게 말했다. "사람들에게 무엇이 어떻게 받아들여질지는 아무리 애써도 절대 알 수 없다. 영화가 어떤 식으로 보일지 당신은 절대 알 수 없다."[4] 촬영 예산이 걷잡을 수 없이 치솟으면서 흥행 참패는 이제 변덕스러운 영화 산업으로 인한 안타까운 희생 그 이상의 문제가 되었다. 흥행 실패작은 영화를 제작한 스튜디오를 무너뜨릴 만큼 파괴력이 커졌다. 그리고 이내 모두가 '망작(망한 작품)'을 내놓았다. 모든 할리우드 영화가 나쁜 결말을 맞이할 운명이었다.

렐러티비티는 예외였다. 라이언 카바노는 자신이 영화의 수익률 암호를 풀었다며 호화로운 만찬을 즐기고 전용 헬기를 타고 다니며 시끄러운 날개짓 소리를 뿜냈다. 애널리틱스(2003년 판도를 뒤집은 마이클 루이스Michael Lewis의 책《머니볼Moneyball》에서 도입된 합리적이고 정량적인 의사결정 시스템)를 이용해 카바노는 영화 제작이라는 방정식에서 열정과 직관을 빼려고 했다. 출루에 대한 야구계의 새로운 인식을 반영하듯 그는 항상 홈런을 칠 것이라고 주장하진 않았다. 다만 박스오피스에서 1루타와 2루타는 거뜬하다고 자신했다. 머지않아 예술과 창작이라는 묘한 마법은 여느 마술처럼 신비주의로 치부될 것이었다. 렐러티비티에서는 빅데이터가 최고의 자리를 차지했다.

카바노가 데리고 있던 숫자놀이꾼들은 어떤 대본의 장점을 검토할 때 시원한 사무실에 앉아 윙윙 소리를 내는 중앙 컴퓨터에 수많은 변수를 입력했다. 그런 다음 이 천재 통계학자들은 몬테카를로 방법The Monte Carlo method을 가지고 이런저런 장난을 쳤다. 주말마다 개봉하는 영화의 배역과 그것을 맡은 배우들을 평가하고, 자신들의 이론에 따라 조합하여 역사 속 방대한 박스오피스 데이터와 비교했다. 즉 과거에 어떤 작품이 언제, 어디서 흥행했는지에 관한 패턴을 분석한 것이다.[5] 일례로 중앙 컴퓨터는 나탈리 포트만이 프랑스에서 상당한 인기를 끌 거라 예측했는데, 아마 영화 〈레옹〉(1994)에서 그녀가 아역 스타로 발돋움한 사실을 통해 유추했을 것이다. 게다가 뉴멕시코주가 영화 산업에 후한 세금 공제 혜택을 제공하며 미네소타주와 중동, 화성을 대체할 수 있는 장소라는 것도 알았다. 촬영장 카메라는 수학적 계산이 논쟁의 여지가 없는 확실한 결과를 내놓을 때만 돌아갔다. 그리고 렐러티비티에서 이 계산은 놀랄 정도로 자주 들어맞았다. 매년 수십 편의 영화에서 카바노의 이름이 보이기 시작했다.

"아시다시피 전 예술을 하려고 이 일을 하는 게 아닙니다." 그가 내게 말했다. "상은 아무래도 상관없어요. 전 돈을 벌고 싶고, 사업을 하고 싶습니다."

카바노는 때론 영화를 '위젯widget'이라 부르며 자신은 인간의 감정을 표현하는 게 아니고 전자기기를 만드는 거라는 태도를 보였다. 그는 영화 〈폴 블라트: 몰캅〉(2009) 제작을 지원했는데, 전동 스쿠터 세그웨이를 타고 다니는 케빈 제임스Kevin James가 일부 지역에서 선풍적인 인기를 끌었기 때문이다. 게다가 카바노는 내가 좋아하는 영화 중 하나인 〈비겁한 로버트 포드의 제시 제임스 암살〉(2006, 이하 〈제시 제임스〉) 제작에도 참여했다. 이야기가 느릿느릿 전개되는 이 작품은 매우 아름다우며 예술적으로도 빼어나다. 샤토 마몽 호텔 정원에서 카바노와 만난 그날 밤, 나는 영화 속 모순을 이해하느라 애를 먹고 있다고 털어놓았다. 그러자 그가 반짝이는 눈동자를 이리저리 굴렸다. 그는 두 작품 모두 자신에게 돈을 벌어다 줄 것이라 기대했다. 그런데 〈폴 블라트〉의 인기가 〈제시 제임스〉의 인기를 큰 격차로 앞질렀다는 사실에서 그는 교훈을 얻었다고 생각했다. "〈제시 제임스〉를 몇 명이나 봤는지 아십니까?" 카바노가 물었다. "당신을 포함해 8명입니다. 그에 반해 〈폴 블라트〉는 전 세계적으로 약 2억 달러의 수익을 올렸죠. 전 이제부터 〈폴 블라트〉 같은 영화만 찍을 겁니다."(〈제시 제임스〉와 〈폴 블라트〉 모두 국내에서는 미개봉작이다 - 옮긴이)

협상에 까다롭게 굴던 작가는 이른 오후가 되어서야 카바노의 사

● ○○○○○○

무실에서 나왔다. 당시 렐러티비티의 제작 총괄이었던 터커 툴리Tucker Tooley가 그를 문 앞까지 배웅해주었다. 엘리베이터로 향하던 중 작가는 다음 차례를 기다리고 있는 론 하워드 감독을 보았다. 그는 걸음을 멈추고 툴리의 팔을 잡으며 말했다. "방금 론 하워드 감독이었어요."

툴리가 고개를 끄덕였다. "네, 론 하워드 감독 맞습니다."

"그가 없는 말을 한 건 아니군요." 작가가 말했다.

거대한 야심 끝에 도달한 완벽한 실패

카바노는 회사 로비에 있는 론 하워드 감독에 대해 거짓말하지 않았다. 그렇지만 카바노의 약속들은 대부분 실현되기 힘든 것으로 드러났다. 우리의 만남 이후에도 카바노는 몇 년간 50편이 넘는 영화의 제작을 지원했다. 초합리적인 도박에 이어 복승식 내기(1, 2등을 동시에 맞히는 내기 방식 – 옮긴이)에도 뛰어든 모양이었다. 그런데 1루타와 2루타는커녕 일부 영화는 그야말로 대재앙이었다. 〈워리어스 웨이〉(2010)는 제작비가 4,200만 달러나 들었지만, 미국에서의 수익이 570만 달러에 불과했다. 제라드 버틀러Gerard Butler 주연의 〈머신건 프리처〉(2011)는 미국 박스오피스에서 3,000만 달러의 제작비 대비 정확히 53만 8,690달러를 벌어들였다.[6] 다른 영화들도 대부분 수익을 올리지 못했다(일부 좋은 작품도 있었지만, 대개는 그렇지 않았다). 2012년 렐러티비티는 8,500만 달러를 잃었다. 2013년에는 무려 1억 3,500만 달러의 손실이 났다. 그리고 2014년엔 또 1억 1,800만 달러가 사라졌다.[7]

이 같은 손실의 원인은 카바노의 몬테카를로 방법이 제대로 작동하지 않았기 때문만은 아니었다. 무슨 전설 속 인물인 것마냥 카바노는 전용기를 타고 다니며 산타모니카 공항의 전용 격납고를 이용하거나 잠깐이지만 애완 늑대를 기르는 등 '영화 제작과 전혀 상관없는' 일에도 막대한 돈을 썼다. 2010년 엘리엇 매니지먼트가 남아 있던 투자금을 빼내자 카바노는 파산하지 않기 위해 자금을 구하러 닥치는 대로 일을 해야 했다. 돌이켜보면 그는 정말 대단한 세일즈맨이었다. 하지만 그의 자금 조달 방식은 점점 더 투자가 아닌 대출의 형식을 띠었다. 2016년 수천만 달러에 달하는 대출금 상환 기한이 도래했을 때 카바노는 결국 자신이 진 엄청난 채무를 감당할 수 없었고, 렐러티비티는 처음으로 파산을 선언했다. 명성에 치명상을 입은 렐러티비티는 2018년 다시 파산 신청을 했고, 라이언 카바노는 더는 유명 감독들의 포옹을 받지 못했다.

2021년 즈음 카바노는 트릴러Triller라는 디지털 엔터테인먼트 플랫폼을 대표하는 얼굴로 세 번째 자아를 창조했다. 공개적으로 그는 렐러티비티의 몰락을 자신이 성공하기도 전에 자금을 빼간 쫄보 금융가들 탓으로 돌렸다. "전 렐러티비티의 성공을 위해 노력했습니다." 그가 말했다. "너무 힘들었습니다. 모두가 손을 뺀 상황이었죠."[8] 하지만 나는 렐러티비티가 결국 실패할 수밖에 없었을 거라 확신한다. 핵심 사업인 수익성 있는 영화를 만드는 데 별로 재능이 없었기 때문이다(기각되긴 했으나 파산 이후 벌어진 한 소송에서 언급된 인상적인 문장을 인용하면 "흥행작들을 선별할 수 있다는 카바노의 주장은 납을 금으로 만들려는 연금술사의 헛된 노력에 지나지 않는 것으로 밝혀졌다").[9]

• ○ ○ ○ ○ ○ ○

렐러티비티에서 데이터 검증을 거쳐 제작된 마지막 작품은 아이러니하게도 〈마스터마인드〉(2016)였다. 렐러티비티는 허술했던 실제 강도 사건을 바탕으로 하는 이 영화가 1억 2,500만 달러의 수익을 올릴 것으로 예측했다. 하지만 개봉 지연으로 기대수익에서 거의 1억 달러가 날아갔다.[10] 애널리틱스가 작은 구단인 오클랜드 애슬레틱스Oakland A's의 플레이오프 진출엔 도움이 됐을지 몰라도, 카바노는 더는 베팅을 이어갈 여력이 없었다. 결국 오랫동안 이어져온 할리우드의 평범한 행운의 법칙이 승리한 셈이다.

숫자로 설명되지 않는 뜨거운 세계

"청중을 파악하라"는 "아무도 모른다"보다 더 오래된 잠언이다. 실례인 줄 알지만 이 책을 읽고 있는 여러분에 대해 멋대로 몇 가지 추측을 해봤다. 이 책은 독자들을 진심으로 격려하기 위해 만들어졌다. 나는 이 책이 여러분에게 용기를 불어넣길 바란다. 그 말인즉슨 이 책이 서점과 도서관의 '자기계발' 서가에 놓이게 된다는 걸 의미한다. 이는 무슨 일을 하든 이 책의 독자가 지금보다 그 일을 더 잘하는 데 도움이 되길 바란다는 것을 시사한다. 그리고 역으로 나는 여러분이 자신의 성장 가능성을 믿는 사람이라고 추측할 수 있다. 그렇지 않다면 여러분은 이 책을 읽지도 않았을 것이다. 만약 여러분의 긍정적 사고 회로가 힘을 잃어가고 있다면(지금처럼 기이하고 위험천만한 시대엔 당연한 일이다) 내가 여러분을 대신해 희망을 품겠다. 바라건대 이 책에서 여러분이 새로운 믿음에 대한 이유를 찾길 바란다. 물론 완전히 독창적인 일을 하며 자신이 원하는 길을 걸어가는, 한 세대에 한 번 나올까 말까 한 뛰어난 재능을 가진 사람들도 있다. 그들은 각종 사회 운동을 이끌 며 나머지 사람들로 하여금 사기꾼 같다고 느끼게 한다. 하지만 많은 이들에게 창의성은 천재성의 발현이 아니며, 막 일을 시작했다면 더 욱더 그렇다. 창의성은 우리가 잘 가꾸고 연마하여 불꽃을 피워야 할 덕목이다.

글을 쓰며 느끼는 큰 즐거움 중 하나는 특히 창의적인 사람들과 그 들이 하는 일에 관해 이야기를 나누는 것이다(곧 당신도 내가 좋아하는 사 람들을 만나게 될 것이다). 평소 말수가 적은 사람이라도 자기 기술이나 작품을 만드는 과정에 관한 질문을 받으면 쉽게 마음을 여는 경향이 있다. 이 사람들에겐 대부분 괴짜 같은 구석이 있어 누군가에게서 자 신의 외골수적인 면모를 발견하면 좋아한다. 자신의 광기를 내보여도 괜찮다는 신호이기 때문이다. 전문 목수에게 가장 좋아하는 연장이 무엇인지 질문해보라. 여러분은 그가 아끼는 풀라스키 도끼(한쪽 끝이 괭이로 된 도끼 - 옮긴이)가 지닌 상대적인 장점에 대해서 흥미롭고 조예 깊은, 그러나 때론 두서없이 장황한 교육을 받게 될 것이다.

게다가 우리는 과거엔 접근할 수 없던 사람들에게 직접 다가갈 수 있는 시대에 살고 있다. 유명인들 또한 온라인 공간에서 상당히 많은 시간을 보내고 있다. 만약 여러분이 그들의 직업에 대해 더 자세한 정 보를 얻고 싶다면 SNS로 물어보면 된다. 그 사람들이 얼마나 빠르게 대답해주는지 알면 깜짝 놀랄 것이다. 자질구레한 부분을 파고들수록 반응이 더 좋아지는데, 강박적인 사람들은 지엽적인 이야기에서 큰 만족감을 느낄 때가 있기 때문이다.

내가 존경하는 송라이터 제이슨 이스벨Jason Isbell[11]은 트위터에 새 기타 혹은 앰프를 고를 때 음량과 음색 다이얼을 만져본다고 쓴 적이 있다. 그는 이런 식의 조정이 악기 소리에 영향을 미치는 순간을 즐긴다. 좋은 악기가 만들어내는 음의 높낮이나 따뜻한 느낌은 설정에 살짝만 변화를 줘도 바뀔 것이다. 나는 음악을 너무 좋아하지만 음치인데, 나 같은 사람도 소리의 차이를 똑같이 느낄 수 있는지 혹은 제이슨의 귀가 근본적으로 내 귀와 다른 것인지 궁금해졌다. 나는 그에게 어떻게 소리를 잘 들을 수 있게 되었는지 물었고, 그는 아주 친절하게 대답해줬다.

"그건 예술 비평과 같다고 생각해요." 그는 트위터에 이렇게 남겼다. "당신이 백만 점의 그림을 정말 열심히 들여다보면 무엇이 좋은 그림을 만드는지 알게 될 겁니다."

나는 그의 대답이 마음에 들었다. 재능은 습득하는 것임을 시사하고 있으며, 이는 우리 중 누구라도 재능을 가질 수 있다는 긍정적 태도를 보여주기 때문이다. 즉 우리가 적극적으로 시간을 투자한다면 어느 정도 운명을 선택할 수 있다. 우리는 우리가 해보길 원하는 걸 할 수 있다…. 그러나 솔직히 이 말이 진짜인지는 잘 모르겠다. 음치인 내가 아무리 노력해도 훌륭한 뮤지션은 될 수 없을 것 같기 때문이다. 요리사의 미각이나 작가의 운율감도 마찬가지다. 영감의 진흙으로 빚어진 사람이라 해도 아무런 재능 없이 이러한 직업군에서 탁월한 경력을 쌓을 수 있다고 생각하긴 힘들다. 예술적 성취를 달성하려면 '어떤' 전제 조건이 필요하다.

하지만 나는 창의력이 필요한 일에선 열정이 매우 중요하다고 생각한다. 열정이 기적을 만들어내는 경우를 지켜봤기 때문이다. 스스로 동기부여가 된 사람들이, 특히 그 동기가 생명의 탄생처럼 거의 설명 불가능한 내적 욕구에서 비롯되었을 때 어떤 일을 해낼 수 있는지 봐왔다. 이런 사람들은 연습을 통해 발전하기도 하지만 자기 자신과 신성하다고 여기는 어떤 존재에 대한 신념 때문에 발전하기도 한다. 마음에 여유가 있는 사람이 성장하는 법이다. 이들이 무능한 사람에서 유능한 사람으로 단번에 도약할 순 없어도, 무능한 사람에서 괜찮은 사람으로, 괜찮은 사람에서 잘하는 사람으로, 잘하는 사람에서 뛰어난 사람으로 스스로를 끌어올릴 순 있다. 과거의 자신보다 더 나은 사람이 되려고 노력하기 때문이다. 바로 여러분처럼.

다양한 분야에서 활약하는 이 시대의 크리에이터들 옆에 여러분의 자리를 마련해주고 싶다. 그들의 일하는 모습을 지켜보며 내가 느낀 감정을 여러분도 똑같이 느낄 수 있도록 말이다. 그들이 볼 수 있는 방식으로 세상을 보고, 그들의 다채로운 시각으로 새로운 가치를 발견할 수 있길 바란다. 그리고 지금 당장, 이 순간에 그들의 재능을 여러분과 나누고 싶다. 최근 우리는 기계의 가치를 과대평가함으로써 인간의 가치, 즉 우리 자신과 서로의 잠재력을 과도하게 깎아내리고 있다. 우리는 똑똑하고 헌신적인 사람들이 가진 경험의 가치를 과소평가하며 그들의 목소리를 무시하고 그들의 언명을 더 차갑고 분석적인 언어로 대체하려 한다. 바로 데이터와 숫자, 코드로 말이다. 나는 여러 번 반복해서 말할 것이다. 애널리틱스가 필요한 분야가 있고 인공지능과 알고리즘이 필요한 분야가 있다. 이것들은 무언가를 결정하는

데 도움을 얻고자 신중하고 책임감 있게 사용될 때 유용하다. 이 숫자들이 일부 사람들에겐 기쁨을 가져다주지만, 나를 포함한 대다수 사람들에겐 그렇지 않다고 생각한다. 나는 기쁨과 더불어 영감과 욕망처럼 인간만의 독특한 감정을 추구하는 사람들에게 눈길이 간다. 유능한 창작자들이 자기 일에 관해 말하는 이야기는 아무리 들어도 싫증나지 않을 것이다. 그들의 이야기는 절망에 빠졌을 때 처방받을 수 있는 일종의 치료제와 같다.

영화 공식을 둘러싼 작가의 딜레마

예술가들이 항상 사색하기를 좋아하는 건 아니다. 오히려 그들의 작품은 번뜩이는 광기보단 틀에 박힌 뻔한 방식의 산물일 때가 더 많다. 인기 있는 노래는 대개 다음과 같은 구조를 따른다. 벌스Verse(절) − 코러스Chorus(후렴) − 벌스 − 코러스 − 브리지Bridge(연결) − 코러스 − 코러스. 마술 역시 플레지, 대전환, 프레스티지 이렇게 세 부분으로 구성된다. 많은 그림과 사진 또한 삼등분 법칙 혹은 황금비율을 따른다. 문학에는 전통적인 이야기 갈등 곡선이 있고, 영화에는 3막 구성이 있다. 우리가 즐기는 엔터테인먼트는 교량과 마찬가지로 공학 기술의 집합체다. 주로 구성이 얼마나 탄탄한지에 따라 성공과 실패가 결정된다.

영화 제작과 관련해서 근본적으로 서로 상충하는 책들이 있다. 그중 하나가 로버트 맥키Robert Mckee가 쓴 《시나리오 어떻게 쓸 것인가Story: Substance, Structure, Style, and the Principles of Screenwriting》이다. 이 책

은 영화 대부분이 이미 알려진 이야기를 반복하며, 초보 시나리오 작가들이 익숙해져야 하는 업계의 특정 규격이 있다는 입장을 취한다. 맥키는 현재 워크숍과 세미나를 열어 엄격하게 규정된 스토리텔링 기법을 가르치고 있다. 전 세계적으로 10만 명 이상이 그의 강연에 참석했으며, 여기에는 미래의 아카데미상 수상자 60명[12]도 포함돼 있다(이 숫자만 따로 떼놓고 보면 아주 고무적이지만, 종합해서 보면 실은 냉혹한 수치다. 맥키의 세미나에 참석한 사람들이 미래에 오스카상을 받을 확률은 0.0006퍼센트에 불과하다).

《시나리오 어떻게 쓸 것인가》는 각종 교훈으로 가득 차 있고 성경의 십계명처럼 읽히는데, 그 이유는 진짜 십계명처럼 굵은 글씨로 쓰여 있기 때문이다. 이를테면 다음과 같다.

'주동 인물'은 의식적인 욕망을 지닌다.

'인물의 진짜 성격'은 압박 속에서 이뤄지는 인물의 선택을 통해 드러난다. 압박이 클수록 깊은 내면이 드러나고, 캐릭터의 본성에 따른 인물의 선택이 진정성을 띠게 된다.

'이야기'는 관객이 다른 상상을 할 수 없을 만큼 결정적인 사건으로 구축되어야 한다.[13]

맥키는 자신의 지론을 결코 제안이나 작가들이 고려했으면 좋겠다는 도움말의 형태로 제시하지 않는다. 그의 규칙들은 절대적이다. 이러한 맥키의 모습이 극대화된 작품으로는 찰리 카우프만Charlie Kaufman이 각본을 쓰고 브라이언 콕스Brian Cox가 맥키를 연기한 훌륭한 영화 〈어댑테이션〉(2002)이 있다. 콕스는 로버트 맥키의 영혼과 교신 이라도 했는지 영국 광교회파 목사처럼 강연장 단상을 어슬렁거리며 열변을 토했다. 카우프만은 맥키를 풍자하려 했지만, 동시에 그의 규 칙에 이의를 제기하기 어렵다는 것을 인정했다. 라이언 카바노의 허 술한 암호 해독과 달리 맥키의 통찰에는 중요한 진실이 담겨 있다. 일 례로 픽사Pixar에서 만든 거의 모든 영화가 맥키의 규칙을 따르고 있으 며 상당히 훌륭하다.

〈어댑테이션〉에는 수잔 올린의 소설《난초 도둑》을 영화로 각색하 기 위해 땀 흘리며 고군분투하지만 항상 배를 곯는 작가 찰리 카우프 만이라는 인물이 나온다(이 모든 설정이 실제 찰리 카우프만과 굉장히 닮았 다). 찰리에게는 (실제가 아닌 영화 속에서) 시나리오 작가가 되기로 한 쌍 둥이 동생 도널드가 있다. 도널드는 맥키의 세미나에 참석한 후 큰 고 민 없이 액션 영화를 써내려가는데, 이 진부한 영화가 순식간에 수백 만 달러를 호가하며 팔린다. 찰리는 자신의 높은 예술적 이상으로 괴 로워하면서도 무엇이든 써내려 애쓴다. 절박해진 그 역시 방향을 잡기 위해 로버트 맥키를 찾아가고 강철 같은 단호한 조언을 듣는다. "결말 부터 찾게나." 맥키는 담배 연기를 내뿜으며 충고한다. "얕은수는 쓰 지 말고. 그리고 데우스 엑스 마키나deus ex machina(고대 그리스 연극에서 쓰인 무대 기법으로 초자연적인 힘을 이용하여 극의 긴박한 국면을 타개하고 이를 결말로 이끌어가는 수법 – 옮긴이)를 끌어들일 생각일랑 하지도 말게."

물론 영화는 아이러니하게도 때맞춰 악어가 나타나는 데우스 엑스 마키나로 끝난다. 현실의 찰리 카우프만은 영화계의 관습을 조롱하고 싶었던 것 같다. 사실 그는 작품 활동 내내 이러한 모습을 보여왔다. 카우프만은 〈존 말코비치 되기〉(1999)와 〈이터널 선샤인〉(2004)처럼 기묘하지만 심장을 뛰게 하는 영화들을 썼는데, 이 중 어느 것도 맥키의 원칙을 따르지 않는다. 이 영화들은 찰리 카우프만의 신념을 따르며, 그 결과 나를 비롯한 일부 사람들에게만 사랑받고 있다. 하지만 여기에서 우리는 금전적 성공보다 더 중요한 사실을 발견할 수 있다. 카우프만의 영화가 어떤 사람들에게는 강력한 울림을 줄 수 있지만 결코 대중적 성공에는 도달하지 못할 것이며, 그는 자신이 원하는 만큼 영화를 많이 만들지 못했다는 사실이다. 상업성만 놓고 보면 카우프만은 그다지 좋은 선택이 아니다. 게다가 오늘날의 할리우드는 이런 모험을 할 수 있는 구조도 아니다.

카우프만은 이런 말을 했다. "연극은 살아 있지만 영화는 죽었습니다." 이후 그는 미국 작가 조합과의 인터뷰에서 자신의 비관적인 생각을 자세히 풀어놓았다. "전 영화를 사랑합니다. 항상 그랬죠. 제 인생에서 영화는 열정의 큰 부분을 차지해왔습니다. 제 생각에 할리우드에는 영화 제작과 관련된 하나의 공식이 있습니다. 이건 저렇게 되어야만 하고 저건 이런 구조를 갖춰야 하며, 등장인물에게는 이런 일이 일어나야 한다는 사고방식이 있는 것 같아요. 어떤 장르의 예술이든, 아니 어느 분야에서든, 정해진 틀에서 벗어날 때 새로운 세상이 열린다고 봅니다."[14]

카우프만의 작품은 규칙을 어김으로써 아름다운 것을 만들어낼 수 있음을 증명한다. 로버트 맥키의 《시나리오 어떻게 쓸 것인가》와

균형추를 이루는 윌리엄 골드먼의 《영화 산업의 모험 Adventures in the Screen Trade》으로 눈길을 돌려보자. 영화 각본 집필에서 골드먼의 이력은 실제로 맥키의 이력보다 훨씬 인상적이다. 그는 1969년 아카데미 각본상을 수상한 〈내일을 향해 쏴라〉 외에도 〈모두가 대통령의 사람들〉(1976)로 1976년 두 번째 아카데미 각본상을 받았다. 그리고 자신의 동명 소설을 원작으로 한 영화 〈마라톤 맨〉(1976)과 〈프린세스 브라이드〉(1987)의 각본을 쓰기도 했다. 골드먼은 영화사 임원진의 요구와 마케터들의 의견을 무시한 채 이 모든 일을 해냈다. 〈내일을 향해 쏴라〉는 구성에서 어쩔 수 없이 불안정함을 조성하는데, 이 영화가 전통적인 3막 구성이 아닌 2막 반 정도의 구성으로 짜여 있기 때문이다. 〈모두가 대통령의 사람들〉에서 두 남자가 전화로 통화하고 타자기를 두드리는 장면은 왠지 모르게 심장을 벌렁거리게 만든다.

2018년 골드먼이 사망하자 《버라이어티 Variety》는 그를 찬양하는 부고 기사를 냈다. 해당 기사를 쓴 기자 피터 드브루지 Peter Debruge는 〈프린세스 브라이드〉가 자신의 무인도에 가져갈 영화 목록에 포함된다고 고백했다. 다시 말해 그는 지금까지 만들어진 다른 모든 영화를 제치고 〈프린세스 브라이드〉를 무인도에 가져가기로 선택한 것이다 ("윌리엄 골드먼은 시대의 유행보다 자신의 신념에 따라 각본을 쓰며 수십 년간 이어질 유산을 남겼다").[15] 드브루지는 또한 영화사 MGM에서 프랭크 시나트라 Frank Sinatra 주연 영화 〈더티 딘거스 마지〉(1970)에 더 많은 관심을 기울인 덕분에 골드먼이 〈내일을 향해 쏴라〉를 자신의 의지대로 실현하기가 수월해졌다고 회고했다. 여러분은 〈더티 딘거스 마지〉를 기억하는가? 아닐 것이다. 하지만 〈내일을 향해 쏴라〉를 봤다면 분명 기억할 것이다. 절벽 점프와 총격전, 폴 뉴먼**Paul Newman**과 로버트 레드포드**Robert Redford**가 보여준 자연스러운 호흡이 떠오를 것이다. 여러분이 볼리비아 사람이 아니라면 볼리비아를 생각할 때 가장 먼저 떠오르는 영화가 바로 이 영화일 것이다.

〈프린세스 브라이드〉에 관해서도 드브루지가 옳았다. 이 영화는 흠잡을 데가 없다. 하지만 이 이야기는 원래 골드먼이 딸들이 잠자기 전 들려주던 동화였기에 관객들이 영화의 절정에서 듣고 싶어 하는 이야기와는 거리가 멀었다. 그래서 영화는 다음과 같은 서술 장치를 도입한다. 영화 속에서 할아버지는 손자에게 이야기를 들려주는데, 손자가 지루한 부분은 건너뛰어달라고 부탁한다. 그 결과 마법이 일어났다. 아름다움과 재미를 놓치지 않으면서도 긴장감 있고 사랑스러운 영화가 된 것이다. 정상적인 사람이라면 죽을 때까지 저버리지 않을 영화다.[16]

〈프린세스 브라이드〉는 박스오피스에서 그렇게 좋은 성적을 거두진 못했다. 어떤 면에선 제작사를 혼돈스럽게 한 탓이다. 마케터들은 이 영화가 무엇을 이야기하는지 잘 이해하지 못했다. 이 영화는 로맨스처럼 느껴지기도 하고 액션 영화 같기도 하다. 코미디처럼 보이다가도 드라마인 것 같기도 하다. 어떻게 보면 무인도에 가져가야 할 완벽한 영화라 할 수 있다. 모든 장르의 영화가 조금씩 담겨 있기 때문이다. 안타깝게도 사람들은 대개 영화를 보기 전에 자신이 볼 영화가 어떤 종류의 영화인지 알고 싶어 하는데, 〈프린세스 브라이드〉는 이러한 꼬리표를 거부한다. 골드먼은 우리의 집단 잠재의식 속 기대, 즉 맥키의 주장에 따르면 우리 모두가 무의식적으로 따르는 규칙들을 지키지 않았다. 〈프린세스 브라이드〉를 돋보이게 하는 유쾌하고 거리낌 없는 독창성은 흥행에 걸림돌이 되었다.

예술이 때때로 우리를 불편하게 하는 건 당연하다. 예술은 우리에게 감탄과 당혹감, 기쁨을 선사한다. 하지만 상식의 틀에서 벗어난 예술을 지켜보는 일은 쉽지 않으며, 사람들은 즐기려고 보는 오락거리에서 논쟁을 원치 않는다(라이언 카바노가 내게 〈제시 제임스〉의 관객 수에 관해 이야기한 것을 기억하는가? "당신을 포함해 8명입니다." 정말이지, 기운 빠지는 말이었다).

존 파브로Jon Favreau가 각본을 쓰고 감독한 2014년 영화 〈아메리칸 셰프〉를 예로 들어보자. 그는 영화의 주연을 맡기도 했다. 〈아메리칸 셰프〉는 〈제시 제임스〉와 결이 다르지만, 이 영화가 품을 수 있는 야망이 제한적이라는 사실이 어떤 면에서는 이 영화를 더 빛나게 만든다. 〈아메리칸 셰프〉는 겉보기에 철저히 전통적인 구성을 따르고 있으며, 맥키의 신성불가침한 3막 구성으로 배열되어 있다. 파브로는 로스앤젤레스 유명 레스토랑의 인기 요리사로 음식평론가에게 공개적 망신을 당한 뒤 일을 그만둔다. 이것이 소위 말하는 '촉발 사건'이며, 1막의 끝이다. 파브로는 마이애미로 떠난 뒤 가장 친한 친구와 푸드트럭을 사서 개장한다. 그런 다음 친구와 아들(아들은 전 부인과 지낸다)과 함께 로스앤젤레스로 돌아가는 국토 횡단 자동차 여행을 시작한다. 천진난만한 세 사람은 중간중간 트럭을 세우고 사람들에게 맛있는 음식을 대접하며 매일 조금씩 가까워진다.

자, 요리사의 열망이 담긴 영화 대부분이 그렇듯 2막은 끔찍한 좌절로 끝맺을 것이다. 주인공과 관련된 모든 일이 잘 풀릴 것으로 생각하는 바로 그때 재앙이 닥친다. 바로 이것이 성공 공식이다. 그러고 나서 주인공이 뭔가 확신과 결의에 찬 자세로 어떤 판단을 내리는지에 따라 우리가 느끼는 감정의 항해가 완성될 것이다(최고의 결말은 그 순간엔 경악스러워도 항상 여운을 남긴다). 그래서 주인공들이 웨스트 텍사스에 도착했을 때, 나는 아주 안 좋은 일이 벌어질 것이라 예상했다.

오해하지 마시라. 결코 나쁜 일이 일어나길 바란 건 아니었다. 난 영화 속 인물 모두가 마음에 들었고 진심으로 그들이 성공하길 원했다. 여러분이 이 영화를 봤다면 영화 때문에 내가 얼마나 그릴 치즈 샌드위치를 먹고 싶어 했는지도 공감할 것이다. 나는 〈아메리칸 셰프〉를 코로나19 팬데믹 기간에 봤는데, 이유는 다름 아닌 가볍게 보기 좋은 영화 같았기 때문이다. 슬픈 영화를 보고 싶은 마음은 추호도 없었다. 당시 내가 처한 현실 자체가 슬펐으니까. 하지만 시나리오 작법에 관해 아는 바가 있었던 나는 영화 속에서 재앙이 닥칠 것을 예감했다.

한 장면에서 변함없는 의리를 보여주는 파브로의 친구가 밤에 트럭을 운전한다. 얼굴에 졸음이 서려 있지만, 친구 파브로와 그의 아들은 이미 뒷좌석에서 곯아떨어진 상태다. 이제 모든 걸 망치는 사건이 발생…… 하지 않는다. 모두 잠에서 깨 사타구니 가려움증으로 친해지는 해프닝이 일어날 뿐이다. 앞부분에서 파브로는 아들에게 첫 요리칼을 사주는데, 아들이 너무 조심성 없이 칼을 휘두른다. 바로 이거다! 체호프의 총(러시아 작가 안톤 체호프가 설정한 극의 장치를 가리키는 표현으로 복선에 해당한다 – 옮긴이)! 이제 아들은 조그마한 자기 손가락을 자르게 되…… 지 않는다. 사실 아이에게는 아무 일도 일어나지 않는다. 좋아, 잠시만. 파브로의 전 부인이 아빠와 함께하는 모험은 그만두고 당장 아들을 자신이 있는 로스앤젤레스로 데려오라고 요구할 것이다. 이런. 또 틀렸다. 그녀는 영화 역사상 가장 호의적인 전 부인이다.

실제 파브로는 관객들을 상대로 장난을 치는 것처럼 보인다. 그러면서 폭탄 투하 없이도 긴장감을 유발할 수 있다는 근거를 충분히 제시하고 있다. 나는 피할 수 없는 사건의 전환을 기다리다 땀이 다 났다. 이 영화의 불쾌한 지점이 바로 이것이다. 사건의 전환은 절대 일어나지 않는다. 파브로가 일을 그만둔 후, 그를 비롯한 누구에게도 나쁜 일이 일어나지 않는다. 〈아메리칸 셰프〉는 3막이 아닌 2막 구성인 셈이다. 그는 일을 그만둔 후 자신만의 요리 방식으로 삶을 다시 일으켜 세운다. 완벽한 상승궤도를 따라 모든 일이 순조롭게 마무리된다.

크레딧이 올라간 뒤 나는 망연자실한 채 소파에 앉아 있었다. 〈크라잉 게임〉(1993) 또는 〈식스 센스〉(1999)의 반전이나 〈내일을 향해 쏴라〉를 상징하는 프리즈 프레임(하나의 프레임을 여러 번 인화해 화면을 정지 상태처럼 보이게 하는 효과-옮긴이)만큼 〈아메리칸 셰프〉의 결말은 놀라웠다. 의도적이든 아니든 존 파브로는 나의 영화 관람 경험을 송두리째 뒤집어놓았다. 오랜 기간 정교하게 계획된 사기극의 희생양이 된 기분이었다. 〈아메리칸 셰프〉를 재미있게 보았느냐고? 그렇다. 영화에서 긴장감도 느꼈냐고? 물론이다.

오늘날 우리는 한쪽 편을 들라는 요구를 너무 많이 받는다. 항상 이것 아니면 저것이다. 고백하자면 나도 그렇게 생각해왔다. 어른들이 그렇듯 삶을 흑백논리로 나누어 접근했고, 지금도 그렇다. 순수예술을 하거나 상업예술을 하거나, 무정부주의를 지지하거나 법치주의를 지지하거나, 데이터 분석을 적용하거나 직감(나쁘게 말하면 옹고집)을 따르거나 둘 중 하나다. 난 이런 식의 접근이 옳다는 생각을 그만두었다. 나이가 들수록 확신에 찰 수 있을 줄 알았는데, 오히려 확신할 수 없게 되었다. 난 어떤 논쟁에서도 반론을 들을 만큼 오래 살았다. 토론이 벌어지면 양측을 뒷받침하는 주장 대부분이 이해가 간다. 그렇게 싸움의 승자와 패자 모두에게서 교훈을 얻을 수 있다. 나는 양다리를 걸치는 데 선수가 되었다. 나의 의심의 왕국에 온 걸 환영한다.

나라면 십계명을 어떻게 쓸 수 있을까? 이렇게 쓰면 로버트 맥키를 따라한 건가?

규칙에 너무 얽매이면 형식적으로 보일 위험이 있다.
규칙을 어기면, 특히 규칙을 전부 무시하면, 조화롭게 보이지 못할 위험이 있다.

듣기 좋은 노래를 만드는 비밀

여러분이 이름을 들어도 모를 작곡가가 한 명 있다. 소문에 따르면 그가 훌륭한 목소리를 가졌다고는 하지만 여러분은 분명 그의 목소리를 들어본 적이 없을 것이다. 그럼에도 실은 여러분이 그의 노래를 들어봤다고 자신할 수 있다. 인정하기 부끄러울 수도 있지만 그중 한 곡을 따라 불렀을 확률도 그만큼 높다.

이 작곡가의 예명은 맥스 마틴**Max Martin**이다(본명은 칼 마틴 샌드버그**Karl Martin Sandberg**다). 물론 스웨덴 사람이다. 이 책을 쓸 당시 그는 쉰 살을 앞두고 있었다. 평소 어깨 아래로 길게 늘어뜨린 긴 생머리를 하고 있으며 덥수룩한 턱수염을 자랑스럽게 기르기도 한다. 만약 여러분이 그의 사진을 보고 음악가라는 이야기를 듣는다면 헤비메탈이나 실험적인 재즈 뮤지션으로 생각할 것이다. 사실 그는 팝 전문가이며, 그가 쓴 곡은 주로 영국이나 미국 출신의 보이밴드 혹은 젊은 여성 가수가 불렀다. 폴 매카트니Paul McCartney는 1위곡을 가장 많이 보유한 작곡가다. 그다음이 존 레논John Lennon, 그다음이 맥스 마틴인데, 마틴의 1위곡 수는 계속 늘고 있다. 마틴은 엔터테인먼트 업계의 반향이 얼마나 큰지를 보여주는 증거다. 왜냐하면 대다수의 곡을 같은 규칙을 적용해 썼기 때문이다. 마틴은 음악계의《시나리오 어떻게 쓸 것인가》라 할 수 있다.

마틴은 1990년대 후반 에이스 오브 베이스Ace of Base의 〈The Bridge〉를 작업하며 이름을 알리기 시작했다. 스웨덴 출신의 4인조 그룹 에이스 오브 베이스는 중독성 강한 사랑 노래로 큰 인기를 끌었으며 아바ABBA에 비견되었다. 마틴은 〈I Want It That Way〉를 포함해 1999년 백스트리트 보이즈Backstreet Boys가 발매한 앨범《밀레니엄 Millennium》의 모든 싱글을 작곡했다. 백스트리트 보이즈는 그가 준 곡 중에서 하나를 녹음하지 않기로 했고, 그는 거절당한 곡을 브리트니 스피어스Britney Spears에게 주었다. 그리고 〈…Baby One More Time〉으로 스피어스는 스타가 되었다. 마틴은 셀린 디온Celine Dion의 〈That's the Way It is〉, 켈리 클락슨Kelly Clarkson의 〈Since U Been Gone〉, 핑크Pink의 〈U+Ur Hand〉를 썼으며, 케이티 페리Katy Perry의 데뷔곡인 〈I Kissed a Girl〉을 비롯한 다수의 싱글을 공동 작곡했다. 또한 테일러 스위프트Taylor Swift가 싱글 〈We Are Never Ever Getting Back Together〉, 〈Shake If Off〉, 〈Blank Space〉 등을 쓰는 데 도움을 주었고, 아리아나 그란데Ariana Grande, 더 위켄드The Weeknd, 샤키라Shakira, 제니퍼 로페즈Jennifer Lopez, 엘리 굴딩 Ellie Goulding, 데미 로바토Demi Lovato, 셀레나 고메즈Selena Gomez, 아델Adele, 저스틴 팀버레이크Justin Timberlake, 에드 시런Ed Sheeran, 저스틴 비버Justin Bieber, 레이디 가가Lady Gaga의 곡을 공동 작곡하거나 프로듀싱했다.

이 아티스트들과 그들의 노래가 여러분에게 아무런 감흥을 불러일으키지 않을 수도 있겠지만, 지난 20년간 마틴이 상업 음악에 끼친 영향력을 부인할 수는 없다. 그가 작곡한 싱글은 수억 장씩 팔렸다. 《뉴요커New Yorker》는 그를 "대중가요라는 발코니 아래에 숨어 있는 시인이자 현재 팝씬의 시라노 드 베르주라크Cyrano de Bergerac"[17]라고 묘사했다. 이 남자는 후크송을 제대로 쓸 줄 알았다.

게다가 마틴은 대체로 익명 활동을 고집한다. 음악팬들은 자신이 좋아하는 아티스트가 직접 곡을 쓴다고 상상하는 것을 선호하기에 많은 아티스트들이 그러한 인상을 줄 수 있다는 점에서 만족해한다. 그가 그래미상을 수상하기 위해 모습을 드러낸 적은 있다(마틴은 그래미에서 총 5번 수상했으며 후보에는 22번이나 올랐다). 하지만 지금과 같은 명성을 얻기 전인 2001년, 영어판 《타임TIME》 매거진 프로필 촬영장을 제외하고는 어디서도 앉아 있는 모습을 보인 적이 없다(그때는 수염이 없었다).[18] 해당 인터뷰에서 그는 칼 마틴 샌드버그가 어떻게 맥스 마틴이 되었는지 설명했다. 특히 스칸디나비아와 관련된 이야기가 많았는데, 여기에는 대중음악 교육, 스웨덴 사람들의 타고난 멜로디 감각,

호른을 통해 배운 클래식 음악 등이 포함되었다. 마틴은 어린 시절 형이 따라 부르기 쉬운 글램 메탈 음악으로 집안을 채우는 것이 좋았다. 그는 침실 벽을 통해 들려오는 글램 메탈을 듣고 사랑에 빠졌다.

그후 마틴은 완벽주의자 프로듀서 데니즈 팝**Denniz Pop**(역시 본명이 아니다. 다그 크리스터 볼레**Dag Krister Volle**는 1998년 35살의 나이에 암으로 사망했다)을 멘토로 만나게 되었다. 그는 〈The Bridge〉를 시작으로 하는 마라톤 녹음 일정에 마틴을 데리고 다녔다. 마틴은 어떻게 믹싱을 하고 레이어를 쌓으며 곡을 다듬는지 등 현대 대중음악을 만드는 데 필요한 기술적 요소들을 배웠다. 곧 그는 휴대용 녹음기를 들고 다니는 사람이 되었다. 멜로디와 코러스가 숨 쉬듯 튀어나왔기 때문이다.

마틴은 곡을 쓸 때 본인 목소리로 녹음까지 같이 진행한다. 그는 곡을 받을 아티스트에게 자신의 가이드를 들려주고, 가이드와 똑같이 녹음해달라고 요청한다(마틴의 데모곡들이 공개되지는 않았지만, 《뉴요커》 기사를 쓴 존 시브룩**John Seabrook**은 마틴이 부르는 〈…Baby One More Time〉을 들었다. 그는 "이 스웨덴인은 스피어스와 정확히 같은 목소리를 냈다"며 감탄했다. 더 정확히 말하면 스피어스가 그 스웨덴인의 목소리를 똑같이 따라 했다. 사실상 그녀가 마틴을 커버한 셈이다). 데니즈 팝의 음악이 정제되지 않고 본능적인 반면 마틴의 곡은 연금술과 거리가 멀었다. 그에게는 팬들이 말하는 '팝 감성'이 있었고, 놀랍게도 활동 초기부터 마니아층보다는 대중에게 어필하는 것이 낫다는 전제를 깔고 있었다(마틴은 이렇게 말한 적이 있다. "5,000명을 위한 곡 대신 100만 명을 위한 곡을 만들지 않을 이유가 있나요?")[19] 그는 정말로 중독성 강한 곡을 만드는 공식을 찾아냈다.

마틴의 곡들은 대체로 조금 더 날카로운 에지와 그루브가 가미된 아바 음악으로 설명할 수 있는데, 이는 키스 KISS(미국의 하드 록 밴드 – 옮긴이)를 향한 그의 형의 집착과 이후 미국 알앤비 R&B 장르에 대한 그의 애정에서 비롯되었다. 마틴은 비슷한 사운드의 음악을 양산하고, 그런 그의 음악을 전 세계인들은 자기도 모르게 따라 부른다. 노래들이 얼마나 귀에 착착 감기는지 사람들은 그의 노래가 대개 의미 없는 말을 앵무새처럼 반복하고 있다는 사실조차 알아차리지 못한다. 마틴은 영어를 할 줄 알지만, 그에게 가사는 의미를 담은 말이 아닌 듣기 좋은 소리를 만들 수 있는 또 다른 수단에 불과하다. 마틴은 이를 "멜로디 수학 melodic math"이라고 부른다. 집중해서 들으면 그의 노랫말 대부분이 말이 안 되는 이유가 바로 이 때문이다. 마틴은 내용이 적절치 않다고 해도 귀에 매끄럽게 들리는 단어들을 고른다. 그는 브리트니 스피어스라는 15살 소녀가 "Hit me baby, one more time(여기서 hit은 '연락하다'는 뜻이지만 '때리다'로도 해석될 수 있다 – 옮긴이)"이라고 노래 부르는 모습이 가정 폭력이나 BDSM(가학적 성향의 성적 취향 – 옮긴이)과 같은 불편한 이미지를 떠올리게 할 수도 있다는 걸 전혀 고려하지 않았다(스피어스의 음반사는 "Hit me" 부분을 숨기고 〈…Baby One More Time〉으로 곡명을 바꿨다). 한편 존경하는 시브룩은 〈I Want It That Way〉의 벌스와 코러스가 서로의 의미를 상쇄한다는 점을 주목한다.

오랫동안 마틴은 자신의 스타일을 따르는 작곡가들을 양성했다. 대부분이 스웨덴 사람인데, 모두가 그런 건 아니다(마틴이 키운 작곡가 중 가장 유명한 사람은 닥터 루크 Dr. Luke로 본명은 루커즈 서배스천 곳월드 Lukasz Sebastian Gottwald이다. 그는 이름에서 알 수 있듯 폴란드계 미국인 건축가의 아들이다).[20] 그들은 팀을 이뤄 곡을 쓰는데, 퍼즐 조각을 맞추듯 혹은 설치하려고 선반에 놓은 부품들을 가져다 기계를 조립하듯 노래들을 끼워 맞춘다. 한 사람은 비트를 깔고 다른 사람은 어딘가에 들어갈 코러스를 쓴다. 필요한 벌스는 조만간 따라붙을 것이다. 브리지는 이미 스톡홀름에 있는 어느 하드 드라이브에서 대기 중이다. 이 모든 걸 적절히 조합하기만 하면, 어느 날 갑자기 에이브릴 라빈Avril Lavigne의 히트곡이 만들어진다.

맥스 마틴과 그가 감독하는 스칸디나비아 팝 공장의 연이은 성공을 누구나 맥스 마틴처럼 할 수 있다는 뜻으로 받아들여선 안 된다. 그는 분명 어릴 때부터 작곡에 특화된 재능을 보였다. 그렇다고 모든 노래가 마틴의 방식대로 쓰여야 한다는 말은 아니다. 누구도 그의 음악을 밥 딜런Bob Dylan의 음악이나 찰리 카우프만의 영화처럼 위대한 예술로 착각하지 않을 것이며, 섹스 피스톨즈Sex Pistols 혹은 너바나Nirvana, 빌리 아일리시Billie Eilish의 음악처럼 획기적이라고도 여기지 않을 것이다. 하지만 그는 사람들이 듣고 싶어 하는 노래를 작곡하며, 제대로 된 기초 실력을 갖춘 학생들에겐 (이제는 스웨덴 방식이라고 생각하는 게 더 적절할) 마틴의 방식이 예측 가능하고 반복해서 써먹을 수 있으며 배우기 쉬운 작곡법이라는 게 증명되었다.

학창 시절 한 친구가 처음 기타를 친 후 자기는 코드를 배우지 않을 것이라고 선언한 일이 생각난다. 그 친구는 '좋은 소리'를 연주할 거라고 말했다. 그런데 우리는 형식적 측면에서 현악기의 코드가 곧 좋은 소리라는 것에 동의했다. 그리고 맥스 마틴은 적어도 몇 세대 동안 지구상의 그 누구보다 대중이 듣고 싶어 하는 코드 순서를 잘 아는 사람이다.

인간의 욕망을 수치화할 수 있다는 착각

우리의 엔터테인먼트 산업이 공통된 구성 요소를 정해진 대로 조합하여 만들어지는 게 사실이라면, 라이언 카바노가 그토록 처참하게 실패한 원인은 무엇일까? 왜 렐러티비티는 맥스 마틴이 차트 1위 노래들을 쓰는 것처럼 매력적인 영화를 만들지 못했을까? 카바노의 중앙 컴퓨터에는 확실한 성공의 비결이 아닌 피할 수 없는 파괴의 씨앗이 있었다고 주장하고 싶다. 그는 기계를 맹신했다.

카바노가 구축한 모델의 문제점은 정확성이었다. 그의 모델은 어떤 영화가 흥행했고 자신이 그것과 아주 흡사한 영화를 만든다면 그 영화만큼 관객을 끌 수 있을 것이라는 언뜻 논리적이나 허술한 생각에 기반했다. 다 그런 건 아니지만 많은 영화 제작사들이 속편 영화나 기존의 인기 작품을 바탕으로 한 영화 또는 〈트와일라잇〉(2008~2012)과 〈해리 포터〉(2001~2011) 시리즈처럼 둘 다에 해당하는 영화가 현재 우위에 있는 데 동의한다. 크리스토퍼 놀란Christopher Nolan 같은 사람이 감독을 맡지 않는 한, 100퍼센트 오리지널 영화에 10억 달러를 투자하기란 어렵다. 모든 영화는 사적으로든 공적으로든 영화를 만드는 사람들의 거대한 도박을 의미하며, 아무리 잘나가는 제작사의 대표라 해도 대비책을 마련하려 애쓴다. 카바노는 제작 과정에서 인간의 직감과 관련된 거의 모든 요소를 들어냄으로써 위험 요인을 제거할 수 있다고 믿었던 것 같다. 그는 자신은 물론 다른 누구의 직감도 믿지 않았다. 왜냐하면 애널리틱스가 사람이 직감에 얼마나 자주 속는지를 증명했기 때문이다. 그래서 카바노에게 영화는 '위젯'이다. 조립 라인은 감성으로 움직이지 않는다.

하지만 관객들은 인간이며, 우리가 소비하는 영화나 노래, 책보다 훨씬 복잡하고 다양한 존재다. 우리가 즐기는 엔터테인먼트는 대개 단순한 기계과 같다. 그러나 우리는 아니다. 프랜차이즈 시리즈는 결국 그 인기가 시들 수밖에 없는데, 사람들이 매번 '똑같은' 것을 보고 싶어 하지 않기 때문이다.[21] 우리는 같으면서도 다른 것을 보고 싶어 한다.

맥스 마틴이 오랫동안 명성을 유지하는 건 그의 익명성, 즉 우리가 결코 그의 목소리를 듣지 못한다는 사실 덕분이다. 만약 마틴이 자신이 쓴 노래를 전부 스스로 불렀다면 대중은 그에게 싫증이 났을 테고, 지금처럼 이렇게 많은 곡이 히트하지 못했을 것이다. 20년간 경력을 유지할 수 있는 아티스트는 많지 않으며, 그런 아티스트들은 대개 활동을 이어나가는 동안 좋게 말해 자기희생이지 살아남기 위해 진짜 자기 자신을 죽인다. 예를 들어 마돈나Madonna 또는 록밴드 그레이트풀 데드Grateful Dead가 그렇다. 그들은 적어도 술이나 약에 취한 사람들의 흥미를 끌 수 있도록 비슷비슷한 노래들을 변주함으로써 오랫동안 버텨왔다.

마틴은 자기 스타일을 바꾸기보다 아티스트를 교체하고 자신의 곡을 파격적으로 보이게 해줄 만큼 신선한 사운드를 만들어낼 수 있는 새로운 공동 작업자들을 선택했다. 테일러 스위프트와 더 위켄드는 각자 다른 목소리를 가지고 있다. 그들은 대체 불가능한 아티스트다. 그런데 둘 다 맥스 마틴의 곡을 부른다. 만약 백스트리트 보이즈가 결국 〈…Baby One More Time〉을 녹음했다면, 브리트니 스피어스가 불렀을 때처럼 이 곡이 메가 히트를 쳤을까? 그랬을지도 모른다. 아니면 우리가 새로운 목소리를 들을 준비가 된 것일 수도 있다.

라이언 카바노의 단순한 몬테카를로 방법은 차치하고, 아무리 최첨단 알고리즘이라 해도 우리 욕망의 변화를 수치화하기란 어렵다. 엔터테인먼트 업계 종사자들은 계속 여러분의 관심을 받고 싶어 하며, 여러분이 이전에 즐겼던 콘텐츠를 토대로 앞으로 무엇을 보거나 듣고 싶어 할지 합리적으로 예측하려 노력한다. 넷플릭스와 유튜브, 트위터는 모두 비밀 공식에 의존해 여러분이 무엇을 소비하는지 추적한 후 다음번에 무엇을 소비할 것인지 예측한다.[22] 심지어 넷플릭스는 자신들의 매칭이 얼마나 정확한지에 관한 하위 예측까지 한다. 이런 모습을 보면 스트리밍 서비스가 아니라 데이팅 사이트처럼 느껴질 때가 있다. "오, 당신은 〈오자크〉가 마음에 들었군요? 그렇다면 97퍼센트의 확률로 〈파고〉도 좋아할 겁니다. 〈파고〉 역시 제이슨 베이트먼Jason Bateman과 살짝 닮은 주연배우가 출연하며 미국 시골을 배경으로 하는 색다른 범죄 드라마이기 때문입니다."

매치닷컴Match.com으로 짝을 이룬 이들 중 평균적으로는 몇몇 커플이 결국 결혼하게 되는 것처럼, 넷플릭스의 추천작들이 여러분의 마음을 울렸을 것이다. 데이터 마이닝data mining과 수학적 예측은 그들의 제안에 타당성을 부여한다. 그들로서는 닥치는 대로 찌르는 것보다 정확히 여러분의 심장을 겨냥하는 게 낫다(2013년 넷플릭스는 전체 콘텐츠 관람에서 무려 75퍼센트가 자신들의 추천에 영향을 받았다고 밝혔다). 내 의도는 데이터의 가치를 부정하려는 게 아니다. 그건 울타리를 쳐서 진실 자체를 거부하는 태도나 마찬가지다. 나는 사실을 믿는다.

● ○ ○ ○ ○ ○ ○

그런데 알고리즘이 내놓은 추측이 애매하게 여러분 취향의 범위에는 들지만 그다지 정확하지는 않은 적이 있지 않은가? 여러분이 가장 좋아하는 쇼 혹은 영화, 노래 다음에 여러분의 취향과 전혀 다른 쇼 혹은 영화, 노래가 추천된 적도 많지 않은가? 엔터테인먼트 업계의 알고리즘이 틀릴 수도 있는 것처럼, 다른 분야에서도 수학 의존도가 높아지면 나중에 옳지 않다고 판명될 수 있는 길로 우리를 이끌어갈 수 있다. 이처럼 숫자가 답이 될 수 없을 때가 오면 기회를 지켜보다 적절히 대응할 수 있어야 한다. 나는 이 제안이 유별나다고 생각하진 않지만, 애널리틱스 운동이 때론 과잉교정(특정 행동을 지나칠 정도로 반복적으로 시행시킴으로써 문제 행동을 수정하는 것 – 옮긴이)보다 위험하며 여러분은 미국 사회 전체를 좀먹고 있는 '우리 대 그들'이라는 사고방식의 희생양이 될 수 있음을 말하고 싶다. 여러분은 전적으로 데이터만 믿거나 마법의 힘만 믿거나 둘 중 하나가 된다. 얼마나 쓸모없는 사고방식인가. 스마트함에 열광하는 것도 광신이나 마찬가지다.

애널리틱스의 강성 지지자들과 달리 테크 기업들은 자신들의 사각지대를 기꺼이 인정해왔으며 여러분을 이해하는 능력을 향상시키려 끊임없이 노력하고 있다. 유튜브의 CEO 수전 워치츠키Susan Wojcicki는 반응보다는 예측에 가까운 추천 모델을 원했다. 그녀가 명시한 목표는 '신선함'이었다.[23] 그녀는 자신의 알고리즘을 맥스 마틴화하고 싶어 했다. 하지만 이 작업을 전적으로 기계에 맡긴 탓에 그 목표는 보기 좋게 실패로 돌아갔다. 로드 후론Lord Huron(미국의 인디 록 밴드 – 옮긴이)의 음악을 들으면 여러분은 아마 멈퍼드 앤 선스Mumford&Sons(영국의 포크 록 밴드 – 옮긴이)를 추천받게 될 것이다. 두 밴드는 '전혀 다른'

음악을 하는데도 말이다. 이러한 알고리즘은 백인 우월주의와 우익의 폭력을 옹호하는 자기계발 영상부터 파괴적인 영상까지 몰아본 시청자에게 위험한 과격화를 유발하기도 했다(뉴질랜드 정부는 크라이스트처치의 이슬람 사원에서 발생한 총기난사 사건에 유튜브가 영향을 미쳤다고 구체적으로 언급한 바 있다).[24] 대응책으로 워치츠키는 많은 사람을 추가로 투입해 그들의 경험과 판단을 활용했다. 애플 뮤직 역시 유명 프로듀서 지미 아이오빈Jimmy Iovine의 지휘 하에 콘텐츠 큐레이션을 위한 수백 명의 음악 마니아를 고용했다. 당시 아이오빈은 이렇게 말했다. "큐레이션은 유행을 따르지 못했을 것입니다. 애초에 말이 안 되는 일이기 때문이죠. 순전히 알고리즘으로 프로그램된 라디오 방송을 듣는다면 여러분은 무감각해지고 그게 편하다고 생각할 겁니다."[25] 우리가 충격적인 내용을 좋아하는 건 아니지만 기분 좋은 서프라이즈를 마다할 사람이 누가 있겠는가?

기계라는 필터와 인간의 기교를 이토록 세심하게 조합해도 우리의 마음은 여전히 미지의 표적으로 남아 있다. 그건 우리가 좋아하는 노래가 말하자면 순수한 미적 반응의 산물이 아니기 때문이다. 단순히 노래가 어떻게 들리는지만 중요한 게 아니다. 어떤 노래가 우리가 좋아하는 노래와 비슷하다고 해서 그것을 반드시 좋아하게 되지는 않는다. 게다가 우리는 감정적으로 반응하는데, 그 방식을 콕 집어서 말하거나 예측하기란 쉽지 않다. 기분이 좋을 때 느끼는 도파민 러쉬do-pamine rush 같은 감정적 반응이나 기억력과 관련된 환기적 반응을 우리가 실제 경험하는지 아닌지조차 심리학자들 사이에서도 의견이 분분하다. 향수가 애착을 유발하는 강력한 요인이 될 수 있지만, 둘의 관계

● ○○○○○○○

는 복잡하고 미스터리에 가깝다. 신경학자 라라 K. 로넌Lara K. Ronan은 "불행인지 다행인지, 우리의 개인적 경험과 자전적 기억은 다른 어떤 누구도 똑같이 재현할 수 없으며, 우리는 확률, 세렌디피티, 행운 등을 통해 좋아하는 것들을 발견하게 된다"[26]고 말한다.

우리가 좋아할 것이라고 예상한 것과 실제로 우리가 좋아하는 것 사이의 괴리(이를 친화도 격차 Affinity Gap라 부른다)는 라이언 카바노와 렐러티비티를 집어삼켰다. 지나고 보면 그의 자만심이 터무니없게 느껴질 수 있다. 애널리틱스가 등장했다고 해서 갑자기 우리의 존재를 수치화할 수 있는 건 아니었다. 얼마나 많은 사람이 카바노가 팔았던 물건을 샀는지 들으면 깜짝 놀랄 것이다. 물론 나도 그중 한 명이다. "돈이라 생각하면 안 됩니다." 그가 내게 말했다. "수학이라고 생각해야해요." 참나, 헛소리도 정도껏 해야지. 카바노는 최선의 결정을 내리려면 실존이라는 현실에서 벗어나야 한다고 주장했다. 포커 선수들이칩이 아닌 실제 돈으로 게임을 한다면 아마 다른 방식으로 내기를 할것이라며 말이다. 하지만 안타깝게도 머지않아 누군가는 당신이 돈대신 내세운 무언가를 실제 돈으로 바꿔 달라 요구할 것이고, 이 경우당신이 말한 수학은 빈틈없이 맞아떨어져야 할 것이다. 렐러티비티는그렇지 못했다. 그리고 거의 종교 운동처럼 애널리틱스가 떠오르던 2009년 카바노는 모든 질문에는 하나의 정답이 있으며, 그 정답은 항상 우리 안에 있다는 인간의 이상하고 오만한 자기 신념을 확고히 다졌다.

그뿐 아니라 카바노는 훨씬 더 큰 죄를 지었다. 우리가 낭만적이라고 느끼는 요소를 제거하고 반낭만주의를 미덕으로 만들려 했다. 나는 그가 만든 영화에 이 부분이 드러났다고 생각한다. 의식적으로든 아니든, 우리는 그의 영화에서 비예술성을 감지했다. 카바노는 대중의 마음을 열면 낭만은 건너뛰어도 괜찮으며 여러분이 지갑을 열면 곧장 비낭만주의로 가도 된다고 생각했다. 그의 계산은 잘못되었다.

창작물에 소프트 사이언스soft science(자연과학hard science과 대비되는 개념으로 정치학, 경제학, 사회학, 심리학 등의 사회과학을 지칭한다 - 옮긴이)가 포함될 수도 있고, 인간의 특정 행동 패턴은 충분히 예측할 수 있다. 하지만 우리를 완벽하게 사로잡을 수 있는 것을 알려주는 방정식은 세상에 없다. 여러분이 가장 좋아하는 노래는 여러분에게 필요한 무언가를 필요하다 느낀 그 순간에 주었기 때문에 가장 좋아하는 노래가 된 것이다. 비슷한 예술에 비슷한 반응을 보이지 않는 이유는 예술이 변해서가 아니다. 여러분이 변했기 때문이다. 영화평론가 로저 에버트Roger Ebert는 이렇게 썼다. "영화는 변하지 않습니다. 관객이 변하죠."27 여러분의 애정은 움직이는 표적이다.

따라서 할리우드나 다른 어떤 분야에서도 무슨 일이 벌어질지 아는 사람은 없다. 그들은 당신이 누군지 알 수 없기 때문이다. 당신이 이전에 어떤 사람이었는지 알 뿐이다. 나는 당신이 왜 이 책을 읽는지 생각해봤고, 진심으로 이 책을 즐겨주길 바라기에 상상 속 당신의 모습, 즉 앞서 언급한 것처럼 내가 희망하는 독자의 모습을 떠올리려 애썼다. 하지만 여전히 여러분이 그 모습에 부합할지는 모르겠다. 우리가 무언가를 사랑하는 이유는 사랑하는 것을 사랑하기 때문이다. 우리의 최선은 가능하다면 우리가 좋아하는 무언가를 만드는 것이다. 그런 의미에서 난 여러분이 괴짜가 아니길 바란다.

● ○○○○○○

무엇이 평범한 것과 비범한 것을 가르는가?

나는 소송이라는 명목상 이유로 텔러Teller라는 마술사를 만난 적이 있다. 하지만 소송은 내가 존경하는 사람을 만나기 위한 구실에 불과했다.[28] 그는 경쟁자인 네덜란드 마술사 제라드 바카디Gerard Bakardy가 자신의 대표 마술 중 하나를 훔쳤다고 고소했다. 논란이 된 이 마술을 그는 '섀도Shadows'라고 불렀다(바카디는 자신의 마술을 '장미와 그녀의 그림자Rose&Her Shadow'라고 불렀다). 두 사람 중 훨씬 뛰어난 마술사인 텔러는 어릴 때부터 마술에 푹 빠졌으며, 10대 때 '섀도'를 개발했다. 그는 1975년 이래로 거의 모든 쇼에서 이 마술을 공연했다. 덩치 큰 파트너 펜 질레트Penn Jillette와 함께 그는 여전히 라스베이거스의 리오에서 공연을 펼치고 있으며, 총알 잡기 마술 사이에 들어가는 기막힌 막간 마술로서 '섀도'를 쇼의 중심에 두고 있다. 그곳에서 나는 처음으로 텔러의 마술 공연을 봤는데, 가슴이 쪼그라들 뻔했다.

'섀도'는 규모도 작고 독립적인 간단한 마술이다. 하급 마술사들은 연극 톤의 목소리를 써서 사람들을 어리둥절하게 만들고, 자욱한 연기와 쇼걸을 이용해 자신의 마술에 숨겨진 비밀을 눈치 채지 못하도록 사람들의 주위를 흐트러뜨린다. '섀도'를 공연할 때 텔러는 어두운 무대 위에 홀로 서 있으며, 침묵 속에 둘러싸여 모든 관중이 그의 발소리까지 들을 수 있다(고인이 된 놀라운 랜디The Amazing Randi 못지않은 권위자에 따르면, "이것이 섀도가 아주 대담한 마술임을 설명해준다"). 텔러는 이젤로 걸어간다. 이젤에는 커다란 종이 패드가 고정돼 있다. 이젤에서 60센티미터 정도 앞에 장미 한 송이가 아무 무늬 없는 하얀 꽃병에 담겨 있다. 조명이 이젤에 고정된 종이에 장미꽃 그림자를 비춘다. 텔러의 손에는 아주 큰 칼이 들려 있다.

텔러는 종이에 대고 장미꽃 그림자를 가르며 잎사귀 한 묶음을 자른다. 그러자 진짜 장미꽃에서 잎이 떨어진다. 그는 마치 자신의 능력을 처음 알게 된 듯 장미를 곁눈질로 본다. 그리고 나서 장미와 그림자 사이로 걸어가 이젤 반대쪽으로 자리를 옮긴다. 이는 마술사들이 '증거'라고 일컫는 행동으로, 장미와 이젤 사이에 전선이 없다는 것을 증명한 것이다. 그가 다시 그림자를 자르고, 실제 장미에서 더 많은 꽃잎이 떨어진다. 마침내 그는 무시무시한 작품을 완성한다. 장미 그 자체인 꽃의 그림자를 자르자 붉은 꽃잎이 무대로 후드득 떨어진다.

이렇게 마술이 끝난 것처럼 보인다. 바카디가 베껴간 마술은 실제로 이렇게 끝난다. 그는 동전을 사라지게는 했지만 다시 나타나도록 하는, 진짜 마술이라 할 수 있는 부분에는 신경 쓰지 않았던 아마추어다(펜은 텔러가 원곡을 부른 밥 딜런이고, 바카디의 '섀도'는 밥 딜런을 커버한 버즈 **Byrds**의 〈Mr. Tambourine Man〉이라고 묘사했다). 텔러는 여기서 끝내지 않았다. 아직 그의 프레스티지가 남아 있었다.

텔러는 불가능한 일을 해낸 자신의 능력에 감탄하다 '실수로' 칼에 손가락을 찔린다. 그는 고통을 떨쳐낸 후 조명을 바라본다. 그리고 조명과 이젤 사이의 공간에 손을 들어 올린다. 그러자 장미꽃 그림자가 비쳤던 위치에 그의 손 그림자가 떨어진다. 마치 그의 그림자가 베인 것처럼 정확히 같은 위치에서 조금씩 검은 피가 종이를 타고 흐르기 시작한다. 섬뜩한 마지막 동작에서 텔러가 다른 손으로 종이에 피를 문지르는데, 이때 종이를 가로지르며 기다랗고 두꺼운 빨간 핏자국이 생긴다. 이제 종이는 도살자의 앞치마처럼 보인다. 텔러가 관객을 응시하면 조명이 꺼진다.

바카디의 어설픈 들어올리기처럼 내가 글로 설명하는 '섀도'는 직접 이 마술을 보고 어둠 속에서 여러분의 팔에 난 털들이 여러분과 함께 솟아오르는 경험을 한 것에 비할 바가 못 된다. 텔러는 소송을 통해 바로 이 느낌, 그 순간에 펼쳐진 마술을 지키려 했다. 그는 바카디가 자신의 기법을 숙지했는지 아닌지는 개의치 않았다. 라이언 카바노에게 실수가 있다면, 바로 이와 같은 기법을 관객에게 아름다움을 전하는 수단이 아닌 위대한 마술 그 자체라고 생각한 것에 있다. 텔러는 세 가지 다른 방법으로 평생 이 마술을 공연했다. "기법은 중요치 않습니다." 그는 참지 못하고 내게 말했다. 기법이란 결국 과학이다. 과학은 우리가 알 수 있는 사실이고 기준이며 데이터다.

텔러는 예술을 만드는 예술가의 가치를 알고 있었다. 그가 '섀도' 마술을 선보일 때면 공연장 안에서 거의 문자 그대로 따닥 하는 소리가 난다. 낯선 이에게서 다른 낯선 이에게로 전류가 흐르는 것이다. 누구는 벌떡 일어서고 누구는 뒷걸음치며, 누구는 눈을 가리고 누구는 눈을 깜빡이는 것조차 잊어버린다. 심지어 나는 주위에서 흐느낌을 참으려고 훌쩍거리는 소리를 듣기도 했다. 텔러가 선보이는 마술의 마법은 그가 손으로, 도구로, 물건으로 하는 것이 아니다. 여러분이 어떤 사람이든 간에 그가 상상력을 발휘해서 여러분에게 하는 행동이다.

텔러의 소송은 도둑질보다는 모방과 쉬운 길을 추구하는 천박함에 대한 저항이었다. 그의 소송은 대량생산에서 비롯된 무색무취의 결과물에 맞서 특별함과 인간성을 지키려는 싸움이었다. 아이디어 자체에는 저작권을 부여할 수 없으나 아이디어를 표현하는 방식에는 가능하다. '섀도'는 일반적으로 마술이 지켜야 하는 구성적 규칙을 모두 따르고 있다. 하지만 오랜 세월 갈고 닦은 틀 안에서 텔러는 마술에 대한 사랑을 표현할 자신만의 방법을 찾았다. 그게 바로 마술의 예술성이며, 이 예술성이야말로 텔러가 유리병 속 반딧불이처럼 놓치지 않고 붙잡아두며 지키고 싶었던 것이다.

처음에는 이 소송이 진짜인지 아니면 타고난 사기꾼이 정교하게 꾸며낸 함정인지 확신하지 못했다. 나는 바카디와 직접적으로 연결될 수 없었다. 텔러를 통해서만 바카디에 대해 들었기에 경쟁자가 없는 텔러가 자신을 돋보이게 하려고 바카디라는 존재를 꾸며낸 건 아닌지 문득 의문이 들기도 했다. 그러나 바카디와의 소송은 사실이었고, 결국 텔러가 승소했다. 어떤 마술사도 다른 마술사를 절도죄로 고소해 이긴 적이 없었기 때문에 이 사건은 마술계에 중요한 선례가 되었다. 그런데 텔러가 승소하고 나서 몇 년 뒤 나는 '섀도'의 인기가 얼마나 오래 지속되든, 이 마술이 텔러의 다른 마술보다 내게 끼친 영향력이 크지 않았음을 깨달았다. 당시에 그 마술은 그에게도 세상에도 새로웠다. 나는 '레드 볼The Red Ball' 마술을 항상 생각해왔다.

텔러가 이 마술을 시작하기 전, 펜이 무대로 걸어 나온다. 눈에 보이는 소품은 공원 의자뿐이다. 펜은 관객석을 바라본다. 사람들 앞에서 텔러는 말을 하지 않으므로 펜이 파트너를 대신해 다음과 같이 말한다. "지금부터 선보일 마술은 실 한 가닥으로 이뤄집니다." 그런 다음 텔러가 한 손에는 축구공보다 조금 작은 빨간색 공을, 다른 손에는 나무로 된 후프를 들고 나타난다. 그리고 공을 튕긴다. 그다음에는 그

● ○ ○ ○ ○ ○ ○ ○

공을 한 관객에게 던지고, 그 관객은 공을 튕긴 다음 다시 던진다. 텔러가 무대 주변을 돌아다니기 시작하자 빨간색 공은 마치 목줄을 한 다리 없는 강아지처럼 어떻게든 텔러를 쫓아다닌다. 공은 깡충 뛰어 벤치 위로 올라가더니 양옆으로 굴러다니기도 한다. 때로 공은 텔러의 손가락이나 등허리 쪽으로 끌려가기도 한다. 심지어 그는 공이 뛰어 올라 후프를 통과하게 한다. 이 모든 걸 봤을 때 텔러가 실 한 가닥으로 '레드 볼'을 공연하는 건 불가능하다. 펜은 거짓말을 하고 있다.

바로 그게 마술의 핵심이라고 텔러가 내게 말했다. "아름다운 거짓말을 하는 것이죠. 마술은 인과관계가 물리법칙에 얽매이지 않는다면 세상이 어떻게 되는지를 사람들에게 보여줍니다." 마술은 눈으로 보고 있는 장면이 실제로는 일어날 수 없다는 사실을 관객이 알고 있기에 효과가 더 좋지만, 그들의 마음 한 켠에서는 마술이 현실이기를 희망하거나 심지어 그렇다고 믿는다. 좋은 마술은 머리와 심장을 싸우게 한다. 최고의 마술은 심장의 승리를 원하게 한다.[29]

나는 텔러에게 마술을 향한 사랑이 어디서 시작되었는지 물었다. 그는 기억을 더듬어 희곡 《에쿠스Equus》의 한 단락을 인용했다. 그날 이후로 나는 그 구절을 당황스러울 정도로 자주 반복해 썼다. 《에쿠스》에는 많은 이야기가 담겨 있지만, 그 중심에는 맹목적으로 말을 사랑하는 말썽꾸러기 소년이 있다. 소년은 마틴 다이사트라는 정신과 의사를 만나는데, 다이사트는 소년뿐 아니라 소년의 사랑이 어떻게 고통으로 변해가는지 이해하려 애쓴다. 그러나 그 노력은 좌절되고, 문제투성이 청년을 '치유'해야 한다는 과제에 불만을 품는다. 다이사트는 소년의 사랑이 어디서 기인하는지 설명하지 못하는데, 어떻게 시작되었는지 알지 못한 채 무언가를 끝내기란 쉽지 않은 법이다.

한 아이가 무언가를 사로잡을 힘이 평등하게 주어진 현상의 세계에 태어난다. 다이사트가 말한다. 코를 킁킁거리며 냄새를 맡고, 입으로 빨고 셀 수 없이 이리저리 눈을 굴린다. 그러다 느닷없이 생각이 스친다. 왜? 여러 순간들이 자석처럼 하나로 합쳐지며 쇠사슬을 만든다. 도대체 왜? 나는 그 순간들을 추적할 수 있다. 시간만 있으면 그것들을 다시 떼어낼 수도 있다. 그런데 처음부터 왜 그 순간들이 그렇게 매력적이었을까? 그저 특이한 경험의 순간들일 뿐 다른 건 없는데. 나는 잘 모르겠다.[30]

"전 모르겠습니다. 정말 모르겠어요." 텔러가 말했다. 눈에 눈물이 가득 고여 그는 눈을 깜빡이질 못했다. 숫자로 나타내기 어려운 건 우리가 좋아하는 소소한 것들에 국한되지 않는다. 우리 인생에서 가장 원대하고 강박적이라 말할 수 있는 사랑이야말로 언어로 표현하기 가장 어려운 것일지도 모른다.

정확히 말하면 텔러가 '레드 볼' 마술을 발명한 건 아니다. 그가 선보인 이 마술은 네브래스카주 오마하 출신의 위대한 고대 마술사 데이비드 P. 애보트David P. Abboutt의 지혜를 바탕으로 만들어졌다. 탈출 마술의 대가인 애보트의 쇼는 돈을 주고 볼 가치가 있었다. 애보트는 공중을 떠다니는 금색 공으로 마술을 부렸는데, 이를 위해 진짜 실을 사용했다. 그는 자신의 귀와 벽 사이를 실로 묶었고, 그 덕에 공을 뛰어넘어 후프를 통과할 수 있었다. 실이 수직이 아닌 수평으로 묶였기 때문이다. 애보트는 《신비의 책Book of Mysteries》이라는 유작에서 이 마술의 비결을 설명했다. 자기 책을 산 사람이면 누구에게나 마술의 비법을 알려준 셈이었다. 앞으로의 향방은 그의 마술을 배우고자 하는 사람에게 달려 있었다.

이는 그 자체로 하나의 교훈이었다. 텔러는 서재에서 악보대에 이 책을 놓고 빨간색 공으로 연습을 시작했고, 이것이 후에 '레드 볼' 마술이 되었다. 그는 공을 공중에 띄우지 않고 굴리기로 했다. 이렇게 하면 누구나 쉽게 할 수 있을 것처럼 보이지만, 마술사라면 이 방법이 더 어렵다는 걸 알 것이다. 텔러는 거울이 있는 토론토의 한 댄스 스튜디오와 깊은 숲속의 오두막에서, 그리고 리오에 있는 펜앤텔러 극장에서 공연이 끝난 후 매번 빈 무대에 올라 18개월 동안 이 마술을 연습했다.

"여전히 제가 시도해본 마술 중 가장 어렵습니다"라고 그가 말했다. 아무리 생각해도 무대에 서는 몇 분을 위해 매일 밤 그토록 어마어마한 노력을 쏟았다는 사실이 믿기지 않았고 제정신인가 싶었다. 텔러는 이에 동의하지 않았다. "마법은 다른 사람들이 합리적으로 기대하는 시간보다 더 많은 시간을 무언가에 쏟는 사람에게 일어나곤 하죠."

화려한 라스베이거스 스트립 뒤로 칙칙하고 쓸쓸한 거리에 빌 스미스Bill Smith라는 남자의 작업실이 있다. 바로 빌 스미스의 매직 벤처스Bill Smith's Magic Ventures다. 스미스는 마술을 개발하지 않는다. 그는 기술자도 아니고 환상의 마법사도 아니다. 그는 훌륭한 마술사들의 꿈을 실현해준다. 지금까지 데이비드 카퍼필드David Copperfield와 랜스 버튼Lance Burton, 심지어 펜앤텔러를 위한 마술도 기획했다. 그는 모든 비밀을 알고 있다. 나는 스미스를 만나러 갔고, 어느새 우리는 '레드 볼' 마술이 얼마나 대단한지 이야기하고 있었다. 스미스는 자신의 가장 큰 소망 중 하나가 텔러가 그 마술을 어떻게 해냈는지 알아내는 것이라고 말했다. "그 인간은 날 속였어요." 스미스가 말했다. "실 한 가닥만으로는 그렇게 할 수가 없습니다."

이제부터 '레드 볼' 마술에 대한 진실을 이야기해보자. 이 진실은 앨리슨 존스**Allison Jones**라는 캐스팅 디렉터가 유명 텔레비전 시리즈인 〈프릭스 앤 긱스**Freaks and Geeks**〉와 〈팍스 앤 레크리에이션**Parks and Recreation**〉, 〈못 말리는 패밀리**Arrested Development**〉의 출연진을 당시에는 상대적으로 무명이나 후에 전 세계적으로 유명해질 배우들로 채움으로써 가공되지 않은 수천 개의 원석에서 수많은 별을 발굴해낸 것과 같다.[31] 또한 영화배우 다니엘 데이 루이스**Daniel Day-Lewis**가 뇌성마비를 앓는 화가, 정신적으로 문제가 있는 무자비한 석유업자, 미국 대통령 역할 등을 맡으면서 "평생 동안의 회피"라 표현한 자신의 삶을 어떻게 오스카 수상자의 삶으로 바꿨는지 설명하는 것과도 같다.[32] 그리고 린 마누엘 미란다**Lin-Manuel Mirandark**가 뮤지컬 〈인 더 하이츠**In the Heights**〉를 쓰는 데 10년, 또 뮤지컬 〈해밀턴**Hamilton**〉을 쓰는 데 7년, 총 17년을 이 탁월한 두 작품을 쓰는 데 바친 것과도 같다.[33] 이것이 바로 여러분의 심장이 이기길 바라며 여러분을 지나쳐간 거의 모든 예술 작품의 이면에 놓인 진실이다.

세상에 마술 같은 건 없다. 어른의 지혜와 의지할 수 있는 타인의 경험은 있다. 과거는 교훈을 남긴다. 예술조차 역사적 패턴을 보인다. 하지만 좋은 취향을 가꾸는 행위를 대신할 수 있는 건 없으며, 세상에 욕망을 대체하거나 불어넣는 컴퓨터는 존재하지 않는다. 라이언 카바노는 고생이라는 장애물을 피해 갈 수 있는 지름길을 찾았다고 생각했다. 애정을 흉내 내는 코드를 쓸 수 있기라도 한 듯 말이다. 하지만 '친화도 격차'는 기대한 욕망과 실제 욕망 사이에만 존재하는 게 아니다. 표준을 따른 창작물과 비범한 창작물 사이에도 엄연히 존재하며, 굴하지 않는 열정이 만들어내는 때론 미세하지만 중요한 차이다. 우리는 모두 이 격차, 우리와 타인, 그리고 이 모든 재미없는 기계들이 지금 할 수 있는 것과 앞으로 인간만이 할 수 있는 것 사이의 간극을 넓히려 노력해야 한다. 그 방법은 하나뿐이다. 때로 마술은 다른 사람들이 합리적으로 기대하는 시간보다 더 많은 시간을 무언가에 쏟는 사람에게 일어난다. 텔러가 거짓말을 많이 하지만, '왜' 마술인지에 대해 정직하지 않았던 적은 없다. 그는 자신조차 설명할 수 없는 이유로 마술을 사랑하기 때문에 마술을 하는 것이다.

그나저나 펜의 말이 거짓말은 아니다.

텔러는 정말 실 한 가닥으로 묘기를 부린다.

② 장

스포츠

SPORTS

열정은 데이터를 이긴다

Love and WAR*

---

* WAR는 'Wins Above Replacement'의 약자로 '대체선수 대비 승리 기여도'를 뜻한다. 여기서는 중의적 표현으로 쓰였다 - 옮긴이

애널리틱스 지지자들은 숫자를 확실성으로 혼동하는 경우가 너무 많으며, 숫자만이 우리가 던지는 질문에 만족스러운 답을 줄 수 있다고 착각한다. 왜 딱 떨어지는 정답을 찾기 어려운 문제에도 같은 방법으로 답을 찾으려 하는 걸까? 그 대신 무엇을 어떻게 다르게 봐야 하는지 이해하려 노력하고, 세상의 아름다움과 혼란스러움을 바라보는 자신만의 특별한 시각을 길러야 한다. 우리는 새로운 시각 테스트를 통과해야 한다.

머니볼, 애널리틱스 혁명의 시작

2012년 마이클 루이스는 모교인 프린스턴대학에서 졸업식 연설을 했다. 이 연설은 본인을 비롯해 우리 삶에 있어 운이 하는 역할을 짧고 재미있게 감동적으로 고찰하고 있으며, 내가 가장 좋아하는 그의 글 중 하나다.[1] 루이스는 학생들에게 어떻게 적절한 사람들을 적절한 시기에 만나 적절한 휴식을 취할 수 있었는지, 즉 특별한 직업 경력으로 이어진 일련의 행운에 관해 이야기했다. 물론 일부는 그가 이루었지만, 루이스는 성공이 전적으로 자신에게 달려 있었던 건 아니라고 인정할 만큼 겸손했다. "인생의 결과에 속지 마세요." 그가 말했다. "인생의 결과가 완전히 무작위적인 건 아닙니다. 그 안에는 커다란 행운이 숨어 있습니다."

우리는 스스로 운명을 통제하고 있다고 생각하고 싶을지도 모른다. 올바른 선택을 하고 일을 잘하면 충분한 보상을 받을 수 있다고 말이다. 특히 일이 잘 풀릴 때 그렇게 생각하길 좋아하는데, 스스로 노력해서 정상에 올랐다고 믿는 게 뿌듯하기 때문이다. 그런 일이 일어나기도 한다. 즉 다른 사람들보다 월등한 기량과 노력을 쏟은 최고의 남성과 여성이 승리하는 것이다. 실제로 선호도 격차는 존재한다. 그런데 상대적으로 비슷한 두 사람이 같은 지시를 따랐지만 서로 다른 목적지에 도달하는 일도 가능하다. 우리는 페트리 접시(세균 배양에 쓰이는 둥글고 넓적한 작은 접시 – 옮긴이)에서 사는 게 아니기 때문이다. 실험실을 만드는 이유는 세상이 실험실처럼 돌아가지 않아서다. 우리는 자신만의 우주를 창조할 수 있지만, 우리의 행동을 스스로 통제할 수 없게 하는 힘으로부터 완전히 벗어날 수는 없다. 전략이 결과에 미치는 영향력은 제한적이다. 게다가 기회, 특권, 운과 같은 성가신 문제들도 있다.

루이스는 프린스턴대학 학생들이 그들이 가진 행운을 기억하길 바랐다. "여러분들은 운이 좋은 몇 안 되는 사람입니다." 그가 말했다. "부모님 운도 좋고, 나라 운도 좋고, 프린스턴 같은 곳에 있다는 것도 행운이죠. 이곳에서 운이 좋은 사람들을 만나고, 그들을 다른 운이 좋은 사람들에게 소개하고, 결과적으로 모두의 운이 더 좋아지게 해줄 수 있으니까요." 부유한 졸업생들은 대개 자신이 지금까지 누려온 모든 것을 받을 만한 자격이 된다고 믿었을지도 모른다. 아무리 잘 닦인 길을 걸어가도 삶이 어느 한 사람에 의해 좌우될 수 있다는 말은 그들에게 (우리도 마찬가지다) 헛소리처럼 들릴 것이다. 그러나 우리가 거의 매 순간 성공 확률을 높일 수 있다고 해도, 그 성공 확률을 보장할 수는 없다.

2002년 봄《에스콰이어Esquire》에서 일을 시작할 당시 나는 스포츠 칼럼니스트였다. 그 일을 하게 된 건 기적 같은 행복한 일들이 연속으로 일어난 덕분이었다. 나는 토론토의《내셔널 포스트National Post》신문사에서 가장 좋아하는 스포츠인 야구에 대한 취재를 했고, 내가《에스콰이어》에서 쓴 첫 번째 기사는 오클랜드 애슬레틱스의 젊고 기발한 투수 배리 지토Barry Zito에 관한 내용이었다. 나는 파견 중에 배리를 만났고, 그와 사랑 비스무리한 것에 빠졌다. 그를 향한 애정은 좋은 글을 쓸 확률을 높여줄 것이었다. 또한 탈권위적인 오클랜드의 야구단장 빌리 빈Billy Beane과 그의 혁신적이고 분석적인 야구 재능 평가 방식도 알고 있었다. 나는《에스콰이어》편집자에게 두 번째 기사 내용을 들려주었고, 그는 빈에 관해 더 알고 싶다고 했다. 나는 빈에게 전화를 걸었다. 그는 운전 중에 전화를 받았는데, 목소리가 캘리포니아 사람 그 자체였다. 그가 컨버터블을 타고 있었는지는 모르겠지만 그런 것처럼 느껴졌다.

나는 빈에게 시간을 내줄 수 있는지, 그리고 그의 일에 관해 취재한 내용을《에스콰이어》에 기고해도 되는지 물었다.

"저야 좋습니다." 그가 말했다. 그러더니 최근에 다른 작가가 자기를 따라다니기 시작했다고 털어놓았다. 그리고 먼저 찾아온 작가를 깔보는 듯 이야기하면 자신이 재수 없는 사람(정확히 이 단어로 이야기한 건 아니다)처럼 느껴질 것 같다고 말했다. "하지만 걱정하지 않으셔도 됩니다. 별일 아닐 거예요." 나는 그 작가의 흥미가 식을 때까지 조금 기다려야 했다. "타이밍의 문제죠." 빈이 말했다. "때가 되면 만납시다."

불행히도 그 작가는 마이클 루이스였고, 결과적으로 그가 한 일은 약간의 성과로 이어졌다. 2003년에 출간된 책《머니볼》은 극찬을 받았으며 거의 200만 부가 팔렸다. 또 그 책을 기초로 브래드 피트가 출연하는 영화가 제작되어 크게 흥행하면서, 이미 큰 성공을 거둔 루이스를 거물 인사로 만들어주었다. 뿐만 아니라 우리가 세상을 바라보는 시각을 영원히 바꿔놓았다.

나도 나름대로 괜찮은 기사를 썼다. 하지만《머니볼》이 아주 작은 시도에서 비롯되어 마치 우연처럼 느껴졌다는 사실을 절대 잊지 않았다. "일을 크게 벌이려는 생각은 없었습니다." 루이스가 말했다. "큰일을 해야겠다고 생각할 땐 제가 너무 주변을 얼쩡거리기 때문에 그만 가달라고 말을 꺼내기가 어색했을 겁니다."[2] 루이스는 오클랜드 콜리세움(오클랜드 애슬레틱스의 홈구장 – 옮긴이)에서 멀지 않은 버클리에 살았다. 그는 오클랜드 애슬레틱스가 거대 기업의 지원을 받는 팀과의 대결에서 꽤 자주 승리를 거두는 것을 보았고, 그 이유와 방법이 궁금해졌다. 그는 빈에게 잠깐 시간을 내줄 수 있는지 물었다. 빈은 루이스의 첫 책인《라이어스 포커 Liar's Poker》를 읽었고, 자신도 무언가를 배울 수 있겠다고 생각했다. 그는 루이스에게 괜찮다고 말했다. 두 사람은 서로에게 호기심을 품은 채 대화를 시작했다. 빈은 대화하기 어려운 사람이었다. 자기 자신에 대해 이야기하는 것을 좋아하지 않았고, 이 대화에서는 인터뷰로 맺어진 우정 말고는 다른 것을 건지기 어려울 것 같았다. 그렇다고 루이스가 야구 통계에 관한 책을 쓸 수는 없었다. 그런 책은 아무도 읽지 않을 것이다. 그에게는 주인공이 필요했지

○ ● ○ ○ ○ ○ ○ ○

만, 빈이 확신을 주는 주인공은 아니었다. 그가 자신에 대해 깊은 이야기를 털어놓기 전까지는 말이다. 루이스는 거부할 수 없었다.

빌리 빈은 18살에 꽤 괜찮은 두 가지 선택지를 놓고 어려운 결정을 내려야 했다. 스탠퍼드대학은 그에게 전액 장학금을 제시했다. 뉴욕 메츠The New York Mets는 12만 5,000달러라는 연봉과 프로 야구선수로서 경력을 시작할 기회를 제공하는 것으로 맞섰다. 영화의 한 장면처럼 빈은 온화한 중산층 부모님과 부엌 식탁에 앉아 뉴욕 메츠에 입단하기로 결정했다. 그런데 그는 대단한 야구 선수가 되지 못했다. 27살이 되자 메츠에서는 거의 잊히다시피 했고, 네 번째로 들어간 오클랜드 애슬레틱스에서는 비참한 길을 걷기 시작했다. 빈은 오클랜드의 스카우터가 되려고 야구를 그만두었다. 돌이켜 생각해보면 '의사 결정'으로 유명해질 사람이 학교 대신 야구를 선택한 것은 과연 잘못된 결정이었을까? 두 개의 길이 별개의 사안일 수도 있다. 하지만 어떤 선택도 완전히 동떨어져 있지 않다. 이후 그의 인생이 어떻게 되었는지를 보자. 대학을 다니지 않았기 때문에 그는 더 똑똑해지고 더 잘하기 위해 자기계발에 힘썼고, 프런트 오피스 사다리를 타고 승진을 거듭한 결과 1997년 팀의 단장이 되었다. "스탠퍼드에 가지 않은 선택이 초래한 약간의 불안감이 빈에게 큰 이점으로 작용했습니다." 루이스가 말했다. 덕분에 그는 훌륭한 이야기를 써내려갈 수 있었다. 자기 자신을 바로잡으려 노력해온 한 남자가 뜻하지 않게 전 세계를 바로잡은 것이다.

누구도 《머니볼》이 이렇게 유명해질지 예상하지 못했지만, 책은 출간되자마자 찬사를 받았다. 나도 그 책을 좋아했다(《에스콰이어》에서 내게 《머니볼》 리뷰 기사를 써달라고 했다. 상처에 소금 뿌리는 것도 아니고). 루이스의 다른 책처럼 《머니볼》은 흥미롭고 재미있다. 나는 영화도 좋아한다. 다만 영화 속 브래드 피트의 머리칼이 너무 아름다워서 나를 위태롭게 만든다. 연출자 베넷 밀러Bennett Miller 감독은 지금까지 〈카포티〉(2006), 〈머니볼〉(2011), 〈폭스캐처〉(2015) 이렇게 세 편의 영화를 만들었는데, 이 세 영화가 모두 환상적이다. 밀러 감독의 작품은 여전히 놓쳐선 안 된다.[3]

그러나 《머니볼》의 성공은 책의 중심을 차지하고 있는 빌리 빈에게 수수께끼로 남아 있다. 책이 출간된 지 20년 가까이 지난 지금도 그는 애널리틱스 운동의 시작을 이끈 공을 인정받고 싶어 하지 않는다. 그는 저작권이 없는 다른 사람들의 기발한 아이디어를 훔친 뛰어난 도둑이자 얼리어답터에 불과했다. 특히 포크앤빈스(돼지고기와 강낭콩에 토마토를 넣어 끓인 미국식 가정 요리 – 옮긴이) 공장에서 일하는 동안 머리가 녹슬지 않도록 하기 위해 야구 통계를 개발한 빌 제임스Bill James의 아이디어를 눈에 띄게 차용했다. 하지만 빈은 자신의 이야기가 책으로 쓰이는 데 응한 것을 후회하지 않는다. "그 책으로 인해 제 삶은 크게 바뀌었습니다." 그가 말했다.[4] 하지만 그는 자신이 미래를 내다보는 사람처럼 보이는 것에 대해 불편해한다. 그는 《머니볼》을 혁명의 시작이라 여기지도 않으며 자신을 장애물을 뛰어넘은 최초의 사람이라고 생각하지도 않았다. "그건 공공연하게 알려진 정보에 불과했습니다. 우리가 새로 만들어낸 건 아무것도 없었어요." 그 이후로 일어난 모든 일은 머지않아 반드시 일어날 일들이었다. 책과 영화는 피할 수 없었던 과정을 가속화했을 뿐이다.

○ ● ○ ○ ○ ○ ○ ○

불씨가 되었든 연료가 되었든《머니볼》은 극적이고 명백하게 스포츠계와 더불어 다른 업계까지 바꿔놓았다. MIT 슬론 스포츠 분석 컨퍼런스는 매년 3월 보스턴에서 열리는데 3,000명 이상의 업계 리더와 학생들이 모여 스포츠 과학과 정보에 대한 최신 현안을 논의한다(처음 개최된 2007년에는 참가자가 140명에 불과했다).[5] 이 열정적인 수천 명의 사람들은 사실상 애널리틱스가 표준이 된 모든 주요 스포츠 프랜차이즈의 본부로 돌아가 통계적 혁신을 발견하고 활용하는 노력을 배로 들인다. 뉴욕 양키스New York Yankees만 해도 2013년까지 정규직 데이터 분석가가 12명이 넘는다. 그들이 공동으로 한 작업은 야구장을 뛰어넘어 경기 전체의 진행 방식을 변화시켰다.

좋든 나쁘든 현대 농구는 한때 중거리 슛이라는 예술에 의존했던 스포츠로부터 멀어졌다. 슈팅 효율을 강조하는 분위기는 3점슛과 골 밑슛에 대한 끝없는 논쟁으로 이어졌다. 휴스턴 로키츠Houston Rockets는 전 단장이자 슬론의 공동 설립자인 대릴 모리Daryl Morey의 지휘 아래 곧 '모리볼Moreyball'이라 불릴 냉철한 플레이를 새로운 NBA 스타일의 전형으로 자리 잡게 했다(마이클 루이스는 모리를 "인생에서 자신의 길을 모색하는 것보다 계산하는 것이 더 행복한 사람"이라고 묘사했다). 믿기 어렵지만 휴스턴은 2012~2013년 시즌에서 슛 시도의 73.6퍼센트가 제한구역 내부 혹은 아크 뒤쪽에서 이루어졌다. 혁신을 위한 온갖 노력에도 로키츠는 우승 반지를 획득하지 못했다. 그럼에도 골든스테이트 워리어스Golden State Warriors를 비롯한 다른 팀들이 로키츠의 선례를 따랐다. 골든스테이트 워리어스는 2015년과 2019년 사이에 치러진 5번의 NBA 결승전에서 세 번 우승하고 두 번을 아깝게 졌는데, 대부분 스테판 커리Stephen Curry의 뛰어난 장거리 슛에 힘입은 결과였다.⁶ 빌리 빈의 조수 테오 엡스타인Theo Epstein의 지휘 아래 길었던 월드시리즈 저주를 깬 보스턴 레드삭스Boston Red Sox와 시카고 컵스Chicago Cubs처럼 워리어스는 원조를 능가할 줄 아는 모방자였다.

바다 건너 영국의 리버풀에서 레즈Reds(리버풀 FC의 애칭. 리버풀 선수들이 상하의 모두 빨간색 유니폼을 입어 이러한 별명을 갖게 되었다 – 옮긴이)가 잉글랜드 프리미어리그를 지배하게 된 이유는 부분적으로 '머시볼Merseyball'이라는 고대 축구 경기에 대한 데이터 기반 접근 방식 덕분이었다. 마른 체형에 안경을 쓴 이안 그레이엄Ian Graham이라는 웨일스인(그는 케임브리지대학 이론물리학 박사 학위 소지자였다)은 축구 선수 10만여 명의 데이터베이스를 구축하고 유지했으며, 패기 넘치는 감독 위르겐 클로프Jurgen Klopp에게 인수와 배치에 관한 의견을 전달했다. 2015년 그레이엄은 처음부터 리버풀에 클로프 감독을 영입하라고 제안했는데, 클로프가 독일 축구팀 도르트문트Dortmund의 감독으로 있었을 때가 전성기보다 나은 성과를 보여줬다고 생각했기 때문이다(그레이엄은 도르트문트의 경기를 절대 보려 하지 않았다. "전 비디오를 좋아하지 않습니다. 편견을 심어주기 때문이죠.").⁷ 축구는 득점이 저조한 종목이기 때문에 다른 스포츠에 비해 운이 아주 큰 역할을 하는데, 도르트문트는 운이 좋지 못했다. 리버풀은 클로프를 영입했고, 그가 그레이엄의 분석에 자신의 날카롭지만 부드러운 경기 감각을 접목시킨 결과 리버풀은 30년 만에 영국 최고라는 타이틀을 거머쥐었다.

심지어 개인 스포츠도 정량화라는 불안정성과 그로 인해 발생하곤 하는 왜곡된 결과를 받아들이기 시작했다. 골프는 2020년 초 이른바 골프계의 '미치광이 과학자'라 불리는 브라이슨 디섐보Bryson DeChambeau의 성공 이후 격변의 정점에 서 있었다(디섐보는 처음에 샤프트와 길이가 똑같은 아이언을 사용하는 아마추어 선수로 악명 높았는데, 덕분에 그는 골프채와 관계없이 일정한 스윙을 할 수 있었다. 대신 채를 구별하기 위해 헤드 웨이트를 바꿨다).8 농구에서 장거리 슛에 대한 사람들의 열병을 이어나가는 듯 디섐보는 드라이브 거리를 최우선 순위로 삼았다. 두 시즌 동안 그는 몸무게를 18킬로그램 가까이 늘려 벌크업을 단행했고 2020년 디트로이트에서 열린 로켓 모기지 클래식Rocket Mortgage Classic에서 드라이버샷 기록으로 평균 350.6야드를 달성하며 우승했다. 경기 후 그는 "이번 경기에서는 체형도 바꾸고 마음가짐도 바꿨습니다. 덕분에 완전히 다른 스타일의 골프를 했는데도 우승할 수 있었습니다"라고 말했다. "이번 경기가 많은 사람에게 영감이 되었기를 바랍니다." 같은 해 9월 디섐보는 무시무시한 윙드풋Winged Foot 골프클럽에서 열린 U.S. 오픈에서 6언더파로 우승했다. 그는 공을 잘못 친 것처럼 휘두르면서도 필드에서 언더파로 경기를 끝낸 유일한 선수였다.

확실히 디섐보의 접근법에는 머니볼과 같은 말장난이 없다. '매시브볼Massiveball'은 어감이 세서 불행한 질병 이름처럼 들린다. 하지만 디섐보의 접근법을 뭐라고 부르든 그는 수학을 했다. 스포츠에 종사하는 모든 사람이 수학을 했고, 결과적으로 스포츠는 결코 같을 수 없다는 중요한 결과를 얻었다. 이상하게 들릴지도 모르겠지만 루이스는 프린스턴 대학 졸업생들에게 《머니볼》을 일종의 탈선으로 기억해달라고 부탁했다. 그것은 마이클 루이스뿐 아니라 빌리 빈의 인생 방향을 바꾼 우연한 만남이자 모든 것을 변화시킨 불청객이었다.

최고의 야구 선수는 왜 평범해졌을까?

루이스의 책이 비판을 받는다면, 성공의 공을 선별적으로 돌렸기 때문이다. 빌리 빈만이 스콧 해티버그Scott Hatteberg의 망가진 팔꿈치에서 예상 밖의 가치를 보았고, 해티버그의 홈런은 플레이오프에서 성공하지 못한 빈의 모델이 효과가 있음을 증명하며 20연승의 마무리를 장식했다. 영화는 책과 달리 매니저 아트 하우Art Howe를 빈처럼 심술궂은 사람으로 바꿔놓았다. 왜냐하면 로버트 맥키가 말하듯 모든 영화에는 우리의 영웅이 극복해야 하는 은유적인 대립으로서 경쟁자가 필요하기 때문이다.[9] 현실에서 하우는 사랑스럽고 아주 우스꽝스럽게 마른 체형의 소유자인데, 영화 속에서 필립 세이모어 호프먼Philip Seymour Hoffman이 그를 연기할 때 어째서 인상적인 올챙이배를 자랑스럽게 내보이는지 이해할 수 없었다. 결정적으로 소설과 영화는 서로에게 정량화의 부적 같은 역할을 했지만, 똑같이 서사적으로는 심각한 죄를 저질렀다. 그들은 당시 오클랜드 소속의 젊고 뛰어난 투수 세 명을 무시했다. 바로 팀 허드슨Tim Hudson, 마크 멀더Mark Mulder, 그리고 가장 내 눈에 띈 배리 지토다.

2002년 시즌에서 26세의 허드슨은 연봉 87만 5,000달러에 대한 대가로 대체선수 대비 승리기여도Wins Above Replacement(WAR)를 6.9점으로 끌어올렸고, 24세의 멀더는 80만 달러를 위해 4.7점을 기록했다. 그리고 24세의 지토는 두 번째 풀시즌에만 23승을 했고, 평균자책점 Earned Run Average(ERA) 2.75점과 WAR 7.2점을 기록했으며 아메리칸 리그 사이 영 상American League Cy Young Award을 받았다. 당시 그의 연봉은

29만 5,000달러에 불과했다.¹⁰ 재능이 넘치는 세 사람은 200만 달러도 안 되는 연봉으로 총 18.8점의 WAR를 달성했다. 같은 시즌에서 해티버그의 득점 WAR는 2.7점이었고, 그는 90만 달러 연봉에 걸맞게 완벽에 가까운 평균 방어율을 기록했다. 깔끔한 완주와 빈의 정확한 사인의 결과였지만, 앞서 이야기한 세 명의 가치에 비하면 아무것도 아니었다. 그중에서도 배리 지토는 정말 대단했다.

나는 왜 배리 지토를 이토록 좋아할까? 마술을 향한 텔러의 사랑처럼, 그를 향한 나의 사랑은 설명하기 어렵다. 2002년 시즌에서 그가 보여준 활약과는 정말 아무 상관이 없었다. 우리는 둘 다 비슷한 시기에 각자의 직업에서 막 첫발을 내디딘 상태였는데, 확실한 건 그가 내 경력을 끌어올려주었다는 점이다. 그는 클럽하우스가 아닌 다른 장소로 나를 초대해 이야기를 나눈 첫 번째 운동선수였다(우리는 브런치를 먹으러 갔다). 나는 그가 길거리에서 동물 인형이나 향초, 특별한 베개를 가지고 다니는 점이 좋았다. 팀 동료들이 그를 어떻게 생각해야 할지 몰랐다는 점이 좋았고, 그가 딱히 자신을 설명할 필요를 느끼지 않는 점이 좋았다. 나는 그의 아버지 조 지토 Joe Zito가 냇 킹 콜 Nat King Cole의 오케스트라를 지휘하고 프랭키 아발론 Frankie Avalon과 바비 라이델 Bobby Rydell의 곡을 썼다는 점과 조가 자신의 음악이 그렇듯 운동선수의 위대함이 배리의 몸 안에 흐른다고 생각했다는 점을 좋아했다("야구는 피아노와 같다고 생각하네." 조가 내게 말했다. "더 나아지기 위해 연습하고 연습하고 또 연습하고 또 연습해야 하기 때문이지."). 배리가 어렵지 않게 왼손으로 공을 던지는 게 좋았고, 특유의 투구가 순식간에 급강하하는 커브볼인 것도 좋았다. 그의 커브볼은 실연을 떠올리게 했다.

그중에서도 나는 야구 선수 배리 지토에게 그가 이룬 것들을 어떻게 해냈는지 물었을 때 다음과 같은 대답을 들려준 점이 맘에 들었다. "창의적인 사람들, 예를 들어 음악가, 예술가, 작가가 자기 일을 잘하고 싶다면 자기 자신인 채로 일을 해서는 안 됩니다. 스스로가 예술을 위한 도구가 되어야 합니다. 저는 마운드에 서면 제 몸이 악기처럼 연주되기를 바랍니다. 의식적으로 무의식적인 상태가 되는 게 참 어렵지만, 바로 그게 여러분이 추구해야 하는 상태입니다. 그리고 스스로 믿어야 합니다. 왜냐하면 여러분이 여기서 생각하는 것이" 그가 머리 옆쪽을 가리켰다. "저 밖에서 일어날 것이기 때문이죠. 전 타석 한가운데로 공을 던질 수도 있습니다. 그런데 타자가 그 공을 쳐낼 것이라고 믿는다면, 타자는 공을 쳐낼 것입니다. 어떤 일을 일어날 운명이라고 생각한다면, 그 일은 반드시 일어납니다. 당신은 운명적인 일을 일어나게 할 수 있습니다."[11]

지금까지의 이야기로 한 야구 선수를 향한 내 사랑을 충분히 설명할 수 있을까? 모르겠다. 그렇다면 나는 왜 한 사람의 개성을 동경하는 어른으로 자라게 되었을까? 역시 모르겠다. 보이지 않는 힘이 다른 힘으로 이어졌다. 다만 확실한 건 배리가 선수로 활동하는 동안 내가 계속 그를 따라다녔다는 사실이다. 오래된 노래를 듣는 행위 자체가 확증편향으로 작용해 우리가 느끼는 감정이 타당하다고 안심시키듯 나는 그를 찾고 또 찾았다.

배리 지토의 야구를 마지막으로 본 건 2015년이었다. 그의 선수 생활이 거의 끝나갈 무렵이었다. 그는 트리플 A 사운즈 Triple-A Sounds 의 홈구장인 내슈빌에서 다른 투수와 함께 캐치볼과 롱토스를 하고 있었

○●○○○○○

다. 배리가 해당 프레임에서 가장 흥미로운 인물이 아니었던 드문 경우 중 하나였다. 상대 선수는 팻 벤디트Pat Venditte였다. 그는 순수하게 자발적 의지로 왼손 투구 훈련을 한 우완 투수였다. 벤디트는 마이너 리그에서부터 차근차근 올라왔으며, 메이저리그 데뷔를 위해 수십 년 만의 첫 스위치 투수가 되려 노력했다. 2007년 37세의 지토는 오클랜드 애슬레틱스를 떠나 샌프란시스코 자이언츠San Francisco Giants와 야구 역사상 투수로서 최고의 연봉 계약을 맺은 후 이전처럼 화려하게 복귀하길 희망했다. 하지만 이후 그는 7개의 시즌을 대부분 평범하게 보냈다. 4.00 이하로 떨어진 ERA를 올리지 못했고, 진 경기보다 이긴 경기가 많았던 적은 딱 한 번뿐이었다. 이후 오클랜드 애슬레틱스가 다시 그를 데려와 2군에 배치했으며, 그가 자신에게 남아 있는 기량을 찾을 수 있을지 지켜보았다.

안타깝게도 지토는 예전 기량을 찾지 못했다. 그는 오클랜드로 돌아온 후 3번 정도 출전해 총 7이닝을 뛰었는데, 그동안 12개의 안타, 6개의 볼넷, 8개의 득점을 내주었다.

그럼에도 나는 그를 더욱더 사랑했다.

배리 지토가 자이언츠와 계약했을 때 그의 에이전트는 야구계에서 가장 잘나갔던 스콧 보라스Scott Boras였다(지토는 보라스와 함께 선수 생활을 시작해, 조금 더 매력적인 안 텔렘Arn Tellem과 오클랜드에서 6년을 보냈으며, 자유계약선수가 되자 다시 보라스에게로 돌아갔다. 독실한 신자라 해도 일은 어디까지나 일이다). 보라스는 캘리포니아 뉴포트 비치에 직접 지은 본인 소유의 반짝이는 건물에서 일한다. 그는 변호사, 스카우터, 연구원, 데이터 분석가 군단을 고용해 현재 선수들의 계약 협상과 앞으로 대표할 새로운 선수들을 찾는 데 전념하고 있다. 야구계의 라이언 카바노인 셈인데, 차이점은 그가 실제로 성공을 거뒀다는 데 있다.

보라스 역시 자기 건물 지하에 냉난방이 가능한 방이 있으며 그곳에는 거대한 중앙 컴퓨터가 윙윙거리는 소리를 내고 있다. 중앙 컴퓨터의 데이터베이스는 1971년 이후 메이저리그의 모든 타자에게 던져진 모든 투구를 포함하고 있다. 보라스는 선수들에게 이 데이터베이스에 대한 접근 권한을 부여하는데, 계약 중 좋은 성적을 내는 선수는 계약을 갱신할 때 더 큰 액수로 재계약하기 때문이다. "우리는 선수들이 자신의 위치를 파악할 수 있게 노력합니다"라고 그가 말했다. 보라스는 또 이 데이터를 사용해 선수들의 증거 기반 사례를 구성하는데, 실제로 선수들이 그가 생각하는 정도로 가치 평가가 되는 이유를 뒷받침하는 통계자료다. 그는 자신이 보는 것을 팀원들도 볼 수 있게 노력한다.

보라스는 커다란 파란색 바인더에 해당 자료를 수집했는데, 배리의 경우 은박지로 다음과 같이 새겨져 있었다. 배리 지토, 프리 에이전트 프레젠테이션. 파일은 여러 섹션으로 나뉘어 있었다. 그중 하나는 오클랜드에서 지토가 보낸 첫 6개 시즌을 분석한 통계자료였다. 그것은 인상적인 이력서가 되었다. 지토는 하루도 부상으로 결근한 적이 없었는데, 아마 투구를 세게 하지 않았기 때문인 듯하다. 오클랜드가 3점 혹은 그 이상을 득점했을 때 지토의 승패 기록은 93-11이었다. 그는 첫 6개 시즌에서 각각 통산 100승과 200이닝 투구를 달성했는데, 이런 기록을 지닌 선발 투수는 지난 25년간 단 두 명에 불과했으며, 지토가 그 중 한 명이었다. 나머지 한 명은 프랭크 비올라 Frank Viola

○ ● ○ ○ ○ ○ ○

였다. 또한 배리는 첫 6개 시즌에서 내구성이 뛰어나며 명예의 전당에 입성한 투수 그레그 매덕스Greg Maddux보다 더 많은 경기 출전과 승리, 스트라이크아웃, 올스타전 출전을 기록했다.

그후 보라스는 배리의 남아 있는 경기력을 예측하기 위해 실제로 통계 정보를 수집해 활용했다. 물론 통계 정보 수집은 데이터 마이닝의 핵심이다. 즉 '앞으로 일어날 일'을 예측하는 데 도움이 되는 패턴과 추세를 보기 위해 '지금까지 일어난 일'을 정량화하는 것이다. 보라스의 편향된 미적분 공식은 배리가 첫 6개 시즌 동안 에파 릭시Eppa Rixey보다 많은 선발 출전 기록을, 레프티 그로브Lefty Grove보다 많은 이닝을, 워런 스판Warren Spahn보다 많은 스트라이크아웃을, 샌디 쿠팩스Sandy Koufax보다 모든 면에서 뛰어난 기록을 세울 것이며 그레그 매덕스만큼 명예의 전당 명패를 가질 것이라고 예측했다.

보라스는 자신의 바인더를 구단에 돌렸고 그의 자료에 적당히 감동한 샌프란시스코 자이언츠와 텍사스 레인저스Texas Rangers, 시애틀 매리너스Seattle Mariners, 뉴욕 메츠가 보내온 중요한 제안을 처리하며 바쁜 겨울을 보냈다. 자이언츠는 에이스인 제이슨 슈미트Jason Schmidt를 자유계약선수로 잃었기에 4개 구단 중 가장 절실했다. 게다가 배리는 샌프란시스코의 단장인 브라이언 세이빈Brian Sabean과 개인적 친분이 있었다. 긴 시간 함께 한 저녁 식사는 둘에게 깊은 감정을 남겼다.

보라스는 방정식에 애정이 들어가는 것을 좋아한다. 선수에게 계량화하기 어려운 재능이 있다는 뜻인 데다, 뼛속 깊은 데이터 분석가이지만 그는 숫자가 심장을 움직이는 데 한계가 있다는 것을 알고 있기 때문이다. "우리는 항상 그런 특별함을 가진 선수를 찾고 있습니다." 그가 말했다. "야구에서 선수로서의 가치는 할 수 없는 것이 아니라 할 수 있는 것에 달려 있습니다. 메이저리그에는 강점이 하나밖에 없는 선수들도 많습니다." 이렇게 특이하고 특별한 재능은 희소성(하나의 공급과 무한의 수요)과 상상하는 만큼의 무한한 가치를 가지고 있으므로 효과적인 협상 도구가 된다. 배리 지토의 커브볼이 완벽한 예다. 만약 여러분이 어떤 것에 감히 숫자를 붙일 수 없다면, 그것의 가치는 여러분이 상상할 수 있는 가장 큰 액수로 환산된다. 브라이언 세이빈은 배리 지토의 커브볼에서 어떤 신성함을 보았고, 그에게 7년간 1억 2,600만 달러를 지급했다.

하지만 이는 현대 야구 역사상 최악의 계약 중 하나로 드러났다. 배리는 에파 릭시보다 133번 적은 선발 출전 기록과 레프티 그로브보다 1,363개 적은 이닝, 워런 스판보다 698개 적은 스트라이크아웃으로 활동을 마무리했다. 샌디 쿠팩스와 그를 비교하는 건 어떤 식으로든 잔인하게 느껴졌다. 게다가 처음으로 명예의 전당에 입후보한 2021년에 그는 단 한 표만을 얻어 탈락했다. 이상하게 들리겠지만 배리 지토의 경력에 견줄 수 있는 최고의 경쟁 선수는…. 프랭크 비올라다. 그들의 선발 출전 기록은 배리가 421회, 비올라가 420회로 하나밖에 차이 나지 않았으며, 배리의 승률은 0.53이고 비올라의 승률은 0.540이었다. 비올라는 30세였던 1990년 메츠에서 훌륭한 시즌을 보냈고, WAR에서 배리가 31.9점을 기록한 것과 달리 47.0점으로 활동을 마무리했다. 전체적으로 보면 비올라가 더 나은 투수였는데, 그렇다고 배리 지토를 무시하는 게 아니다. 프랭크 비올라는 정말 멋있었다. 보라스가 파란색 바인더에 명예의 전당에 대한 비전보다 비올라의 성적에 대한 통계자료를 첨부했다면 더 정확한 예측을 보여주었을 것이다. 물론 그랬다면 그가 담당한 선수는 야구 역사상 가장 부유한 투수가 되지 못했을 것이다.

만약 배리가 그 계약서에 서명하지 않았더라면 보라스의 바인더에 예언된 모든 것이 사실로 입증되었을 수도 있다. 배리는 친구와 회를 먹고 있었는데 보라스가 문자메시지로 계약 조건(7/126)을 보냈고, 먹던 회가 목에 걸렸다. 나는 진심으로 그가 이후에 받은 충격이나 압박감에서 완전히 회복하지 못했다고 생각한다. 냉정한 관찰자들은 배리가 거의 바로 무너져내린 상황을 이렇게 깔끔하게 설명하는 걸 절대 용납하지 않겠지만, 나는 젊은 남자의 삶에서 일어난 비극적 사건을 무시하는 것 또한 어리석다고 생각한다. 배리가 그 계약으로 인해 받아야 했던 모든 관심을 측정할 수 없다고 해서 고려 대상에서 제외해서는 안 된다. 배리 지토의 영입이 자이언츠에게 나쁜 수는 아니었을 것이다. 오히려 배리 지토에게 끔찍한 수였을 것이다. 아니면 그 계약 자체가 삶의 궤적, 즉 마이클 루이스가 학생들에게 기억하라고 경고한 '운'을 바꾸었을지도 모른다. 어쩌면 그가 갑자기 도구가 되는 것을 넘어서는 목표 의식을 느꼈거나 기대감과 부담감에 짓눌려 해낼 수 있다고 믿지 못하게 되었을지도 모른다.

이건 어디까지나 배리를 잘 알고 있는 나의 '짐작'이며, 전적으로 감정에 기반한 의견이다. 내 이론을 뒷받침할 과학적 증거는 없으며 구체적 증거도 부족해 사건 과정에 대한 모든 서술적 설명 기반이 약하다. 탈산업화가 과거 안정적이었던 민주주의 국가를 혼란과 포퓰리즘을 합쳐놓은 듯한 오늘날의 정부로 만들었는가? 똑똑한 사람들은 그렇다고 믿는다. 그들의 주장이 옳은가? 그런 것 같다. 그들은 훌륭하고 설득력 있는 주장을 한다. 우리는 그들이 옳다는 것을 알고 있는가? 아니다. 아직 논쟁의 여지가 남아 있다.

숫자 너머를 바라보는 상상력과 창의력

적어도 나쁜 분석가들은 확실성에 대해 큰 지배권이라도 가진 양 행동한다. 숫자는 무엇을, 누가, 어디서를 설명할 때 절대적이다. 여기에 대해서는 조금의 의심도 없다. 숫자는 사건을 문서화할 때 전혀 논쟁의 여지가 없는 사실을 전달한다. 숫자는 어떤 기억보다도 안전한 저장고 역할을 한다. 《머니볼》은 많은 것에 사형 선고를 내렸고, 그중 일부는 그럴 만했다. 여전히 위기 상황에 강한 선수들이 있고 그들이 가장 필요한 순간에 위대한 업적을 달성할 것이라고 믿고 싶지만, 《머니볼》이 출간된 후, 클러치 히터(주자가 있거나 반드시 득점을 올려야 하는 아주 중요한 상황에서 안타를 쳐내는 타자 – 옮긴이)들은 자취를 감췄다(만약 어딘가에 클러치 히터가 있다면 결과가 분명치 않을 때는 어떻게 해야 조금 더 두각을 나타낼 수 있는지 배울 필요가 있다).

하지만 모든 혁명이 그렇듯 애널리틱스 혁명 역시 부수적으로 안타까운 피해가 따랐는데, 바로 정의를 위한 숙청에 휩쓸린 무고한 사람들이었다. 최근에는 데이터에만 의존해 교정을 추구하는 행위가 잘못되었다는 인식이 확산되면서 지나친 욕심에 대한 불만의 목소리가 커지고 있다. 애널리틱스의 부작용은 2020년 월드시리즈에서 케빈 캐시Kevin Cash 감독이 극단적으로 수학적 전략을 취해 투수 블레이크 스넬Blake Snell을 조기 교체함으로써 탬파베이 레이스가 LA다저스에 패했던 경기에서 결정적 증거를 찾을 수 있다. 감독이 그러한 선택을 한 이유는 숫자가 그렇게 하라고 했기 때문이다. 정성적 요소를 중시하는 팬들은 분통을 터트렸다. 그 결정 하나가 전환점처럼 느껴졌다. 실제로 그랬는지는 시간이 흘러야 알게 될 것이다. 그러나 반감이 확산되는 것이 두려웠던 메이저리그는 다른 누구도 아닌 테오 엡스타인을 고문으로 고용해 4시간 동안 이어지는 경기, 끊임없는 투수 교체, 치솟는 삼진율 등 그와 같은 데이터 분석가가 망쳐버린 야구의 미학적 요소를 바로잡으려 했다. 엡스타인은 새로운 역할을 맡음으로써 자신이 후회하고 있음을 인정하는 것 같았다. 하지만 지금까지 훼손된 야구의 예술적 가치를 감안하면 그의 사과는 불완전하다고 느껴진다.

영화 〈머니볼〉에서 빌리 빈이 오클랜드의 스카우트 팀을 만나 그들의 라인업에 생긴 구멍에 관해 이야기하는 장면이 있다(난 이 장면을 좋아하지 않는다). 그들은 너무 순진했고, 나이가 많아 정신이 없었다. 모두 은발에 어깨가 구부정하고 독서용 안경과 보청기를 끼고 있었으며 코를 훌쩍이거나 몸을 긁적였다. 그리고 "나는 저기 뭐야, 엉덩이에 털이 좀 있는 선수들이 좋아", "여자친구가 못생겼다는 건 자신감이 없다는 증거야", "깔끔한 수염에 잘생긴 얼굴이 좋지" 등 멍청한 소리를 계속 해댔다.

"인물도 훤하고" 한 스카우터가 전망 평가를 계속하며 이야기한다. "잘생겼고 준비도 돼 있고. 경험만 쌓으면 되겠네."

"그런데" 다른 스카우터가 반박한다. "걔 여자친구가 별로야. 평균

밖에 안 된다고."

　야구계의 오래된 통념 중 일부는 허튼소리에 불과하다. 이제 영리하고 명석한 경기를 할 준비는 끝났다. 질환 검사로서 통과해야 하는 시험을 의미했던 '시각 테스트'는 누군가를 평가하기엔 뒤떨어진 방법이다. 외모와 턱선의 선명함으로 선수를 평가하는 건 특히나 바보 같은 짓이다. 물론 많은 사람들이 조 디마지오 Joe DiMaggio처럼 공을 치기보다는 그의 외모를 닮으려 한다. 하지만 우리가 아름다움을 판단하지 않는다면 아름다움이 우리의 수많은 판단기준에 포함될 가치는 없을 것이다.

　그렇다고 해서 야구계의 집단적 자기 인식이 허울뿐이라거나 노련한 관찰자들의 이야기가 전혀 가치 없는 건 아니다. 야구에 평생을 바친 사람들도 있고, 그들의 뼈는 어떤 종류의 스프레드시트보다 야구에 대한 진실을 잘 드러낼 것이다. 그들은 경멸이 아닌 존중을 받을 자격이 있다. 애널리틱스를 열렬히 지지하는 사람들은 브라이언 세이빈의 실수가 배리 지토의 커브볼과 사랑에 빠진 것이라고 주장할지도 모른다. 그가 한 번도 그런 커브볼을 본 적이 없었기에 일시적으로 사로잡힌 것이라고 말이다. 그렇다면 배리의 기록은 숫자가 만들어낸 환영이었단 말인가? 그렇다면 애널리틱스가 편애하는 대상도 똑같이 환영을 만들어낼 가능성이 있지 않을까? 실험실 조건에서는 통계가 앞으로 일어날 일에 대한 유의미한 예측 변수를 증명할 수 있다. 하지만 그렇게 얻은 예측 기록은 완벽하지 않으며, 수학을 향한 맹목적 충성은 잘못된 것으로 드러나기도 했다. 분석의 한계에 대한 인용구 가운데 나는 오랜 기간 하키 코치로 일했던 폴 모리스 Paul Maurice가 한 말을 가장 좋아한다. "세상에, 통계자료라는 게 선수 다섯 명이 뭘 하는지도 제대로 알려주지 못하더군요."**12** 간단한 시스템을 모델링하는 건 일도 아니다. 인생의 복잡한 전환점들은 어떻게 설명할 것인가? 우리는 가장 어려운 질문에 어떻게 대답해야 할까?

나는 우리가 통과해야 할 새로운 시각 테스트가 있다고 생각한다. 그리고 검사를 통과한 사람들은 아마도 현재 그 어느 때보다 가치가 빛날 것이다. 스포츠에서뿐만 아니라 다양한 직업과 놀이 분야에서 말이다. 성공과 실패의 경계가 거의 없어지고 있으므로 훌륭한 관객이 성공과 실패를 가르는 결정적인 차이가 될 수 있다. 내가 이 영화를 제작해야 할까? 무엇이 좋은 예술을 만드는가? 누가 야구를 해야 할까? 비가 얼마나 많이 올까? 이 사람이 거짓말을 하고 있나? 저 비행기는 왜 하늘에서 떨어졌을까? 숫자만으로는 이 질문에 대한 답을 알 수 없다. 사람을 통해, 인간의 창의력과 상상력을 통해 알 수 있을 것이다. 나는 손금을 근거로 이야기하고 싶지 않다. 취향, 호기심, 열린 마음, 전문성, 사랑을 근거로 이야기하고 싶다. 아름다움이 미덕이 아닐지라도 좋은 안목은 여전히 미덕이다.

우리의 눈은 생각보다 정확하다

야구의 분석주의와 절망적 낭만주의 사이의 갈등은 롤링스 사에서 만든 데릭 지터Derek Jeter의 GG 게이머 11.5인치 글러브에 가장 잘 나타난다. 지터는 양키스의 유격수로 명예의 전당에 올랐다. 지터는 특히 선수 생활 초기부터 최고의 유격수로 여겨졌다. 양키스가 알렉스 로드리게스Alex Rodriguez라는 뛰어난 유격수를 두 번째로 영입했을 당시 로드리게스가 3루수로 이동했을 만큼 지터의 포지션은 견고했다. 2004년과 2010년 사이의 7개 시즌에서 지터는 매년 포지션별 최고 수비수에게 주어지는 골드 글러브Gold Gloves 상을 5번이나 수상했다. 2010년 시즌에서 그의 수비율(전통적 방어 지표다)은 0.989로 다른 모든 유격수보다 뛰어났다. 그는 6번 밖에 실수를 저지르지 않았다. 숫자만 보면 그는 쉽게 정상에 오른 사람이었다.

게다가 지터는 팀에게 자신이 부리는 기적이 필요한 타이밍에 맞춰 환상적인 플레이를 선보이는 재주가 있었다. 만약 클러치 히터가 더는 존재하지 않는다고 한다면, 지터는 클러치 '야수'는 여전히 존재하는 것처럼 보이게 만들었다. 그의 팬이라면, 2004년 라이벌 레드삭스와의 경기에서 12회에 트롯 닉슨Trot Nixon의 플라이볼을 잡은 뒤 관중석으로 뛰어든 그의 모습을 절대 잊지 못할 것이다(양키스는 13회에서 승리를 거머쥐었다). 빌리 빈의 오클랜드 애슬레틱스를 상대로 한 2001년 아메리칸 리그 디비전 시리즈American League Division Series 3차전에서 그가 제러미 지암비Jeremy Giambi를 잡으려고 1루에서 파울 지역으로 거의 순간이동하다시피 했던 플립 토스는 아직도 가장 위대한 수비 플레이 중 하나로 여겨진다.

지터의 재능은 통계적으로 중요하지만 측정될 수 없는 것처럼 보였다. 그런데 이후 다른 방어 지표가 인기를 얻기 시작했다. 바로 평균 수비수 대비 실점 억제 능력Ultimate Zone Rating(UZR)이었다. UZR은 수비력이 좋은 선수가 막은 점수와 그렇지 않은 선수가 내준 점수를 계산해 평가한다. UZR이 0인 선수는 완벽하게 평균 실력의 외야수다. UZR의 목적은 수비율보다 선수의 수비력에 대해 더 완전한 그림을 제시하는 것이다. 실책도 고려하지만, 내야수의 병살 능력과 함께 같은 포지션의 다른 선수들과 비교해 상대적인 활동 범위도 추적한다.

수비는 타격보다 정량화하기 훨씬 더 어려우며 통계 맹신자들조차 2002년에 측정하기 시작한 UZR이 불완전하다는 것을 인정한다. UZR은 거대한 표본이 필요하며, 위치 결정이나 수비 시프트를 광범위하게 고려하지 않는다(애널리틱스가 예상치 못한 결과 중 하나다). 플레이가 안타인지 실책인지는 각 야구장의 점수 기록원이 결정한다. 그런데도 UZR은 수비율보다 선수의 수비 플레이를 더 완벽하게 평가하는 척도로 여겨진다. 그리고 데릭 지터에 관해서라면, UZR과 그 맹신자들은 우리가 그에 대해 이미 알고 있는 것들을 잊어버리길 바란다.

2010년 골드 글러브 시즌에 데릭 지터가 실책을 단 6개밖에 범하지 않아 다이아몬드처럼 빛났던 순간을 기억하는가? 그런데 UZR에 따르면, 우리의 기억은 잘못되었다. 지터의 UZR은 −4.7로 아메리칸 리그 유격수 중 꼴찌에서 세 번째이며, 시카고 화이트삭스Chicago White Sox의 알렉세이 라미레스Alexei Ramirez보다 15득점 뒤처졌다. 지터가 6개의 실책을 범한 반면 라미레스는 20개를 범했다. 그래서 그의 실책이 명백하고 잘못된 것처럼 보인다. 하지만 추가 실책을 범한 대신 라미레스는 화이트삭스에 5개 더 많은 아웃과 10개 더 많은 어시스트를 기여했다. 얼마나 남는 장사인가. 팬그래프닷컴FanGraphs.com에 따르면 지터는 선수 생활 12년 동안 평균적인 유격수보다 총 66.1점 넘게 득점에 기여했다. 최고의 유격수들과 비교해야 한다고? 하지만 데릭 지터는 수비 책임이었다.

철저한 분석적 접근을 지지하는 사람들은, 은퇴 후 지터에 대한 재평가를 인간의 관찰력의 한계를 보여주는 증거로 사용한다. 우리는 한 유격수의 수비 범위가 극도로 제한적이었다는 걸 보지 못했다. 그런데 공이 그에게 닿지 않고 지나쳐 간 것을 보고는 어떤 선수라도 그 공을 잡지 못했을 것이라 단정했다. 이는 사실이 아니었다. 같은 시즌에서 알렉세이 라미레스는 동일한 공을 수십 번 잡아냈을 것이다. 잘못된 기록을 바로잡는 데에 UZR이 필요했다. 만약 우리가 데릭 지터처럼 가까이서 지켜본 사람에 대해 그렇게 크게 틀릴 수 있다면, 다시 말해 우리가 확실히 목격한 것과 냉정한 통계적 현실 간 격차가 이토록 크다면, 우리 눈은 도대체 우리를 얼마나 자주 속이고 있단 말인가.

애널리틱스 업계는 전체적으로 여러분이 알고 있는 모든 것이 잘못되었다는 생각에 기반을 두고 있다. 이는 분명 '여러분은 충분히 잘하고 있지만 조금 더 잘할 수 있다'는 나의 조언보다 더 매력적으로 들린다. 우리는 분석 자료를 미화하는 경향이 있다. 심지어 우리가 이미 알고 있는 것을 말할 때나 작은 사실 하나하나를 대단한 지적 발견으로 취급할 때도 그렇다. 더그 페더슨Doug Pederson이 슈퍼볼 II에서 뉴잉글랜드 패트리어츠New England Patriots를 꺾고 필라델피아 이글스Philadelphia Eagles를 승리로 이끌었을 때, 이글스가 합리적인 의사 결정에 집중한 팀이라는 사실이 알려지자 많은 일이 벌어졌다. 《뉴욕타임스》는 경기 우승 확률Game Winning Chance(GWC)이라는 새로운 통계 수치를 바탕으로 한 예측 모델로 이글스를 포함한 고객사에 자문을 제공하는 분석 회사 에지 스포츠Edj Sports를 극찬하는 기사를 썼다.[13]

○ ● ○ ○ ○ ○ ○

그렇다면 그들이 발견한 위대한 사실은 무엇인가? 바로 '공격적으로 행동하라'는 것이다. 특히 4회 말에 승부를 걸어야 한다. 펀트를 하지 않고도 수년간 성공을 누린 고등학교 코치들도 있는데, 지금 와서 우리가 더그 페더슨이 같은 방식을 취하는 데 분석가들의 허락이 필요했을 거라 생각하길 기대한다고?[14] 게다가《뉴욕타임스》의 눈에는 이글스가 미식축구에 적용 가능한 기본 미적분 공식을 따랐기에 "합리적 사고를 받아들일 뿐만 아니라 그러한 사고방식을 장려하는 조직"이 되었다고?[15] 새로운 통계수치에 적절한 약자를 붙여주면 여러분도 성자가 되는 길에 들어선 것이다.

지터격차The Jeter Gult(TJG)는 인식과 현실의 차이를 설명할 때 매우 널리 사용되는데, 사실 일반적인 수치보다는 통계적 이상치를 나타내는 말이다. 다시 말해 극단적 편차를 보여주는 셈이다. 2018년 메트릭metric을 지향하는 야구 저널리스트이자 작가(그리고 내 친구이기도 한) 조 포스난스키Joe Posnanski는 팬그래프닷컴 독자들의 의견을 조사한 결과와 실제 수비 통계를 비교했다.[16] 그들은(프로 스카우터가 아니다. 일반 팬들이다) 가속, 스프린트 속도, 손, 발놀림, 투구력, 투구 정확성 등 7가지 수비 범주에 기초해 선수들의 등급을 매기도록 요청받았다. 팬들이 매긴 순위는 점수로 변환되었고, 따라서 UZR과 같이 정교하게 정량화된 수치와 비교할 수 있었다. 평소에 전문 통계자료를 지지하는 조는 "팬들이 매긴 점수와 수비 통계값이 거의 근접하다"는 사실을 발견했다.[17]

움직임이 우아하진 않지만 실력 있는 야수들이 관객들에게 과소평가되는 경우가 드물게 발생하기도 한다. 마이크 나폴리Mike Napoli 같은 인간 소화전들은 민첩함이나 우아함은 부족하더라도 믿음직한 야수가 될 수 있다. 지터처럼 반대의 경우 역시 참이 될 수 있다. 팬들은 한 선수의 경기력보다 운동선수다운 모습, 즉 실제 모습보다는 상상 속 모습에 매료되어 그를 과대평가할 수 있다(조가 기사를 쓸 당시 샌디에이고 파드리스 **San Diego Padres**에 새로 영입된 1루수 에릭 호스머**Eric Hosme**가 이 격차를 가장 잘 보여준다. 호스머는 야구 선수답게 생겼으며 당시 골드 글러브도 4번이나 수상했다. 하지만 경기장에서 그의 UZR은 최악이었다).

그런데 우리가 어떤 선수에 대해 인식한 것과 그에 대한 통계적 사실이 두드러진 차이를 보이는 경우는 거의 없거나 전혀 없을 때가 훨씬 많다. 조는 "우리는 숫자와 우리 눈이 완전히 다른 관점으로 수비를 바라본 몇 가지 사례 때문에 그런 생각을 품게 되었다"고 썼다. "하지만 이는 사실이 아니다." 야구에서 수비를 평가할 때 우리 눈은 사실 완벽에 가까운 도구다.

천문학자들이 별들을 다르게 보는 방법

사라 시거 **Sara Seager** 박사는 독특한 눈을 가지고 있다. 그녀의 눈은 특이한 적갈색 빛을 띤다. 그녀는 보통 사람들만큼 자주 눈을 깜박이지 않는다. 그리고 망원경을 들여다보는 데 대부분의 삶을 바쳤다.[18] 그녀는 현재 메사추세츠공대의 천체물리학자이자 행성과학자다. 그녀의 사무실은 MIT 슬론 스포츠 분석 컨퍼런스가 열리는 곳에서 멀지 않다. 하지만 그녀는 결코 컨퍼런스에서 강연을 부탁받지 않을 것이다. 회의 참가자들에게 많은 것을 알려줄 수 있다 하더라도 말이다. 그녀는 물리과학 분야에서 수많은 상을 받았고 맥아더재단의 영재상genius grant도 수상했다. 그녀는 자신이 우주에 다른 생명체가 있다는 증거를 발견할 최초의 인간이 될 것이라고 믿는다. 이는 그녀가 우리의 시각으로는 해결하기 매우 어려워 보이는 문제를 해결하는 최초의 인간이 될 것이라고 믿는다는 뜻이기도 하다.

시거와 동료 천문학자들은 특히 이해하기 어려운 연구 주제인 빛에 집중했다. 다른 생명체는 우주에서 아주 희미하게 빛나고 있는 행성 중 한 곳이나 그 행성의 달에서 살고 있을 것이다. 그런데 밝은 빛은 언제나 어두운 빛을 압도하고, 광원은 언제나 반사경보다 밝다. 지구는 태양보다 100억 배 덜 밝은데, 우주에는 지구보다 100배 더 큰 별들도 있다. 눈부시게 빛을 발하는 등대 옆에서 반딧불이를 볼 수 있는 사람은 아무도 없다.

이는 천문학자들이 태양계 밖 다른 행성을 결코 '본' 적이 없음을 의미한다. 적어도 그들은 우리 대부분이 '본다'고 생각하는 방법으로 본 적이 없다. 다행히 시거는 다른 사람들보다 더 크게 생각하도록 뇌를 훈련해왔다. 우주의 크기를 고려하면 크게 생각해야 한다. 우리 은하는 아마 천억 개의 은하 중 하나고, 각각의 은하수는 수천억 개의 별들과 수천억 개의 행성들의 집이다. "지구에 있는 모래알의 수만큼 별이 있습니다"라고 시거가 말했다. 그녀에게 "우리는 유일한가요?"라는 질문을 하면 돌아오는 대답은 대체로 수학적이다. 우리 행성이 생명체를 가진 유일한 행성일 확률은 우리가 상상하는 만큼이다. "우리만 있다고 생각하는 건 오만합니다"라고 그녀는 말했다. 모래 언덕, 해변, 사막은 차치하더라도 작은 통 속에 들어 있는 모래 알갱이 수조차 헤아리기 어려운 숫자다. 하지만 시거는 보통의 우리와 같지 않다. 그녀는 공인된 천재인 동시에 자폐증을 앓고 있다.

나의 큰아들 찰리 역시 자폐증을 앓고 있다. 아들은 지금 열다섯 살이다. 그를 키우는 과정은 아름다운 선물이자 사람을 미치게 하는 도전이었다. 아들은 나와 세상을 다르게 본다. 그는 다른 평범한 사람들과 다르게 세상을 보며, 심지어 같은 자폐증을 앓고 있는 사람과도 관점이 다르다. 나는 언젠가는 다가올 찰리의 독립을 상상하기가 어렵다. 아들에게 무언가를 가르치는 게 굉장히 어려운데, 특히 예의 바른 사회 구성원으로서 따라야 하는 규칙에 관해 그렇다. 보통 찰리는 사람이나 사건에 반응하지 않는다. 예를 들어 아들은 신체에 대한 어떤 수치심도 느끼지 않는다. 찰리는 세상 앞에서 벌거벗을 수도 있으며, 이는 조금도 찰리를 괴롭히지 않을 것이다. 찰리는 벌거벗은 일로 왜 괴로워해야 하는지 모를 것이다. 아들의 생각에 따르면, 모든 사람의 몸은 다소 비슷하다. 어떤 면에서 이는 감탄할 만한 생각이지만, 만약 찰리가 스쿨버스에서 바지를 내리면 누구도 감탄하지 않을 것이다. 찰리는 누군가에게 왜 앞니가 삐뚤어졌는지, 왜 키가 120센티미터인지 물어보는 게 예의에 어긋난다는 사실을 알지 못한다. 아들은 돈이 어떻게 움직이는지, 20달러가 5달러보다 더 가치가 있다는 것을 이해하지 못한다. 숫자가 어떻게 작용하는지 이해하지 못하기 때문이다. 찰리는 역사적 사건을 순서대로 나열할 수 없다. 1985년이 1994년보다 '앞선다'는 사실조차 이해하지 못할 것이다.

찰리는 독서를 좋아하지만 철자를 쓸 줄 모른다. 그리고 읽을거리가 부족할까 봐 어디를 가든 거대한 책가방을 들고 다니며 자신이 알고 있는 우주의 한계에 도달하려 위험을 무릅쓴다. 그럼에도 찰리는 기본적인 단어들의 철자조차 쓰지 못한다. 아들이 어렸을 때 나는 그렇게 독서를 좋아하는 아이가 어떻게 철자를 못 쓰는지 이해할 수 없었다. 나는 어떻게 독서와 철자 쓰기가 서로 연결되지 않는지 이해할 수 없었다. 독서를 하려면 철자법을 알아야 하는 게 당연하다.

수년간의 상담과 치료 끝에 반드시 그렇지는 않다는 것을 알게 되었다. 찰리가 보통 사람처럼 책을 읽지 않기 때문이다. 찰리는 단 한 단어도 소리 내 읽어본 적이 없다. 아들의 눈은 언어 사슬에서 흔히 볼 수 있는 연결고리를 만들어내지 못한다. 대신 "그게 무슨 단어죠?"라고 수천 번을 물었다. 그럼 난 "침착한", "아틀란티스" 또는 "잠자리"라고 말할 것이다. 그럼 찰리는 책으로 돌아가 다시는 그 단어에 대해 묻지 않을 것이다. 우리는 찰리가 단어의 모양을 외운다는 사실을 깨달았다(물론 확실히 알 수 없기 때문에 추측에 불과하다). 찰리에게는 영어가 중국어 혹은 다른 상형문자와 같다. 즉 단어는 문자와 음절의 집합체가 아니라 의미를 가진 모양인 것이다. 각 단어는 눈에 보이지 않는 잉크로 새겨진 문신처럼, 마치 우리의 기억처럼 찰리의 뇌에 어떻게든 각인된다. 여러분이 아는 얼굴이라고 해도 막상 초상화를 그릴 수는 없는 것처럼 찰리는 단어의 철자를 쓰지 못한다. 찰리에게 단어란 얼굴에 대한 기억과 같다. 결국 책은 그가 인지한 사람들의 집합이다.

이처럼 설명하기 어려운 특별한 능력(평균 이상의 패턴 인지 능력이 결합된 사진 기억력) 덕분에 찰리는 특이한 몇몇 작업에 놀라울 정도로 능숙하다. 한번은 찰리의 선생님이 들판을 가리키며 찰리에게 네잎클로버를 찾아달라고 부탁했다. 몇 분 안에 아들은 네잎클로버 다섯 개를 찾았다. 찰리는 이 마술을 여러 번 반복했다. 여러분이나 내게 하늘의 가장 밝은 별이 두드러지게 보이듯, 찰리에게는 네잎클로버가 유독 눈에 띄었다. 마치 네잎클로버들이 빛을 내거나 찰리를 부르는 것 같다. 작은아들 샘은 타고나길 다재다능한 아이다. 찰리에게는 때때로 힘들 수 있는 일이 샘에게는 쉽다. 둘 사이의 균형을 맞춰야 한다고 느낄 때 우리는 밖으로 나가 아이들에게 가능한 한 많은 네잎클로버를 찾으라 한다. 찰리는 한 움큼을 쥔 채로, 샘은 빈손으로 돌아올 것이다.

나는 찰리가 어떻게 그렇게 쉽게 네잎클로버를 볼 수 있는지 모르겠다. 아니, 찰리가 세상을 어떻게 보는지 도통 모르겠다. 내가 아는 거라곤 찰리는 나와 다르게 본다는 사실이다. 우리는 같은 물체, 같은 사람, 같은 순간을 함께 바라볼 수 있고 아버지와 아들 관계이기도 하지만 서로 전혀 다른 것을 본다. 세상을 바라보는 우리의 분리된 방식은 서로 다른 진실을 드러낸다. 복잡한 거리에서 내가 '위험'을 볼 때, 찰리는 '탈출'을 본다는 사실이 나를 두렵게 만든다. 하지만 우리가 같은 녹색 들판을 보고, 찰리가 네잎클로버만 볼 때, 내 마음은 경이로움으로 차오른다.

비슷하게 사라 시거 역시 뜻밖의 발견을 자주 한다. 그녀와 동료 천문학자들이 태양계 바깥에 수천 개의 행성이 있다는 걸 알아낸 이유는 그들이 별들을 다르게 보는 법을 배웠기 때문이다. 혹은 시거 박사의 경우, 찰리와 클로버처럼 그녀가 항상 별들을 다르게 관찰해왔기 때문이다.

천문학자들은 다른 무언가가 없다는 사실에서 어떤 것을 발견하기도 한다. 블랙홀이 존재하는 이유는 블랙홀이 없다면 그 자리에 빛이 있을 것이기 때문이다. 혹은 다른 무언가에 미치는 영향을 감지했기 때문에 행성을 발견하기도 한다. 행성에는 주인별을 '흔들리게' 만들 수 있는 중력이 충분하다. 그 어떤 것도 별을 흔들리게 만들 순 없으므로 별이 흔들린다면 근처에 공전하는 행성이 있을 것이다. 한편 천문학자들은 무언가가 있음을 그냥 알기도 하는데, 바로 다른 무언가가 존재하기 때문이다. 그리고 어떤 것은 다른 무언가 없이 존재할 수 없다. 시거는 내게 의자가 둘러싸고 있는 테이블을 발견했다고 상상해보라 했다. 사람들이 의자에 앉을 거라는 생각은 대단한 발견이 아니다.

새로운 행성은 통과 중인 데이터와 적외선을 통해 발견되었다. 천문학자들에게는 각자 즐겨 쓰는 연구 방법이 있는데(시거는 아주 작은 일식을 일으키며 항성 앞을 지나는 행성의 윤곽을 포착하는 천체면 통과 기술을 개발한 학자 중 하나다), 보통 동료들끼리 다른 방법을 사용해 서로의 연구 결과를 검토해준다. 우주의 다른 생명체를 찾는 과정에서 증거가 넘치는 그런 일은 없다.

지구에서 통계는 우리가 다른 방법으로는 볼 수 없을지도 모르는 진실을 드러내기도 한다. 통계자료라는 더 강력한 증거로 의혹을 해소할 수 있고, 데릭 지터의 수비력에 관한 여론을 바꾼 것처럼 기록을 수정할 수도 있다.

하지만 답을 찾기 어려울 때도 왜 우리는 한 가지 방법만 고집할까? 그게 최선이니까. 분석 자료에 대해 이 같이 주장하는 이들이 많다. 왜 우리는 천문학자들처럼 우리가 보고 있다고 믿는 것을 실제로 보고 있음을 증명하기 위해 생각할 수 있는 모든 방법을 찾으려 하지 않을까? 모든 사람이 같은 렌즈를 통해 보는 것이 과연 무슨 이점이 있을까? 젊은 통계학자들과 늙은 스카우터들 모두 야구를 좋아하고, 95퍼센트의 경우 그들의 눈은 똑같은 결론에 도달한다. 5퍼센트로 인한 모호한 차이가 중요하다면 왜 여러 개의 시각을 필요로 하지 않는 걸까? 왜 자신과 다른 시각을 거부할까? 물론 영화가 좋은지, 요리에 소금이 더 필요한지 덜 필요한지, 또는 암이 사람을 죽이는 병인지 등 다른 어떤 문제보다도 장담할 수 있는 문제가 있을 수 있다. 그러나 다양한 관점을 받아들이고 여러분의 재능을 가장 잘 살릴 수 있는 기회를 찾아 창의적으로 여러분만의 방법을 사용한다면 모두에게 이롭지 않을까? 어떤 일을 가장 잘 할 수 있는 단 하나의 방법이 과연 존재하는지 잘 모르겠다. 찰리는 나에게 가장 좋은 독서법이란 없다는 것을 보여줬다.

저쉴 가문의 위대한 야구 유산

이 글을 쓸 당시 저스틴 저쉴 Justin Jirschele은 프로야구 최연소 감독이 되었다. 시카고 화이트삭스가 27살의 그를 로우-A 카나폴리스 인티미데이터스 Low-A Kannapolis Intimidators(현재는 캐넌 볼러스 Cannon Ballers로 불린다)의 감독으로 지명했던 2017년에도 그는 최연소 감독이었다. 코로나19 유행으로 시즌이 취소되기 전, 30살의 나이로 더블-A 버밍햄 바론스 Double-A Birmingham Barons의 지휘봉을 잡게 된 2020년에도 그는 최연소 감독이었다. 2021년 마이너리그 야구가 재개되었을 때 그는 버밍엄의 첫 12경기 중 9경기를 이겼는데, 여기서 6경기 중 5경기는 본인보다 22살 많은 상대 감독과의 싸움에서 승리한 것이었다.

셰리와 마이크 저렬 부부의 차남으로 태어난 저스틴 저렬은 위스콘신주 클린턴빌에서 야구 선수 생활을 시작했다. 그의 아버지 마이크 저렬은 마이너리그 선수와 감독 생활을 36년간 이어온 끝에 2014년 캔자스시티 로열스 Kansas City Royals의 3루 코치가 되었고, 2015년에는 월드시리즈 반지를 손에 넣었다.¹⁹ 저스틴은 막 걷기 시작했을 때부터 수건을 어깨에 걸치고 발가벗은 채로 야구팀의 탈의실을 성큼성큼 돌아다녔다. 본인이 되고 싶은 남자들을 흉내 낸 것이다. 그는 주로 오마하에서 아버지를 만났는데, 당시 마이크는 12개 시즌 동안 트리플-A 스톰 체이서즈 Triple-A Storm Chasers의 감독을 맡으며 로열스의 유망주들을 훈련시켰다. 마침내 캔자스시티에 입성했을 때 그는 명단에 올라 있는 선수 40명 중 24명의 스승이었다.

저스틴은 중견 내야수로 성장했는데, 재능은 부족했지만 추진력은 뛰어났다. 그는 화이트삭스의 마이너리그에서 4개 시즌을 뛰면서 상대적으로 부족한 신체 능력을 보충하고 아버지와 야구를 보고 자라면서 물려받은 야구 감각을 기르려 애썼다. "어쩌면 그는 가장 부족한 재능으로 경기장에서 최고의 선수가 되었습니다." 시카고의 선수 개발 책임자 닉 카프라 Nick Capra가 말했다. 그 시기 저스틴의 코치들은 이미 그를 선수보다는 감독 유망주로 분류한 상태였다. "그에겐 훌륭한 야구 피가 흐르죠." 몸담았던 마이너리그팀의 주장 중 한 명인 토미 톰슨 Tommy Thompson은 저스틴에게서 무엇을 보았는지 물었을 때 이렇게 대답했다. "성장하는 관리자에게는 뭔가가 있습니다. 그냥 그가 적임자라는 생각이 들었습니다." 화이트삭스는 겨우 24살의 저스틴을 마이너리그 타격 코치로 임명했고, 3년 후에는 그에게 운영할 수 있는 첫 클럽을 주었다.

저스틴은 진정 야구 천재였고, 그에 관한 수많은 구시대적인 평가에 비하면 그가 보여준 지도력은 크게 놀랍지 않았다. 시카고 컵스와 더불어 화이트삭스는 야구계에서 가장 분석 지향적인 조직이며, 시카고는 '머니볼 공화국'의 중심지 중 한 곳이다. (책을 쓸 당시) 화이트삭스 단장인 릭 한Rick Hahn은 에이전트 출신이며 하버드 로스쿨과 켈로그 경영대학원에서 학위를 받았다. 그는 야구 경기를 뛰어본 적이 없다. 그런데 한과 다른 사람들은 저스틴 저월에게서 무엇을 봤는지 이야기할 때, 마치 상품 가치가 높은 말에 관해 말하듯 대부분 그의 혈통과 집안 내력을 언급했다.

무형의 세계를 없애겠다는 인간의 결심에도 무형의 것은 여전히 남아 있다. 스포츠에서는 미식축구 쿼터백에서 무형의 것을 가장 많이 발견할 수 있다(어쩌면 드러난다는 단어가 더 적절할지도 모르겠다). 일반적으로 NFLNational Football League은 다른 리그보다 제도적으로 애널리틱스에 더 저항적 태도를 보인다고 알려져 있다. 여전히 숫자보다는 영화가 많은 이를 사로잡는다. ESPN 분석가 멜 키퍼Mel Kiper는 이렇게 말했다. "나는 분석 시스템을 거짓말쟁이라 부릅니다. 우리는 이 문제를 더 깊이 고찰해야 해요."[20] 많은 팀이 선수의 극히 일부분만 보고 그들의 재능을 정량화하려 한다. 드래프트 목록에 이름을 올릴 대학 선수들의 총 경력은 패싱 야드, 컴플리션 비율, 터치다운 횟수, 인터셉션 횟수 등 전통적인 통계 수치로 분석된다. NFL 스카우팅 콤바인 **NFL Scouting Combine**(대학을 졸업한 신인 선수들의 신체 능력과 정신 건강을 평가하는 과정 – 옮긴이)에서는 선수들의 속도와 점프 능력, 키, 몸무게, 손 크기를 측정한다(이론상 손이 클수록 선수들이 공을 놓칠 확률이 줄어든다). 현대 NFL 공격 전략은 외과 수술만큼 복잡해서 많은 논란에도 선수들은 지적 능력을 평가하는 필기시험인 원더릭**Wonderlic**을 치른다. 마지막으로 유망주들은 관심 있는 팀들과 마주 앉아 가장 중요한 인터뷰를 거친다. 그런데 이 모든 결과를 분석하고도 튼튼한 팔을 가진 젊은 남자가 팀을 슈퍼볼로 이끌 것인지 아니면 아무것도 성취하지 못하는 만년 1라운드 쿼터백이 될 것인지는 여전히 운으로 귀결되는 것 같다. 라이언 리프**Ryan Leaf**는 드래프트에서 화려한 성적을 거두지만 불꽃처럼 빠르게 저버렸다. 반면 톰 브레이디**Tom Brady**는 드래프트에서 6라운드로 떨어지지만 우승 반지 7개를 손에 넣었다. 베테랑 코치 브루스 아리안스**Bruce Arians**에 따르면, 선발 과정의 약 30퍼센트는 아직 직감과 추측이라는 성가신 기능에 기대고 있다. "아무리 여러분이 모든 것을 완벽히 해내고 운이 좋다 해도 말이죠." 그가 말했다. "평가하기 가장 어려운 부분은 심장과 머리입니다."[21]

이런 이유로 야구 감독들도 평가에 어려움을 겪고 있다. '가장 중요한 것은 선수들의 마음과 머리다.' 이것이 선수들에게 필요한 도구다. 이 둘을 정량화할 수 있는 건 세상에 없다. 선수들의 경기력을 측정할 때 활용 가능한 유일한 통계인 승률은 선수의 발전이 승패보다 훨씬 중요한 마이너리그에서는 그닥 유용하지 않다. 사실, 여러분이 가장 좋아하는 선수들이 더 발전된 모습으로 은퇴하는 것을 성공이라

한다면 실패는 감독의 자질을 보여주는 강력한 신호일 수 있다. "우리는 승률도 보지 않습니다"라고 한은 말했다. "후보 선수를 통틀어 모두와 소통하고, 자기 선수들을 가르치고 평가하는 능력이 중요합니다. 정량화할 수 없기에 훨씬 어렵죠. 우리는 소프트 사이언스를 다루고 있는 셈입니다."

프론트 오피스에서 예상한 수치를 감독들이 현장에서 바로 구현할 수 있을 거라 생각하지만, 그 자체로 활용할 수 없는 통계 분석은 별 도움이 안 된다. 할 수 있는 일이 무엇인지에 몰두하는 냉철한 한조차 자기 팀 감독이 기계적으로 행동하는 건 상상할 수 없다. 그는 "감독의 임무가 막중한 건 경기를 적절하게 치르는 것 이상이 요구되기 때문입니다"라고 말했다. 감독들은 야구에서 가장 서열이 높은 사람이지만 소속 팀의 주인이자 상대적으로 더 뛰어난 아이비리그 출신 분석가들 앞에선 아무 힘이 없다. 내가 한과 이야기할 당시 릭 렌테리아Rick Renteria가 팀 감독이었는데, 그는 과학과 예술의 중간 지점에 있는 반항아였다.[22] "전 숫자를 좋아합니다"라고 렌테리아가 말했다. "전 숫자를 활용할 줄 압니다. 숫자는 저에게 중요한 지표죠. 하지만 그 정보 자체에도 생명을 불어넣어야 합니다. 인간적인 요소 말입니다."

저스틴 저월의 궤적은 독특하며 인간적이다. 감독이 된 후 그는 매일 밤 아버지에게 전화를 걸어 본인들이 치렀던 경기와 그때 해야만 했던 선택, 혹은 다른 사람들의 선택과 그 선택의 이유, 그리고 그것이 옳은 선택인지에 관해 몇 시간이고 대화를 나누었다.[23] 저스틴이 감독으로서 내려야 할 첫 번째 결정은 (인티미데이터스 선수들이 경기장에 섰을 때 누가 어디에서 뛸 것인지를 제외하고) 주자를 홈으로 보낼지 3루에 둬야 하는지였다(마이너리그 로우팀에서는 감독이 3루 코칭을 하기도 한다). 저럴 가문에게 이는 많은 의미가 담긴 질문이다.

마이크 저럴은 캔자스시티에서의 첫 시즌 말기에 치러진 월드시리즈 7차전에서 9회 말이 되자 베이스 옆에 섰다. 로열스는 샌프란시스코 자이언츠를 상대로 3:2로 지고 있었으며 이미 투아웃에 주자가 아무도 없는 상태였다(분석적 접근에 집착하지 않고 월드시리즈에 진출한 것만으로도 브라이언 세이빈은 빌리 빈이 하지 못한 일을 해냈다). 알렉스 고든Alex Gordon은 샌프란시스코의 중견수 그레고르 블랑코Gregor Blanco의 손이 닿지 않는 곳으로 공을 쳐 올렸다. 좌익수 후안 페레즈Juan Perez는 블랑코가 공을 잡을 것이라 생각하고 위치에서 이탈했다. 페레즈는 경고선까지 간 공을 뒤쫓아 뛰어갔다. 고든은 2루타를 쳤고 3루를 향해 돌진했다. 마침내 페레즈가 공을 잡아 팔 힘이 좋은 유격수 브랜든 크로포드Brandon Crawford에게 던졌고, 그는 경기장 왼쪽으로 이동했다. 고든이 막 3루에 이르렀을 때 크로포드가 몸을 돌렸고, 마이크 저럴은 고든을 멈춰 세웠다. 그런데 다음 타자인 살바도르 페레즈Salvador Perez가 뜬공을 치는 바람에, 로열스는 3루에 발이 묶이며 동점에 실패해 월드시리즈에서 패했다.

나는 그 경기를 직관했는데, 경기가 끝난 후 저럴 가족은 근처 홀리데이 인 호텔로 가 위로의 술잔을 기울이며 평소처럼 경기 분석을 했다. 저스틴의 야구 교육은 끊임없이 이어졌다. 마이크는 이미 자신의 압박감에 관해 여러 번 질문을 받았고, 누구라도 고든을 홈으로 보내려 했을 것이라는 말을 믿지 않았다. 그건 모든 사람이 살바도르 페레즈가 뜬공을 쳤다는 사실을 알고 난 후에 적용되는 소급적인 지혜였다. 마이크는 고든이 자신을 향해 올 때까지 걸린 13초 동안 고려했던 모든 것을 저스틴에게 말했다. 그는 후안 페레즈가 던진 공을 크로포드가 정확하게 글러브의 포켓으로 받은 것을 봤고, 정확하게 홈으로 공을 던지기 위해 크로포드가 얼마나 두 발을 단단히 지탱하고 서 있는지 봤다(마이크의 전문적인 눈으로 봤을 때 크로포드의 두 발 위치는 완벽했다). 이후 밝혀진 독자적인 분석에 따르면 마이크의 판단이 옳았다. 고든은 몇 미터 뛰다 아웃되었을 것이며, 그럼 마이크는 아마 다른 일자리를 찾아야 했을 것이다. 그런데 당시 그는 거의 즉시 결정을 내렸다.

달리 말하면 마이크의 기막힌 정지 신호에는 36년이라는 세월이 포함되어 있다. 야구가 느린 스포츠처럼 보이지만, 의사결정권자들에겐 빠른 결정이 요구되는 스포츠다. 나는 이 부분이 저쉴 가문이 가진 특별한 기술의 본질임을 깨달았다. 수년간의 경험을 공유하면서 그들은 일종의 지적 근육 기억력, 즉 의식적으로 생각하지 않고도 기존의 지식을 끌어낼 수 있는 능력을 개발했으며, 이를 앞으로 일어날 일을 예측하는 그들만의 요령과 결합시켰다. 저스틴은 또한 첫 번째 주자를 멈춰 세웠는데, 홈에서 첫 아웃을 당하고 싶지 않았기 때문이었고, 결과적으로 팀이 상상해왔던 빅이닝을 터트릴 가능성을 감소시켰다. 그에게 주어지는 모든 압박은 과거의 교훈을 오직 자신만이 볼 수 있는 미래에 적용할 또 하나의 기회이기도 했다. 그렇게 해서 저스틴은 아무리 혼란스러운 현재라도 쉽게 대처할 수 있었다.

저쉴 가족 또한 매일 출근하며 깊은 감정적 동요를 흘려보냈다. 저스틴의 조부모인 돈과 메리는 8명의 자녀를 두고 있었다(돈은 지역 야구장이 그의 이름을 따서 명명될 정도로 오랫동안 아마추어팀 감독을 맡았다. 저쉴 가문에서 야구의 피는 여러 세대를 거쳐 내려왔다). 마이크를 포함한 4명이 아들, 4명이 딸이었다. 장남 더그는 열한 살이 되었을 때 껑충거리며 걷기 시작했다. 검사 결과 근육위축증으로 밝혀졌고, 더그의 아킬레스건에 처음 증상이 나타났다. 딸들도 모두 보균자였지만 증상은 없었으며, 의사들은 돈과 메리에게 네 아들 모두가 휠체어에 타고 일찍 죽을 운명이라고 말했다. 차남인 마이크는 어떻게 해서든 병을 극복해내 의사들을 어리둥절하게 만들었지만, 그의 동생인 피트와 짐은 그렇지 못했다. 저스틴의 삼촌 세 명은 모두 마흔 살이지만, 그렇게 보이지 않았다. 저스틴은 휠체어를 접어 트렁크에 싣고 할아버지와 할머니, 삼촌, 어머니, 형제자매들을 포함한 온 가족이 밴에 몸을 부대끼며 아버지와 좋아하는 경기를 보러 여름에 오마하로 운전해 갔던 것을 기억한다. "전 그때 했던 여행을 세상 무엇과도 바꾸지 않을 겁니다." 저스틴은 힘겹게 단어들을 내뱉으며 내게 말했다.

야구 감독 저스틴을 보다 보면 마음챙김의 힘을 지속적으로 깨닫게 된다. 그는 여전히 야구를 신기해하듯 말한다. 그는 야구의 무한함, 즉 기대와 실제 결과 사이에 존재하는 여러 가능성에 매료돼 있다. 아버지와 밤마다 대화를 나누며 그는 각 경기를 교향곡처럼 생각해 시합 전체를 분리해서 보았다. 처음에는 경기의 움직임을 살폈고, 그다음에는 각 경기가 내는 소리를 살폈다. 불협화음이 눈에 띄었다. 귀가 좋은 사람은 실망할 일이 많은 법이다. 저쉴 가족은 축복을 소홀히 하는 건 죄악이라 생각한다.

2020년 저스틴이 코로나19로 몇 년 만에 처음 위스콘신주에 있는 집에서 아내 리즈와 갓 태어난 딸과 함께 여름을 보내게 되었을 때, 그의 할아버지가 돌아가셨다. 할아버지의 차고에는 저스틴이 메이저리그 선수처럼 타격할 수 있길 희망하며 연습 때 수없이 사용한 배팅티와 네트가 있었다. 대신 그는 다양한 면에서 야구를 더 잘하게 되었다. 저스틴이 받은 교육은 특별하고, 파격적이며, 정확했다. 그리고 이 모든 것이 합쳐져 그는 세상의 어떤 기계도 할 수 없는, 혹은 판단할 수 없는 일을 할 수 있는 완벽한 사람이 되었다. 할아버지의 집안 곳곳에는 사람들이 커졌다가 다시 작아지는 가족사진, 휠체어 진입 램프, 트로피로 가득한 선반, 성인이지만 어린아이인 자식들을 욕조와 기저귀 교환대로 들어 올릴 수 있는 도르래 장치 등 승리와 투쟁의 흔적으로 가득했다. 2층 욕실 한 곳에는 어떤 문구가 작은 액자에 담긴 채 벽에 걸려 있었다. 거기엔 "사랑은 실패하지 않는다"라고 쓰여 있었다.

특별함을 만드는 통합 분석 능력

2020년 1월 데릭 지터는 99.7퍼센트의 득표율로 명예의 전당에 선출된 직후 해럴드 레이놀즈Harold Reynolds와 함께 〈MLB 투나잇 MLB To-night〉에 출연하여 자신의 '플립 토스'에 관해 자세히 이야기했다. "제일은 주자를 지켜보는 것입니다." 지터가 서문을 열었다. 그날 밤 주자는 안타깝게도 제러미 지암비였다. 그는 자신에게 닥칠 운명을 전혀 모른 채 해맑게 웃으며 1루에 엉덩이를 대고 손을 짚고 서 있었다.

오클랜드의 테런스 롱Terrence Long이 우익수 라인 아래로 공을 쳤다. 지터는 공의 궤적을 유심히 살핀 뒤 재빠르게 자신만의 계산을 했다. 인정 2루타, 지터는 알고 있었다. 양키스는 다음과 같은 시나리오를 준비했다. 지암비가 홈에서 잡히지 않았지만 3루로 몸을 던지면 어떻게 해서든 롱을 잡을 수 있는 경우를 대비해 지터는 1루쪽에서 3루 컷오프맨이 되는 연습을 했다. 그의 잠재적 타깃이 두 명이었기에 추가적인 계산이 필요했다. "지암비 가족을 존중하지만 그들의 속도가 그렇게 빠르진 않습니다." 지터가 말했다. 양키스가 어떻게 연습했는지는 신경 쓰지 않았다. 지터는 두 선수 중 지암비가 잡힐 가능성이 더 높다고 판단했고, 이후 그의 집중력은 더 이상 갈라지지 않았다.

롱이 1루를 향해 내야를 달리기 시작했을 때 지터는 외야수 셰인 스펜서Shane Spencer가 던진 공이 앞선 컷오프맨 두 명의 머리 위로 날아가는 것을 보았다. 레이놀즈는 리플레이 비디오를 보면서 지터가 편견 때문에 못 보고 지나친 스펜서의 팔 각도를 언급했다. "바로 이게 새로운 애널리틱스란 겁니다. 팔 각도요? 전 팔 각도는 보지 못했습니다! 대신 공을 봤죠." 롱의 배트에 떨어진 공이 2루타로 갈 운명이었음을 지터가 알았던 건 공이 그의 손을 떠나는 순간 스펜서가 공을 너무 세게 던졌다는 사실을 알아차렸기 때문이다.

나는 이러한 사고 회로에 관해 전문 목수 마크 엘리슨Mark Ellison의 표현을 가장 좋아한다(그냥 주어진 게 아니라 노력으로 얻은 것이라는 점을 제외하면 그의 표현은 일종의 예지력 같기도 하다). 그의 실력은 버크하르트 빌거Burkhard Bilger라는 《뉴요커》의 훌륭한 기자가 몇 달 동안 그의 작업 현장을 따라다니며 밝혀냈다.[24] 어느 시점에서 빌거는 엘리슨이 테이블톱을 가지고 하는 놀라운 작업을 지켜보았다. 테이블톱은 직선으로 자르기 위해 특별히 고안된 톱이다. 그런데 엘리슨은 톱의 이빨

이 아닌 칼날을 사용해 곡선컷을 했고, 그러는 동안 내내 견습생들과 수다를 떨었다. 그는 손끝에서 위험하게 회전하는 칼날을 포함해 주변에서 일어나고 있는 많은 일 중 어떤 것에도 주의를 기울이지 않는 것처럼 행동했다. 이에 대해 빌거가 엘리슨에게 무언가를 말했고, 엘리슨은 로베르토 클레멘테Roberto Clemente라는 이름의 야구 선수를 기억해냈다. 그는 자신이 타구한 공이 지구 어디로 떨어지는지 아는 것처럼 보였다. 클레멘테는 플레이가 벌어지고 있는 쪽으로 등을 돌려 자신의 위치로 달려간 다음 돌아서서 공과 만나기를 기다리곤 했다. "당신의 몸은 어떻게 해야 하는지 이미 알고 있습니다." 엘리슨이 빌거에게 말했다. "뇌가 알아내는 데 영원히 걸릴 수도 있는 무게, 지렛대, 공간을 몸은 이해하고 있습니다." 엘리슨은 테이블톱으로 무모한 행동을 보이면서도 대화를 나눌 수 있었는데, 왜냐하면 그는 톱으로 작업하면서 머리로 생각을 한 게 아니었기 때문이다. "이를 깨달으면 생각이 멈춥니다. 저는 더 이상 생각의 방해를 받지 않습니다." 그의 능력은 초능력이 아니었다. 보상이었다. 빌거는 내가 저쳘 가족의 훈련과 과거를 분석해 미래를 예측하는 능력을 설명하는 데 사용한 비유적 표현인 '근육 기억'을 고려했다 폐기했다. 대신 그는 완벽한 행동, 즉 달성하기 어려운 몰입flow 상태를 향한 매끄럽고 초월적인 추진력을 '통합 분석embodied analysis'이라고 불렀다.

오클랜드를 상대한 그날 밤, 지터의 통합 분석은 그가 1루를 향해 질주해 잘못된 방향으로 굴러가던 공을 가로챈 후 홈으로 던져 슬라이딩하지 않고 달려오는 지암비를 태그아웃시키는 것을 봤다. 그날 경기에서 양키스는 1-0으로 승리했고, 결국 시리즈에서 3-2로 우승했다.

○ ● ○ ○ ○ ○ ○ ○

데릭 지터가 역대 최고의 야수였나? 아니, 그렇지 않다. 애널리틱스는 논쟁의 여지가 없다. 그날 경기에 운의 작용이 포함되어 있었나? 물론이다. 지암비가 홈으로 달리지 않았다면 지터는 공을 받아 투수에게 다시 던졌을 테고 2루와 3루에서 게임이 이어졌을 것이다.

지터는 자신이 그날 경기 흐름을 얼마든지 바꿀 수 있었음을 알고서 명예의 전당에 올랐는가? 물론이다. 그날 경기의 의미가 우리가 현재 알고 있는 지터의 수비 능력 때문에 축소되는 건 아니다. 오히려 훨씬 더 중요하며, 몰입이 우리를 어디까지 높이 들어 올릴 수 있는지 보여주는 증거다. 그가 제한된 폭을 갖고 있었을지는 몰라도 경기를 보는 그의 특별한 눈이 그를 위대하게 만들었다. 이야기에 특화된 재능을 타고난 마이클 루이스는 빌리 빈을 보며 그 역시 똑같은 비범한 눈을 지녔음을 간파했다. 사람들이 100년 넘게 해온 게임에서 놀라운 지점을 발견하는 눈 말이다. 같은 종류의 힘이 마이크 저쉴에게 알렉스 고든을 3루에서 잡으라 했고, 마이크는 다시 저스틴에게 그 비범한 시야를 물려주었다. 저쉴 부자는 함께 야구의 숨겨진 진실을 밝혔다. 경기에서 드러나지 않은 이면을 볼 수 있었기 때문이다. 마크 엘리슨이 형태가 없는 나무에서 만들 수 있는 최고의 형태를 느끼는 것처럼, 사라 시거가 별을 보며 빛이 아닌 생명을 보는 것처럼, 내 아들 찰리의 눈에 네잎클로버가 콩나무 줄기로 보이는 것처럼.

3장

날씨

WEATHER

단 하나의 100%,
불확실성

A 100 Percent Chance
of Uncertainty

컴퓨터 모델링은 입력값이 전형적이고 결과가 예상 범위 안에 있을 때 가장 잘 작동한다. 하지만 우리는 극단의 시대에 살고 있다. 기후가 명백한 예다. 극단의 시대는 우리가 적응력을 발휘할 수 있게 해준다. 인간은 긍정적·부정적 가능성을 모두 상상할 수 있지만, 컴퓨터 모델은 이를 헤아릴 수 없다. 이는 인간이 더 많은 기회를 볼 수 있고 더 나은 해결책을 상상할 수 있음을 의미한다. 실제로 비정상적인 상황일수록 노련한 인간이 기계를 능가한다. 사람들이 빛을 발하기 가장 좋은 순간은 인생이 폭풍처럼 휘몰아칠 때.

가격 맞추기 게임쇼를 정복한 부부

2008년 9월 22일, 로스앤젤레스 CBS의 텔레비전 시티에 있는 밥 바커 스튜디오Bob Barker Studio에서 전직 기상캐스터와 그의 아내는 004와 005 좌석에 앉아 〈더 프라이스 이즈 라이트The Price Is Right〉라는 텔레비전쇼 녹화에 참석했다.[1] 60세에 가까운 테리 니스Terry Kniess는 한때 텔레비전 화면 속 기상도에서 사다리를 타고 라스베이거스에서 텍사스주 웨이코와 미주리주 스프링필드까지 누볐다(곳곳에 설치된 광고판에는 스프링필드 지역 방송국 KSPR에서 하는 '테리의 엄청나게 정확한Terrybly Accurate' 일기예보를 홍보하고 있었다). 그리고 마침내 애틀랜타에서 큰 성공을 거두었는데, 남동부 지역 에미상을 두 번 수상했다. 일기예보를 그만둔 뒤 그는 아내 린다와 함께 항상 가장 편안하다고 느껐던 사막으로 돌아갔다. 그들은 습도가 낮은 곳에서 가장 행복했다.

테리는 유능한 기상캐스터였다. 그는 텔레비전 방송에 강했고, 정확하고 권위적이었으며, 깊이 있고 힘찬 목소리를 갖고 있었다. 더 중요한 건 그의 예측 능력이 전달력만큼이나 강했다는 사실이다. 현재 방송에 출연하는 기상학자들은 대개 전문적인 훈련을 받은 사람들이 아니다. 그들은 미국 국립기상국과 중앙예보국에서 전달받은 컴퓨터 일기예보를 발표한다. 하지만 테리가 이 일을 시작했을 시절에는 날씨를 설명하려면 방송을 하기 전에 날씨를 예측해야 했다.

라스베이거스에 있는 테리의 친구들은 그의 직업이 "오늘 날씨는 덥고 화창합니다"라고 말만 하면 그만이라 쉬워 보인다며 농담을 하곤 했다. 하지만 라스베이거스는 날씨를 포함한 예측이 맞아떨어지기가 항상 어려운 지역이었다. 비가 오는 날이 많지 않지만, 비가 오면 갑자기 퍼붓기 일쑤다. 테리는 사막 폭풍의 전문가가 되었다. 그는 날씨 예보의 본질인 패턴 인식에 탁월했다. 특정 바람의 상승을 동반하는 특정 기압은 거리를 상당 시간 잠기게 할 수 있다는 사실을 알고 있었다. 다른 사람들은 예측하지 못했지만 테리는 언제 비가 올지 알 수 있었다.

기상캐스터를 은퇴한 테리는 자신의 기술을 써먹을 수 있는 새로운 장소를 찾았다. 바로 카지노였다. 처음에 그는 서커스 서커스Circus Circus에서 야간 근무를 하며 감시 업무를 맡았다. 서커스 서커스는 스트립쇼 인기가 시들해지면서 저물어가는 카지노였다. 모니터로 가득 찬 창문 없는 방에서 테리는 한때 기상 전선을 읽듯이 정확하게 사기꾼들이 보이는 특징을 간파했다. 그는 사기꾼들이 평소보다 북적이는 사람들 틈에 몸을 숨길 수 있는 주말 연휴에 온다는 것을 알고 있었다. 그들은 자리에 앉기 전 관광객들보다도 더 오래 걸으며, 미숙한 딜러를 찾아다녔다. 예외 없이 그들은 카드를 처리할 때 손바닥보다 손가락을 사용하는 신입 딜러를 골랐다. 손바닥으로 카드를 집어 올리는 건 프로에게 요구되는 고급 기술이었다.[2] 그들은 술잔을 들고 부자연스러운 자세로 내기를 했다. 아무리 뛰어난 사기꾼이라고 해도 인간이라면 보일 수밖에 없는 반복적인 리듬이자 루틴이 있었다.

카지노는 그들을 사기꾼이라고 불렀지만, 테리는 그들을 자신에게 불리하게 조작된 시스템의 결함을 찾아낸 기회주의자로 보았다. 시스템에 빈틈이 있는 게 그들의 잘못은 아니었다. 테리는 어느새 부엌 식탁에 앉아 트럼프 카드를 응시했다. 블랙잭은 그와 같은 사람들에게 가장 휘둘리기 쉬운 게임이었다. 얼마나 많은 페이스 카드가 뽑혔는지, 또는 얼마나 많은 에이스 카드가 남아 있는지 기억할 수 있다면 여러분에게 아주 살짝 유리하도록 게임을 바꿀 수 있다. 카지노 측의 게임당 승률이 51퍼센트밖에 안 된다고 해도, 여러분이 계속 게임을 하는 한 돈을 모두 잃을 것이다. 여러분의 게임당 승률이 51퍼센트라면 생계를 유지할 수는 있을 것이다.

테리는 테이블에 앉아서 카드를 완벽하게 셀 수 있을 때까지 한 장한 장 차례로 훑어보았다. 그리고 텔레비전 스튜디오와 서커스 서커스에서 배운 모든 기술을 가지고 카지노에 입성했다. 그는 서툰 오른손잡이 딜러가 무심코 가장 많은 정보를 드러내는 자리에 앉았고 카지노 측에서 더는 게임을 못 하게 할 정도로 블랙잭을 박살냈다.

2008년 여름, 충격적인 일이 또 일어났다. 테리와 린다는 사랑하는 반려견 크리스탈을 안락사해야 했다. 그들은 슬픔에 잠겼다. "정말 특별한 개였습니다." 테리가 말했다. "아시다시피 크리스탈은 뒤로 걷기도 할 수 있었어요." 게다가 크리스탈은 그의 일기예보에 도움을 주었는데, 인간이 폭풍이 오는 것을 감지하기도 전에 미리 몸을 숨겼다.

한번은 그의 친구 한 명이 〈더 프라이스 이즈 라이트〉에 출연했고, 그녀는 테리와 린다에게 이 쇼가 의외로 그들에게 돈을 벌어다 줄지도 모른다고 조언했다. 이 프로그램은 역사상 가장 오래 방영된 게임쇼라고 할 수 있는데, 그 이유는 깜짝 놀라게 할 일이 전혀 없다는 듯 형식이 바뀌지도 않았고 수백만 명의 사람들이 수년간 이 프로그램의 루틴에서 위안을 얻었기 때문이다. 〈더 프라이스 이즈 라이트〉는 1956년에 처음 방영되었고, 1972년에 '현대' 버전이 처음 방송되었다. 그때부터 밥 바커와 드루 캐리Drew Carey라는 두 남자가 계속 사회를 보고 있다. 두 사람 모두 똑같이 생긴 작은 마이크를 흔들었는데, 이는 반려동물이 중성화수술을 받아야 할 필요성을 상기시켜주었다.

다른 엔터테인먼트쇼와 마찬가지로 〈더 프라이스 이즈 라이트〉는 위험과 보상이 반복되는 영웅의 여정을 따라간다. 첫째, 무작위로 보이는 네 명의 사람들이 열광적인 청중들 앞에서 게임을 시작하기 위해 모인다.[3] 그들은 방청객들에게 작은 물건의 가격을 추측하도록 요청한다. 가장 정확하게 맞춘 사람들은 가격 결정 게임(플링코Plinko, 애니넘버Any Number, 클리프 행어즈Cliff Hangers, 시크릿 'X' Secret 'X')을 하기 위해 무대에 오르게 된다. 이 자극적인 카니발 게임의 선수명단에는 늘 껑충껑충 뛰는 주부들과 학교 수업을 빠지고 온 대학생들이 있었다. 참가자 중 탈락한 사람의 자리는 다른 방청객으로 채워지며, 한 개의

○ ○ ● ○ ○ ○ ○

에피소드마다 6명의 참가자가 무대에 등장한다. 이들은 가격 결정 게임에서 이기거나 진 후에 빅 휠Big Wheel이라고 불리는 돌림판을 돌린다. 그리고 무작위로 1달러에 가장 가깝게 멈춘 두 사람이 마지막 대결인 쇼케이스Showcase에서 만난다. 거기서 두 사람은 각각 수만 달러에 달하는 고액의 물건과 자동차, 여행 상품 등을 타기 위해 입찰을 한다. 다시 말하지만 상품의 실제 소매가격에 가장 가깝게 맞히는 사람이 이긴다. 만약 어떤 참가자가 총 금액을 오차범위 250달러 안에서 맞힌다면, 그 사람이 모든 상품을 얻는다. 하지만 그런 일은 거의 일어나지 않으며, 아무도 쇼케이스의 가격을 정확하게 추측하지 못했다.

테리와 린다는 친구의 조언을 그녀가 예상했던 것보다 조금 더 열심히 따랐다. 그들은 매일 아침 쇼를 녹화하기 시작했고 매일 밤 침대에서 그것을 보았다. 린다의 뇌도 남편의 뇌와 비슷하게 작용했지만, 그녀는 숫자에 강했다. 그녀는 라스베이거스 컨벤션·관광청Las Vegas Convention and Visitors Authority에서 직원들의 근무 스케줄링을 담당하고 있었고, 260명에 달하는 파트타임 직원들과 그들의 근무 시간을 머리로 기억했다. 숫자에 대한 린다의 지배력과 패턴에 대한 테리의 감각을 고려하면, 두 사람은 운명적인 첫 시청부터 보통 사람들과는 다른 시각으로 쇼를 보았다. 거의 본능적으로 그들은 새로운 기회를 보았고 그들만의 특별한 기술을 적용하며 각을 보기 시작했다. 그들은 아무도 볼 수 없었던 가능성을 찾기 위해 잠재의식에서 '시각 테스트'를 실행한 사람들이었다.

테리는 곧 이 게임의 가장 두드러진 약점을 발견했는데, 그것은 이 게임의 가장 큰 강점이기도 했다. 바로 〈더 프라이스 이즈 라이트〉라는 프로그램 자체가 한 번도 바뀐 적이 없다는 사실이다. 그는 뒷마당에 둘 수 있는 독특한 모양의 그릴 빅 그린 에그**Big Green Egg**라는 상품이 두 번째, 세 번째 나왔을 때 처음으로 그것을 주의 깊게 살펴봤다. 그것의 가격은 항상 1,175달러였다. 그는 더 많은 상품이 반복해서 등장하는 것을 보았다. 사실 거의 모든 상품이 여러 번 등장했다. 이런 상품이 엄청 많았는데 대략 천 개 정도 될 것이다. 하지만 이 상품들이 번갈아 가면서 나온다는 분명한 한계점이 있었다.

테리와 린다는 침대 양 끝에서 서로를 쳐다보았다. 그들은 이게 기회라는 것을 알았다. 가장 복잡한 날씨를 예측하고 블랙잭 테이블의 방어선을 돌파할 수 있다면 천 개의 숫자를 외우는 일은 걱정할 문제도 아니다. 테리가 카드를 세고, 린다가 직원들의 근무 시간을 기록하는 방식으로 두 사람은 상품의 가격을 외우기 시작했다. 그들은 이 과정에서 함께 낯선 흥분감을 느꼈다. 바로 은행 강도들이 강도 행위를 계획하면서 느낄 법한 확률이 주는 흥분감이었다.

4개월간의 준비 끝에(테리는 "좋은 프로그램이 되려면 리허설을 해야 한다"라고 자주 말했다) 그들은 모든 것을 마쳤다고 판단했다. 두 사람은 차에 짐을 싣고 로스앤젤레스로 향했다. CBS의 문이 열렸던 그날 아침 둘은 대기 줄에서 네 번째와 다섯 번째 사람이었다. 그들은 입장하는 길에 프로듀서들과 이야기를 나누었고, 프로듀서들은 테리 니스가 훌륭한 목소리와 방송에 적합한 얼굴을 가지고 있다는 것에 주목했다. 테리는 처음 게임에 참가하는 사람 중 한 명으로 뽑혔다. 그는 자리를 잡고 값을 부를 수 있는 1등 상품이 나타나길 기다렸다. 그는 자신이 그 상품을 알아보길 바랐다.

○ ○ ● ○ ○ ○ ○

드디어 빅 그린 에그가 나왔다. 테리는 1,175달러를 불렀다. 누군가 완벽한 추측을 했거나 가격을 맞혔음을 알리는 특별한 종이 울렸다. 세 명의 참가자는 모두 자신이 옳기를 바랐다. 그중 한 명은 자신이 옳다는 걸 알고 있었다.

이상하게도 테리는 당시 '스위치?'라고 불리는 가격 맞히기 게임에서 졌다. 이유는 정말 간단하다. 상품 2개와 가격 2개가 표시되는데, 각 상품의 정확한 가격을 맞추면 상품을 둘 다 가져갈 수 있다. 테리에게는 애플 컴퓨터와 운동용 자전거 두 대가 나타났다. 그는 진행자인 드루 캐리에게 컴퓨터가 더 비싸다고 대답했다. 실은 그렇지 않았다. "저는 자전거가 두 대 있는 것을 보지 못했습니다." 지나고 나서 테리가 말했다. "테라바이트라는 말은 메모리 용량이 엄청나게 큰 것처럼 들렸거든요." 그런 다음 테리는 자신의 계획대로 따라주지 않을 수도 있는 빅 휠을 돌렸다. 그가 할 수 있는 건 희망을 놓지 않는 일뿐이었다. 그런데 돌림판에서 90센트가 나왔고, 테리는 자신이 운이 좋을 뿐만 아니라 훌륭하다는 것을 증명하며 쇼케이스에 진출했다.

그는 샤론이라는 여자와 맞붙었다. 그녀는 가격 맞히기 게임에서 이겼기 때문에 테리보다 유리했다. 그녀는 첫 번째 상품들의 가격을 제시하거나 상품들을 테리에게 넘기고 다음에 등장하는 상품들에 입찰할 수 있었다. 첫 번째 쇼케이스는 노래방 기계로 시작해 그다음은 당구대, 그다음은 높이 약 5미터짜리 캠핑카가 나왔다. 샤론은 통과를 외쳤다. 테리는 어쩔 수 없이 입찰을 해야 했다. 그는 상품을 보고, 방청객을 본 다음 앞에 있는 마이크로 몸을 기울였다. 그는 마치 텔레프롬프터에 쓰여 있는 숫자를 읽듯이 입찰가를 말했다. "2만 3,743달러입니다."

"와우!" 드루 캐리가 말했다. "아주 정확한 입찰가군요."

다음으로 샤론이 자신의 쇼케이스를 보았다. 시카고 여행권, 캐나다 앨버타주 밴프 여행권, 스코틀랜드 에든버러 여행권, 남아프리카공화국 케이프타운 여행권이었다. 그녀는 3만 525달러를 불렀다.

"곧 돌아오겠습니다, 여러분." 캐리가 말했다. "채널 고정하세요."

그리고 쇼는 멈췄다.

테리 니스가 출연하기 전부터, 길고 유구한 역사를 가진 〈더 프라이스 이즈 라이트〉는 어딘가 계속 불안했다. 이 쇼의 가장 충실한 팬들을 '충성스럽고 진실한 친구들Loyal Friends and True'이라 부르며 사랑받았던 인물 밥 바커가 떠나고 그 자리를 캐리가 대신하게 되었을 뿐 아니라 로저 돕코비츠Roger Dobkowitz라는 오랜 제작자도 새로운 피디에게 자리를 내주었다. 팬들은 항의했고 음모론이 돌았다. 모든 상품의 가격이 담긴 책을 지켰던 캐시 그레코Kathy Greco라는 여성은 그날 아침 녹화 내내 몸 안에서 화가 치밀어 오르는 것을 느꼈다. '스위치?'에서 테리의 실수를 제외하면 모든 참가자가 게임에서 이겼다. 제작비에서 상금을 충당해 지급하는 이 쇼는 무엇보다도 자동차 두 대와 엔터테인먼트 센터, 현금 2,000달러, 빅 그린 에그에 이미 항복 상태였다. 〈더 프라이스 이즈 라이트〉는 비틀거리기 시작했다.

그레코는 자신의 손에 있는 책을 보았다. 샤론은 말이 안 될 정도로 정확하게 추측했다. 여행권은 너무 많은 변수를 포함하기 때문에 가격을 맞히기 어렵기로 악명 높다. 그녀는 시카고와 밴프, 에든버러, 케이프타운 모든 곳에서 시간을 보낼 수 있었던 여행권을 494달러 차이로 놓쳤다.

하지만 테리는, 테리는 정확히 맞혔다.

캐리는 그레코가 커튼 뒤로 도망치는 것을 지켜봤다. 그는 그녀를 따라갔고, 즉시 뭔가가 잘못되었음을 알아차렸다. "그레코는 얼굴이 백지장처럼 하얗게 질려 있었죠." 그가 말했다.

"그가 정확하게 맞혔어요." 그레코가 말했다.

"이런 적이 있었나요?" 캐리가 물었다.

"아니요."

"이런, 젠장."

그레코는 부정이 있었다고 결론지었다. 하지만 캐리는 그 증거를 입증할 수가 없었다. 부정이 아니라면 도대체 어떻게 테리가 완벽하게 맞힐 수 있었을까? 2만 3,743달러를? 그건 정말 한 치의 오차도 없는 정확한 숫자였다.

"모두들 누군가가 부정행위를 했다고 생각했어요." 캐리가 내게 말했다. "전 사람들이 우릴 엿 먹인 것이라 생각했습니다. 누군가 우릴 엿 먹였어요. '우리 이거 방송할 거야?'라고 물어봤던 기억이 납니다. 아무도 우리가 뭘 할 수 있는지 몰랐죠. 그래서 저는 방송이 안 나갈 줄 알았어요. 누군가 우릴 속인 줄 알았고, 이제 이 쇼는 완전히 끝난 줄 알았습니다. 방송국에서 우리 프로그램을 폐지하고, 전 일자리를 잃게 될 줄 알았죠. 전 그냥 저 망할 놈 때문이라는 생각뿐이었습니다. 우승자를 발표할 때도 어차피 방송으로 안 나갈 거니까 저 놈을 엿 먹여야겠다는 생각이 들었어요."

반대쪽 커튼에서 캐리가 재등장했다. 그는 샤론의 입찰 가격을 먼저 발표했다. 그녀는 틀림없이 본인이 이겼다고 생각했을 것이다.

그런 다음 캐리는 테리에게로 돌아섰다. "당신은 2만 3,743달러를 입찰했습니다." 그는 이를 악물고 말했다. "실제 소매가격도 2만 3,743달러입니다. 정확하게 맞혔습니다. 쇼케이스 상품을 모두 가질 수 있습니다." 그게 다였다. 테리와 린다는 5만 달러가 넘는 상품을 가지고 라스베이거스로 돌아왔다.

이 비극적인 녹화가 끝나자 밥 바커 스튜디오는 다시 고요해졌다. 추가 조사 결과 부정 행위는 발견되지 않았다. 다른 사람들이 이성적으로 예상할 수 있는 시간보다 더 많은 시간을 어떤 것에 쏟아부은, 의지가 대단한 기상캐스터만 있었다. CBS는 결국 테리의 에피소드를 방영했지만, 시청률 하락을 평계로 12월이 되어서야 방송에 내보냈다. 완벽한 입찰가를 발표하는 순간 캐리는 아무런 감흥 없이 무미건조하게 말했다. '충성스럽고 진실한 친구들'은 그가 초짜거나 너무 냉소적이라 게임쇼의 역사를 제대로 인지하지 못했다며 비웃었다("오, 장담하건대 저라면 도망갔을 겁니다." 밥 바커가 내게 말했다).

그때까지 테리와 린다는 나머지 상품에 대한 세금을 내기 위해 노래방 기계와 당구대, 캠핑카를 팔았다. 그들은 여행을 즐겼다. "일등석은 정말 멋지더군요." 테리가 말했다. 두 사람은 빅 그린 에그를 팔지 않았고, 그것은 뒷마당에 있는 수영장 옆에서 햇빛을 받아 반짝거리고 있었다. 사막의 열기를 느끼며 나는 테리와 함께 밖에 서 있었고, 그의 금속 안경테에서는 빛이 반사되었다.

"삶이란 정말 한 치 앞도 알 수 없는 건가 봅니다." 그가 말했다.

기후변화로 인한 생소한 현상들

위성 이미지와 컴퓨터 모델링 사용으로 우리는 그 어느 때보다 '전형적인' 날씨 예측에 능숙하다. 월요일에 휴대폰의 날씨 어플을 보면, 토요일의 일기예보가 1980년대의 다음 날 일기예보만큼 정확하다.[4] 알고리즘은 대기압과 밝기, 온도 같은 많은 양의 입력값을 인간 기상학자보다 더 빠르고 능숙하게 처리한다. 게다가 기계는 쉬는 날이 없다.

하지만 날씨는 점점 전형적인 모습에서 벗어나고 있다. 폭풍은 빈도와 강도를 강화하며 고유의 리듬을 따른다. 1980년 이후 미국에서는 200건 이상의 날씨와 기후 사건이 발생했으며, 각각 10억 달러 이상의 피해를 초래했다.[5] 미국 정부는 이러한 재난을 예측하고 재난이 생명과 재산에 미치는 파괴적인 영향을 줄이는 일을 하는 세 개의 중앙기관을 두었다. 첫 번째로 오클라호마주 노먼에 있는 폭풍예보센터는 토네이도를 주의 깊게 살핀다. 두 번째로 메릴랜드주 칼리지파크의 기상청은 강우와 홍수를 모니터링한다. 마지막으로 마이애미에 있는 국립허리케인센터는 육안으로 폭풍을 관찰한다. 최근에 일어난 대부분의 폭풍은 이 세 곳에서 컴퓨터뿐만 아니라 그 컴퓨터를 모니터링하는 숙련된 기상학자들까지 모두가 주의를 기울여야 할 정도로 심각하고 복잡했다.

극단적인 기상 현상들 중에서도 토네이도는 미국 기상캐스터들에게 가장 큰 도전이다. 국립기후데이터센터에 따르면, 미국의 모든 악천후 사건의 40퍼센트가 뇌우로 발생한다고 한다. 이렇게 흔한 현상이 되었음에도 기상학자들은 여전히 깔때기 모양의 구름이 정확히 언제 그리고 어디에 상륙할지 예측하는 데 애를 먹고 있다. 보다 안정적으로 골프 회동을 계획할 수 있게 해주는 원리와 동일한 데이터 기반 모델이 몇 가지 발전을 이룩했다. 지난 40년 동안 토네이도 경보가 발령되고 나서 토네이도가 실제 발생한 시간은 평균 3분에서 14분으로 늘어났다. 펜실베이니아주립대학 기상 및 대기과학부 학장 데이비드 스텐서드Davind Stensrud 교수는 다음과 같이 말했다. "연구자들이 토네이도 경보 리드 타임을 크게 개선했습니다. 하지만 많은 사람에겐 14분도 충분치 않습니다."6

독자들과 그들의 변덕스러운 욕망처럼 날씨도 모두 움직이는 타깃이다.7 깔때기 모양의 구름이 자주 나타나고 있는 미국 남동부 지역에선 특히 그렇다. 기상학자들은 텍사스 동부와 조지아 사이, 멕시코만과 테네시 사이처럼 토네이도가 급증하고 있는 지역을 딕시 앨리Dixie Alley라고 부르는데, 이곳은 기존의 토네이도 앨리Tornado Alley인 대초원 지대보다 심각하다.8

토네이도 발생 빈도는 여전히 토네이도 앨리가 미국에서 1위를 달리고 있다. 1984년에서 2014년까지 텍사스는 그 어떤 주보다도 가장 많은 토네이도를 겪었으며, 매년 약 140개의 토네이도가 발생했다(다른 지역보다 총면적이 큰 것도 원인 중 하나다. 면적이 클수록 토네이도가 더 많이 발생한다). 캔자스에서는 약 80개의 토네이도가 발생했다. 하지만 딕시 앨리에서는 폭풍의 발생 빈도와 강도 모두 증가하고 있다. 같은 기간에 앨라배마는 토네이도로 인한 연간 사망자 수 평균이 가장 높은 14명을 기록했다. 미주리주와 테네시주, 아칸소주 역시 토네이도 앨리 명단에 가장 먼저 이름을 올렸으며 토네이도로 매년 평균 4명이 사

○ ○ ● ○ ○ ○ ○

망하는 텍사스주보다 사망자 수가 더 심각했다.

이러한 사실들은 의심할 여지가 없다. 하지만 어려운 부분이 남았다. 딕시 앨리의 폭풍우가 평균적으로 더 치명적인 이유는 무엇인가? 여기서 데이터는 우리에게 그림 프레임을 씌운다. 남동쪽 토네이도는 더 빨리 움직이며 지상에 더 오래 머문다. 게다가 이 토네이도는 밤에 발생할 확률이 더 높다. 아칸소주, 켄터키주, 테네시주의 토네이도 중 40퍼센트 이상이 어두워진 후에 발생한다. 야행성 토네이도가 16퍼센트 미만인 곳은 대개 서부에 있는 15개 주다(동남부의 토네이도 시즌은 햇빛이 적어지는 겨울까지 이어진다). 밤에는 토네이도를 눈으로 관측하기 어렵고, 상륙을 불과 몇 분 또는 몇 초 앞두고 경보가 울리는 경우 자다가 미처 대피하지 못한 희생자들이 생길 가능성이 높다.

딕시 앨리의 치명적인 토네이도를 다르게 설명할 수도 있지만, 이제 우리는 이야기의 영역으로 들어가려 한다. 우리의 감각을 사용해 그 이유를 생각해내는 것이다. 어쩌면 토네이도 앨리의 탁 트인 풍광 덕분에 남동쪽의 산악 지대보다 폭풍 추적이 더 쉬울 수 있다. 남동쪽 토네이도는 대초원 지대의 토네이도보다 '폭우를 동반하는' 경향이 있어 관측하기가 한층 어렵다. 앨라배마 같은 주의 집들은 피난처로 쓸 수 있는 지하실이 있는 경우가 적으며, 인구 밀도가 높다. 그리고 강풍에 쓰러져 발사체로 변할 수 있는 나무들도 많다. 강력하고 빠르게 움직이는 토네이도를 밤중에 골짜기로 밀어 넣은 뒤 폭우를 뿌리게 하고 그 안을 쓰러진 나무들로 채우면 대량 살상 무기 비슷한 게 만들어진다.

하지만 딕시 앨리의 가장 위험한 면은 생소하다는 점이다. 아마도 딕시 앨리 지역 주민들은 토네이도를 충분히 겪어보지 못했을 것이다. 폭풍우에 대처 가능한 캔자스나 오클라호마주 사람들과 달리, 이 사람들은 어떤 일이 닥칠지, 또는 그 일이 닥쳤을 때 어떻게 대처해야 하는지 잘 알지 못한다. 현지 기상학자들 역시 생소한 현상을 다루긴 매한가지다. 2020년 3월, 토네이도 클러스터가 내슈빌 지역을 강타해 25명이 사망하고 10억 달러 이상의 재산 피해가 발생했다. 34시간 동안 최소 14개의 토네이도가 여러 번 상륙했기에 예보 자체가 불가능한 도전이었다. 게다가 이 살인적인 토네이도는 사람들이 피난처를 찾을 수 있도록 경보를 울리는 문제뿐 아니라, 기후라는 큰 틀에서 봐도 거의 경고 없이 상륙한 것이나 다름없었다.

역사가 항상 좋은 방향으로만 발전하는 건 아니다. 그리고 모든 것이 점진적으로 증가하지도 않는다. 배리 지토의 커리어가 좋은 예다. 그가 샌프란시스코와 계약했을 때 모든 것이 바뀌었다. 2008년 주택담보대출 위기는 더 심각한 대재앙의 또 다른 예다. 이따금 소소하게 예외적인 상황이 발생한 것을 제외하면, 부동산 가치는 거의 언제나 상승했다. 그런데 인간이 창조해낸 세력, 즉 서브프라임 모기지 시장이 이러한 역사적 진실을 거짓으로 만들었다. 어떤 컴퓨터 모델도 예측할 수 없었던 팬데믹으로 발생한 2020년 실직 사태를 생각해보자. 그동안 굳건히 유지해왔던 노동 시장의 마지노선마저 무너졌다.

통계학자 나심 니콜라스 탈레브Nassim Nicholas Taleb는 2007년 저서 《블랙 스완The Black Swan》에서 이처럼 발생 확률은 낮지만 우리에게 큰 영향을 미치는 사건들에 관해 썼다. 그리고 지나고 나서 이러한 사건들이 불가피하게 발생한 것으로 보는 우리의 경향을 지적했다.[9] 이는 어려운 질문으로 이어진다. 끔찍한 일이 일어나려 했고 그 결과가 어떨지 미리 정확하게 알 수 있었는데, 왜 우리는 아무것도 하지 않았을까? 어느 쪽이든 상상력의 한계가 있었을 것이다. 이 논쟁은 더 끔찍한 일이 재난이 일어나기 전인지 후인지를 따질 뿐이다. 하지만 적어도 탈레브의 계산에 따르면, 기후변화는 진정한 블랙 스완이 아니다. 우리는 이해하지 못하는 것을 이해하는 척하는 게 아니다. 우리는 기후변화가 일어나고 있다는 사실을 알고 있기에 앞으로 누구도 우리의 미래가 과거와 같지 않다고 놀라선 안 된다.

잠시 〈더 프라이스 이즈 라이트〉로 돌아가보자. 환경 파괴보다 이 프로그램에 대해 생각하는 것이 더 재미있다. 테리 니스가 밥 바커 스튜디오를 급하게 떠난 후, 그 쇼의 제작자들은 게임을 바꿔야 한다는 걸 깨달았다. 외골수라면 누구나 테리처럼 할 수 있었을 것이다. 테리는 아주 공공연한 방식으로 그 쇼의 취약성을 드러냈고, 심지어 《내셔널 인콰이어러National Enquirer》에서는 그의 업적을 기사로 내기도 했다. 이는 제작자들에게 그동안 변화가 눈에 띄지 않았던 프로그램을 대폭 수정해야 할 명분을 주었다. 그들은 게임쇼를 더 정교한 버전의 쥐덫으로 만드는 일에 착수했다.

〈더 프라이스 이즈 라이트〉는 항상 눈에 보이지 않는 요새를 가지고 있었다. 레인지 게임Range Game이나 댓츠 투 머치That's Too Much와 같은 일부 가격 맞히기 게임은 다른 게임보다 이기기가 어렵다. 두 게임 모두 적절한 가격 범위에 도달했을 때 게임을 멈추는 것과 관련 있다. 많은 참가자가 자연스럽게 중간값에서 추측을 시작하는 경향을 보이는데, 이는 레인지 게임의 경우 너무 앞쪽이고, 댓츠 투 머치의 경우는 너무 뒤쪽이다. 제작진이 그 주에 돈을 아끼고 싶으면 상품 가치를 양극으로 밀어 넣는다. 그러면 참가자들이 잘못 추측할 가능성이 높아진다.

테리의 완벽한 입찰을 내세워 그 쇼의 제작진은 프로그램에 더 유리하도록 양극단에 상품을 배치하는 전략을 활용했다. 그들은 게임에 운의 요소를 더 많이 넣었고, 상품도 바꾸었다. 그들은 사치품을 더 많이 추가했는데, 덕분에 집에서 쇼를 보는 시청자들의 지분이 증가했으며 진행에 약간의 화려함이 더해졌지만, 쿠폰을 오려서 모으는 참가자들에게 사치품의 가치는 와닿지 않았다. 〈더 프라이스 이즈 라이트〉의 녹화장에 나타나는 사람은 아무도 버버리 코트의 가격을 알지 못할 것이다. 만약 상품이 반복해서 등장한다면, 특히 자동차와 같은 고액 품목의 경우 제작진은 바닥 매트나 스테레오 시스템을 포함한 옵션을 추가하거나 빼는 방식으로 가격을 계속 바꿀 것이다. 그들은 본질적으로 그 게임의 역사를 빼앗았다. 이러한 변화는 참가자들이 미래를 예측하지 못하게 만든다. 일상적인 품목을 제거하니 참가자들이 할 수 있는 건 추측뿐이다. 만약 사람들이 가격을 맞힌다면, 그건 기술의 문제라기보다는 운이 작용한 것에 가깝다.

딕시 앨리의 날씨를 예측하는 건 〈더 프라이스 이즈 라이트〉보다 훨씬 중요하다. 버버리 코트는 물론이고 2020년 내슈빌을 강타한 14개의 토네이도 클러스터도 신경 쓰지 말자. 기상학자들은 평생 본 적이 없는 폭풍을 예측하도록 요구받고 있다. 2011년 5월 미주리주 조플린을 쓸어버린 EF5(EF는 토네이도의 위력을 가늠하는 등급으로 숫자가 높을수록 파괴적이다 - 옮긴이) 괴물을 상상해보라. 1947년 이후 미국에서 발생한 가장 치명적인 토네이도였다. 혹은 불과 한 달 전에 발생한 슈퍼 아웃브레이크Super Outbreak를 떠올려보자. 이 기간 동안 텍사스와 캐나다 사이에서 무려 360개의 토네이도가 발생했다. 4월 27일에는 미시시피주, 앨라배마주, 조지아주, 테네시주에 EF5급 토네이도 4개가 상륙했는데, 1925년 이후 발생한 어떤 토네이도 클러스터보다 많은 사람의 목숨을 하루 만에 앗아갔다.

거대한 토네이도가 현대의 유일한 특이치(비정상적으로 크거나 작은 관측치)는 아니다. 샌프란시스코에 있는 기상청은 2020년 9월 9일 트위터 게시판에 주변 산불 연기가 지역 날씨와 대기질에 영향을 미칠 것이라고 올렸는데, 연기 수준이 "우리 모델이 측정할 수 있는 범위를 벗어났다"고 인정했다.[10] 워싱턴주의 대기질 측정기에서도 연기 수준이 부정확하게 측정된다며 이 문제를 그냥 넘겨버렸는데, 장비를 수정해야 할 필요가 있었다. 워싱턴산불연기정보Washington Smoke Information는 블로그 게시물을 통해 "우리는 알고리즘이 (기존 모델로는 더는 산불 예측이 어렵다는) 쓰라린 진실을 받아들이도록 설득했다"고 고백했다. 산불은 매 계절 이전보다 더 많은 땅을 태우고 있을 뿐 아니라(파괴된 땅의 면적으로 보자면 2020년 늦여름에 끔찍한 산불이 발생하기 전까지는 2018년 산불이 최악이었다) 다른 욕망을 표출하고 있다. 화재의 확산을 예측하는 데 사용된 이전의 방정식으로는 이제 부족하다는 사실이 드러나고 있다. 오늘날의 화재는 그 자체로 날씨의 변화를 만들어낼 만큼 크고 뜨거운데, 컴퓨터 모델이 찾을 수 있는 가장 가까운 사례는 제2차 세계대전에서의 폭격 뒤 번지는 불폭풍이다.[11] 인간이 한 번도 일어난 적이 없는 사건을 예측하는 건 어렵지만, 컴퓨터가 그 일을 하는 건 아예 불가능하다. 일반적으로 입력값에 의존하는 컴퓨터 모델은 특별한 상황에선 제대로 작동하지 않는다. '전형적'이라는 말의 끝을 넘어 존재하는 빈 공간은 인간의 상상력으로만 채울 수 있다. 극단성은 기후에서뿐 아니라 우리 존재의 다른 부분에서도 마찬가지로 나쁘다. 다행히 우리는 저항에 동등한 재능을 보여준 종이다. 우리는 언제 그 재능을 발휘해야 하는지 알 수 있도록 용감하고 똑똑해져야 한다.

끊임없이 변화에 적응해야 하는 시대

2014년 1월 28일, 앨라배마 중부와 북부의 낮은 하늘에서 눈이 내리기 시작했다. 제임스 스팬 James Spann 은 버밍엄에 있는 그의 집 창문을 통해 그 춤을 지켜보았다. 남쪽에 있다는 착각이 들 정도로 눈은 특이했다. 이 지역의 기상캐스터 중 가장 신뢰감을 주는 목소리를 갖고 있던 그는 1978년부터 지역 텔레비전 채널에 출연해왔다. 이듬해 막 스물세 살이 되었을 때, 그는 지역 방송국 와피TV의 수석 기상캐스터로 임명되었다. 당시 그는 미국에서 가장 젊은 기상캐스터 중 한 명이었고 공식적인 기상학 교육은 받지 않은 상태였다. 하지만 그는 계속 일을 이어나갔고 결국 에미상을 포함해 여러 상을 받았다.

오랜 기간 대체로 정확한 예보를 해온 스팬은 이후 두 번 전국적인 관심을 받았다. 2004년 그는 특히 토네이도에서 살아남는 법을 포함해 악천후 기상 안전 수칙에 관한 특별 행사를 개최했다. 스팬은 자신의 고향에서 점점 증가하는 치명적인 토네이도의 여파(1989년, 1994년

종려 주일[12], 1998년, 그리고 2000년, 2001년, 2002년 늦가을에 발생한 대참사)를 직접 목격했고, 이러한 상황에 대처할 준비가 되지 않은 사람들이 대비할 수 있기를 바랐다.

앨라배마주에 토네이도가 빈번하게 발생하면서 2년간 허리케인 피해를 세 번이나 입자, 스팬은 2007년 인간으로 인해 기후변화가 초래되었다는 주장을 공개적으로 비판하며 다시 주목받았다. 그는 "기온은 이전에도 오르락내리락했으며 오늘날 논란의 여지가 없는 기온 상승은 점차 진화하는 지구 생태계의 일시적 기능"이라고 주장했다. 그가 제시한 수치에 따르면, 이산화탄소 배출이 날씨를 변화시키고 있다는 믿음은 근거가 없으며 비과학적이었다. 그는 "많은 사람에게 지구온난화는 거대한 돈벌이에 불과합니다"라고 말했다. 그는 기후가 하나님이 갖고 있는 도구 중 하나며, 하나님만이 휘두를 수 있다고 생각했다. 인간은 신의 노여움으로부터 스스로를 보호하는 것 말고는 할 수 있는 게 없었다.[13]

이처럼 거침없는 태도 때문에 스팬은 직장에서 사기꾼으로 전락했다. 독실한 남부 침례교 신자인 그는 두말할 필요 없이 딕시 앨리의 새로운 폭풍으로부터 앨라배마주 주민들의 생명을 구하려 애썼다. 동시에 기후 과학자들 대다수가 폭풍의 원인이라고 믿었던 것을 부인했다. 하지만 앨라배마주에서는 서로 모순처럼 보이는 신앙심과 신의가 혼재하는 스팬이 헌신의 대명사처럼 여겨졌다. 시청자들은 그의 말을 하나님의 말씀과 혼동하지는 않았지만 그를 하나님의 가장 믿음직한 사자로 생각했다.

1월 어느 날에 이뤄진 스팬의 예보는 평범했고, 단정적이었다. "먼지처럼 가볍게 눈이 날리겠으나 버밍엄에 교통 혼잡은 없을 것입니다." 경쟁 채널이 없었으므로 앨라배마주 북반부에 사는 시민들은 평소처럼 학교에 가고 직장에 갔다. 하나님이 택한 일기예보관은 사람들에게 평소와 다르게 행동할 근거를 주지 않았다. 제설 장비는 적설량이 더 많을 것으로 예상되는 남쪽으로 보내졌다. 북쪽에서는 계속 바쁘게 일상이 돌아가고 있었다.

그런데 눈이 점점 무거워지더니 달라붙기 시작했다. 스팬이 예상한 먼지처럼 날리는 눈은 5~7센티미터 크기의 눈으로 변했는데, 오차 허용 범위 안에서 뉴욕주 북부의 눈보라와 비슷한 수준이었을 것이다. 다만 수천 명의 앨라배마주 사람들이 집으로 돌아갈 수 있는지 없는지 알 수 없었다는 점이 달랐다. 제설 장비는 필요한 곳엔 없었고, 65번 주간 고속도로와 다른 주요 도로들은 교통체증으로 꼼짝 못 하는 차와 트럭들로 긴 얼음판이 되었다. 다섯 명이 사망했고 수십 명이 다쳤으며 셀 수 없이 많은 사람들이 사무실과 학교, 차에서 잠을 잤다. 미국 연방재난관리청은 폭풍의 심각성을 측정하는 비공식 지표로 와플 하우스 지수Waffle House Index라는 것을 사용한다.[14] 지역 와플 하우스가 문을 닫으면 끔찍한 일이 일어났다. 버밍엄에 있는 와플 하우스 두 곳이 문을 닫았다. 그날 앨라배마에서는 끔찍한 일이 일어났다.

제임스 스팬은 이 일로 괴로워했다. 그는 자신의 예측에 자신이 있었고, 전날 밤 아무 걱정 없이 잠들었다. 그리고 그다음 날 아침, 한 중학교로 학생들에게 강연하러 가는 길에 교통정체 사진이 그의 트위터 피드에 뜨기 시작했다. 그는 차를 세웠고 공포에 질렸다. "사진들을 믿을 수가 없었습니다." 그가 말했다. "지금까지 날씨 예보를 해오면서 이런 일이 일어난 적은 한 번도 없었으니까요."[15] 그는 일터로 가야겠다고 결심했다. 하지만 곧 발이 묶인 운전자 중 한 명이 되었고, 도요타 4러너를 버리고 역까지 1.6킬로미터를 걸어가야 했다. 그는 이동중인 자신의 모습을 촬영했다. 그의 트레이드마크인 멜빵바지는 겨울 코트에 가려져 있었다. "와!" 그가 익숙한 중저음으로 말했다. "저의 35년 기상 예보 경력 중 최악의 실패에 대한 대가를 치르고 있다는 생각이 드네요."

그는 줄지어 서 있는 분실 차량을 지나가며 자기분석을 시작했다. 그날 날씨는 기존 패턴을 무시했고, 점점 더 그러해졌다. 이전에는 선례가 없어서 수학적 계산이 복잡하게 이뤄졌다. 보통 버밍엄의 기온이 영하 6도를 넘지 않으면(그날은 아니었지만) 대기가 건조해 눈이 많이 쌓일 수 없다. 폭설은 얼음점 근처에서 쏟아진다. 그날 기온은 예보대로였지만 강수량은 그렇지 않았다.

"여러분들은 아마 제가 '먼지처럼 가볍게 날리는'이라고 말하는 걸 다시는 듣지 못할 겁니다" 스팬이 말했다. "이 말은 앞으로 평생 절 괴롭히겠죠." 그는 시청자들에게 사과문을 썼고, 그렇게 다시 한 번 전국적인 관심을 받았다. 그리고 《뉴욕타임스》의 교훈적 기사에 날씨 예보를 망친 기상캐스터로 기록되었다(스팬이 유일한 사람은 아니었다. 애틀랜타 기상캐스터들도 처참한 결과를 초래하며 목표를 달성하지 못했다).[16] 그는 기상 예보 일을 계속하기로 결심했고, 대중들에게 거의 용서받았다.[17] 스팬은 그때의 실수 이후 많은 생명을 구했다. 그로부터 3개월 후에 발생한 토네이도와 2020년 부활절 기간에 나타난 무려 21개의 토네이도가 그의 고향을 휩쓸었을 때 그는 만회하는 데 성공했다. 하지만 스팬은 과거 자신의 성과와 날씨에 대해 자만심을 가지는 것이 얼마나 위험한 것인지 알려주는 교훈 속 인물로 남았다. 그는 끊임없이 변화에 적응해야 하는 시대에 자기 틀에 갇히는 것이 얼마나 위험한지 보여주었다.

최고의 우주비행사가 갖춰야 할 두 가지

겉으로만 봤을 때는 기상학자와 우주비행사는 대기압과 기류를 이해하고 있다는 것 말고는 공통점이 별로 없는 것 같다. 하지만 휴스턴에 있는 국립기상청 지역 사무실과 존슨우주센터Johnson Space Center는 놀라울 정도로 비슷한 인간 표본의 집합소다. 이곳에서는 골프 셔츠를 바지에 집어넣어 입는 사람들을 수없이 볼 수 있다. 그리고 두 직업을 현대인의 모습으로 묘사하자면, 얼핏 모순되어 보이는 '적응성'과 '탄력성'이라는 두 가지 성격적 특성이 반드시 필요하다.[18]

우주비행사의 발은 그 사람의 적응력, 즉 사람이 살도록 설계되지 않은 곳에서 살면서 받는 지속적이고 낮은 수준의 스트레스를 견디는 강인함을 나타내기에 좋은 신체적 표시다. 우리와 아주 잘 맞는 지구에서는 발바닥의 굳은살이 걷기의 혹독함으로부터 발을 보호해준다. 중력이 없으면 우주비행사는 절대 걷지 않는다. 국제우주정거장에는 우리가 생각하는 '바닥'이 없다. 원통형 선체 내부를 오르락내리락하는 막연한 감각이 유지되고 있긴 하나, 이는 심리적인 이유로 지구 생명체가 인위적으로 만들어낸 것이다. 무중력 트레드밀에서의 규정된

○ ○ ● ○ ○ ○ ○

시간을 제외하면 우주비행사의 발바닥은 몇 달 동안 접촉의 느낌을 거의 느끼지 못한다. 우주에서는 모든 표면이 벽이다.

인간의 신체는 본래 필요 없는 것을 제거하는 데 무자비할 정도로 효율적인 기계다. 우주비행사의 발은 마치 여름날 스웨터처럼 불필요해진 굳은살이 저절로 빠진다. 한 우주비행사는 발뒤꿈치의 두꺼운 가장자리가 떨어지기 시작하자 참호족(오랜 시간 축축하고 비위생적이며 차가운 환경에 발이 노출되어 일어나는 질병 – 옮긴이)에 걸릴까 두려워했다 (그는 휴스턴에 "이 문제로 걱정해야 할까?"라고 물었다). 최고의 우주비행사의 굳은살은 그냥 사라지지 않고 발등으로 옮겨간다. 우주비행사들이 발등으로 미끄러지는 것에 익숙해졌기 때문이다. 그들은 원숭이가 나무 사이를 이동하듯 움직이는 법을 배웠다. 무중력 상태에서 곡예사가 되었고, 그물 없이 공중에서 그네를 탔다.

미국항공우주국 NASA은 우주비행사를 선정하고 관리하는 업무를 돕는 정신과 의사들과 심리학자들을 고용한다. 그들은 오랜 기간 함께한 팀원들에게서 발전된 모습을 보고 싶어 한다. 우주에서도 지구에서처럼 살려고 한다면 시간이 지날수록 가장 단단한 마음조차 망가질 것이다. 뒤집힌 굳은살은 다른 방법으로는 이길 수 없는 싸움을 받아들이고 인정함으로써 어렵게 얻은 징표다. 역조에 휘말린 수영객들이 풀려날 때까지 해류에 몸을 맡기라는 이야기를 듣는 것처럼, 우주비행사들도 더는 이상하게 느끼지 않을 때까지 낯선 환경에 굴복해야 한다. 그들은 벽에 묶인 상태에서 잠을 자는 법을 배워야 하고, 빨대를 통해 커피를 마시는 것을 받아들여야 한다. 그리고 자신의 장기가 더 이상 중력의 도움을 받지 않는다는 것을 기억할 필요가 있다. 새로운 집에서 살아남으려면 새로운 버전이 되어야 한다.

하지만 정신과 의사와 심리학자들은 다른 요구, 즉 발의 굳은살이 떨어져 나가는 것보다 덜 온화한 방식으로 나타나는 변화에 굴복하지 않는 우주인들도 필요로 한다. 바로 회복탄력성이 필요한 부분인데, 이는 극심한 스트레스를 견딜 수 있는 능력으로 대개 불행한 사태를 전환하는 것과 관련 있다. 우주에서 사는 것은 힘들다. NASA는 지구에서 안 좋은 일이 발생하더라도 가족과 친구들과 오래 떨어져 지내는 걸 견딜 수 있는 사람들, 로켓 발사와 우주 유영으로 인한 상당한 정신적·육체적 부담을 견딜 수 있는 사람들, 확률이 자신에게 유리하지 않을 때 자기 목숨과 더불어 다른 팀원들의 목숨을 위해 싸울 사람들을 찾아야 한다.

간단히 말해 적응력을 가진 위대한 우주비행사들은 구부러질 것이다. 그들에겐 부러지지 않을 회복탄력성이 있기 때문이다. 이 두 가지는 정말 정반대의 미덕이며, 우리가 우주로 보내려는 특별한 집단 안에서도 이 둘을 모두 비슷하게 갖춘 사람은 드물다. 2014년 NASA에서 우주에서 1년을 보낼 첫 번째 우주비행사를 찾기 시작했을 때 후보 명단에서 두 부분의 점수가 모두 높은 사람을 찾았다. 하지만 그런 사람들을 많이 찾진 못했다.

NASA는 스콧 켈리 Scott Kelly라는 이름의 50세 남성을 주목했다. 외견상 그는 키가 작지도 크지도 않고 뚱뚱하지도 마르지도 않은 평범한 사람이었으며, 머리카락이 없었고 안경을 썼다. 하지만 스콧의 내면은 지구상의 거의 모든 사람과 달랐다. 우주비행사들이 얼마나 오랫동안 제한된 상태를 견딜 수 있는지 보기 위해 관 같은 상자 안에 가두는 악명 높은 '박스 테스트box test'라는 게 있는데, 그의 테스트 반응은 NASA에서 유명했다. 스콧은 상자 안에서 잠이 들었다. 이전에 그는 6개월의 임무를 완수했고, 지상의 도움이 필요할 땐 나약함이 아니라 강인함의 표시로 도움을 요청했다. '이 임무가 날 너무 힘들게 해.' 그는 자신의 임무가 4분의 3지점에 이르렀을 때(절망감이 일어나기 가장 쉬운 순간이다) 여자친구에게 이렇게 썼다. 우주비행사이자 현재 애리조나주 상원의원이기도 한 그의 쌍둥이 형제 마크Mark는 개비 기퍼즈Gabby Giffords라는 이름의 하원의원과 결혼했다. 기퍼즈가 투손의 한 슈퍼마켓 주차장에서 총을 맞았을 때 스콧은 6개월짜리 임무로 우주 궤도에 있었다. 몇 시간이고 며칠이고 쉽지 않은 나날들이었지만 그는 버텨냈다. 그에겐 전에 없던 굳은살이 새로 생겼다.

알 홀랜드Al Holland라는 이름의 NASA 소속 심리학자는 스콧을 NASA에 추천하기 전에 광범위한 테스트를 거쳤다. "적응력과 회복력이 매우 뛰어나다." 홀랜드는 최종 보고서에 이렇게 썼다. 스콧 켈리는 우주에서 1년을 보내는 최초의 미국인이 될 것이었다.

스콧은 다시 장기 임무를 완수하고 싶은지 확신이 서지 않았다. "1년은 긴 시간입니다." 그가 10대 딸아이 두 명의 삶을 언급하며 말했다. 하지만 그는 의무감을 느꼈다. "누가 여러분에게 무언가를 부탁한다면, 더욱이 어려운 부탁이라면 거절하지 말아야 합니다." 그가 내게 말했다. 그의 임무는 사람을 태우고 화성으로 떠나는 여행과 유사했다. 만약 인간이 몇 년간의 우주여행에서 살아남을 수 없다면 화성에 갈 수 있는 배를 만들 필요가 없는 것이다.

이상하게도, 지구에서의 삶은 너무 빠르게 변하고 있으며 혼란스럽고 무작위적이고 극단적이어서 우리 모두는 우주 여행자들이 느끼는 불확실성을 감내하고 있다. 과거의 자신에게서 무엇을 간직하고 무엇을 버릴지 선택하는 건 스스로에게 달려 있다. 컴퓨터와 달리 우리는 진화를 결정할 수 있다. 우리는 엄청난 적응력을 타고났다. 그것은 분명 인간의 장점이다. 2020년 캘리포니아 사람들은 화성의 하늘보다 지구의 하늘을 붉게 물들였던 화재를 겪었다. 코로나19로 인한 봉쇄는 어쩌면 우리에게 우주에서의 삶과 가장 가까운 형태의 삶을 구현해주었는지도 모른다. 2015년 스콧 켈리가 우주에 갔을 때 그는 휴스턴의 불빛을 찾으려 밤마다 노력했다. 지구 아래 수많은 기상캐스터들처럼 그는 지구가 얼마나 자주 폭풍의 피해를 보는지 알고 깜짝 놀랐다.

비전문가의 기상 예보가 위험에 빠진 이들을 구하다

스콧 켈리가 귀환한 지 1년이 지난 2017년 8월 24일 목요일, 강력한 허리케인이 텍사스 걸프 연안을 향해 서서히 다가와 마치 배가 해안가를 향해 천천히 나아가듯이 갤버스턴으로 접근해가고 있었다. 딕시 앨리 지역이 상대적으로 토네이도에 익숙하지 않았던 것과 달리 이 지역은 한 세기 이상 폭풍우로 끔찍한 일을 겪었다. 갤버스턴은 1900년 역사상 가장 치명적인 허리케인으로 쑥대밭이 되었다. 미국 기상학자들이 경험 많은 쿠바 기상학자들의 경고를 무시한 대가로 무려 1만 2,000명이 사망했다.[19] 칼라(1961년), 알리샤(1983년), 아이크

(2008년)라는 허리케인이 갤버스턴에서 자신들의 몫을 가져갔다. 그리고 이제 하비가 왔다.

미국 국립허리케인센터와 폭풍및기상예보센터는 허리케인 하비의 위력이 엄청나며 수많은 피해를 줄 수 있다고 협의하고 평소처럼 컴퓨터 모델링을 통해 얻은 핵심 결론을 발표했다. 하비는 코퍼스 크리스티와 포트 오코너 사이에 상륙할 것이었다. 기상학자들은 주말에 하비가 휴스턴으로 시속 64킬로미터가 넘는 돌풍을 동반하는 강력한 바람을 몰고 올 것으로 예상했다. 또한 도시의 일부 지역에 재난급은 아니지만 약 381밀리미터의 폭우가 내릴 것으로 예측했다. 하비가 몰고 올 결과는 미국에서 네 번째로 큰 도시에 명백하게 불편을 끼칠 것이며, 어쩌면 상당한 홍수 피해를 줄지도 몰랐다. 지금 생각하면 안타깝지만 휴스턴은 늪지대에 세워진 도시다. 따라서 정확하게는 휴스턴에서 일어난 어떤 홍수 피해도 블랙 스완이라고 할 수 없다. 게다가 그 정도의 바람과 비로 재앙이 일어날 수 있다고 생각한 사람들도 많지 않았다.

국립기상청의 지역 사무소에서 기상학자들이 들어오는 예보를 훑어보았고 그들은 처음으로 불안감을 느꼈다. 국립기상청은 미 전역에 약 122개의 지역 사무소를 두고 있으며 전국 예보를 지역 수준에 맞게 정밀하게 조정하는 임무를 맡고 있다. 휴스턴 사무실은 유일하게 홈카운티의 비상관리국과 건물을 같이 썼는데, 근처 환경은 휴스턴이 물에 취약하다는 것을 상기시켜주었다. 건물은 흙더미 위에 지어졌으며 사무실은 의도적으로 고층에 있었다.

허리케인 하비가 접근했을 당시 지역 경보 조정 기상학자는 52세의 댄 레일리Dan Reilly였다. 그는 24년간 이 일을 하고 있었다. "안 좋은 상황이 일어나려 할 때야말로 저희가 최고의 기량을 보여야 할 순간입니다." 또한 그때가 인간이 자신만의 특별한 재능을 가장 많이 사용할 수 있는 순간이기도 하다. 그는 전국 예보에 이의를 제기하지 않았지만, 그것을 맹목적으로 받아들이지는 않을 것이었다. 허리케인 하비의 크기 때문에 많은 피해가 예상되었는데, 이는 현대 휴스턴의 기하급수적인 성장을 반영한다. 휴스턴은 거대한 면적의 도시라서 지역별로 완전히 다른 양의 강수량을 경험할지도 모른다. 하지만 그날의 기상 예보는 레일리가 가졌던 관심의 절반밖에 미치지 않았다. 아무도 그의 말을 듣지 않는다면, 그의 예측이나 경고가 얼마나 정확한지는 중요한 문제가 아니었다.

리그 시티에서 몇 킬로미터 떨어진 곳에, 당시 44세였던 수줍음 많고 조용한 성격의 에릭 버거Eric Berger라는 남자가 홈오피스에 앉아 있었다. 그는 카베르네 와인 한 잔을 홀짝이며 컴퓨터 탭 키로 화면을 왔다 갔다 하고 있었다. 유일한 장식은 창문턱에 있는 갈릴레오 온도계였다. 클리어 크리크 근처에 가족들이 꿈꾸던 집을 짓는 동안 에릭은 아내 아만다와 두 딸과 함께 임대 아파트에 살고 있었으며 최대한 짐을 풀지 않으려 했다. 그 주변에는 상자 더미가 요새의 벽처럼 솟아 있었다.[20]

에릭은 우주에 관한 전문적인 글을 쓴다. 특히 인간의 우주비행에 관심을 두고 있는데 동시에 숙련된 기상학자이기도 하다. 그는 2001년 열대성 폭풍 앨리슨이 마을에 상륙한 후부터 날씨에 매료되었다. 2015년에 휴스턴을 중점적으로 다룬 블로그 〈스페이스 시티 웨

더Space City Weather〉를 개설해 조용하지만 헌신적인 방문자들에게 자신이 몰두하고 있는 것을 공유했다. 허리케인 하비가 상륙하기 전날 밤 그는 〈늦은 밤 떠올리는 하비: 마지막 목요일의 생각Harvey Late Night: Some Final Thursday Thoughts〉이라는 제목의 게시물을 마무리하고 있었다. 그는 국립허리케인센터의 공식 예보를 한 번 더 살펴보았다. 국립기상청 지역 사무실에 있는 동료들과 마찬가지로 에릭은 예보가 일치하기를 바랐다. 비가 내리기 시작하자 그는 책상 앞을 떠났다.

에릭은 "허리케인 하비가 해안에 상륙하면 어떻게 되는지는 답할 수 없는 문제다"라고 썼다. "하비는 어디로 갈 것이며 빠르게 지나갈 것인가? 휴스턴의 향후 5일간 강수량의 합계가 여기에 달려 있다. 하지만 우리는 이 문제에 대한 답을 알 수 없다."

비직업 기상학자 에릭은 직업 기상학자와 비교해 두 가지 이점을 가지고 있었다. 첫 번째는 의심을 표현할 수 있었고 종종 그렇게 했다. 많은 시청자들이 지켜보는 텔레비전 기상학자들은 확신을 갖고 표현해야 한다는 것에 큰 압박을 느낀다. 아무도 그들이 "잘 모르겠습니다"라고 말하는 걸 듣고 싶어 하지 않는다. 두 번째로 에릭은 특정 모델을 사용하도록 강요받지 않았다. 미국 정부 소속 예보관들은 일반적으로 미국 모델을 사용하지만, 전 세계적으로 수십 개의 고품질 모델이 생산되고 있으며, 이 모델을 설계하는 인간들과 마찬가지로 정확하게 똑같은 예측을 하는 모델은 없다. 어떤 모델은 다른 모델보다 더 신뢰할 수 있고, 어떤 모델은 특정 기상 현상을 더 성공적으로 예측한다. 모델 간 차이는 '스파게티 플롯(데이터의 관계와 흐름을 시각화하여 보여주는 방법 – 옮긴이)'으로 설명할 수 있으며 이는 허리케인 속보로 이

어진다. 분산된 경로가 가중되고 평균화되어 무시무시한 '폭풍 경보'
가 되는 것이다.

  에릭이 선호하는 허리케인 예측 모델은 미국 모델이 아니었다. 그
는 유럽 모델로 잘 알려진 유럽중기예보센터의 통합 예보 시스템을
좋아했는데, 여기에는 명백한 이유가 있었다. 영국 레딩에 기반을 두
고 있으며, 유럽연합 22개국과 12개 협력국의 지원으로 다른 모델들
보다 자금 사정이 훨씬 나았다. 당시엔 컴퓨팅 능력 또한 타의 추종을
불허했다.[21] 유럽 모델이 미국 국립허리케인센터보다 더 정확하다는
것을 증명한 건 에릭의 감각이었으며, 유럽 모델이 대서양 횡단 거리
만큼 더 나은 시각을 제공하는 듯했다.

  목요일 그날 밤, 유럽 모델이 예측한 강수량은 미국 정부의 예측과
크게 달랐다. 유럽 모델은 381밀리미터가 아닌 635밀리미터를 예상
했다. 이렇게 큰 차이가 벌어지자 에릭은 멈칫했다. 그리고 일기예보
의 기본으로 돌아가 대기 상층부의 지배적 날씨 패턴에 근거해 자신
만의 계산을 했다. 에릭은 장소에 상관없이 허리케인을 어디로든 몰
아가는 지향류(허리케인이나 태풍의 진로를 결정하는 흐름)가 부족해 보이
는 것을 걱정했다. 확실한 엔진의 부재는 허리케인 하비가 휴스턴 상
공에서 시간을 끌 수 있음을 암시하는데, 에릭은 좀 더 심각하게 본 유
럽 모델의 강수량 예측이 옳다는 걸 직감했다. 허리케인 하비는 걸프
만의 따뜻한 물을 많이 머금고 있었다. 만약 태풍이 이동하지 않고 머
무른다면 휴스턴은 곤경에 처할 것이다.

  에릭은 와인을 한 모금 더 마시며 믿고 싶지 않았지만 믿어야 했던
예보를 전하기로 했다. "텍사스에 대규모 홍수가 날 것이다." 그는 이

렇게 쓴 후 휴스턴에 두 가지 선택지를 주었다. "상황이 아주 안 좋거나 정말 최악으로 안 좋을 것이다."

평소 에릭의 게시물은 5천 명에서 1만 명의 방문자가 읽었다. 그러나 그 글을 올린 뒤 24시간 동안 블로그 방문자 수는 20만 7,334명을 기록했다. 에릭은 하룻밤 사이에 신뢰의 대명사가 되었다. 그는 자신에 대한 소문이 얼마나 퍼졌는지 알지 못했지만, 그럼에도 그의 글은 퍼져나갔고, 그의 목소리는 상당한 권위를 얻게 되었다. 사람들은 날씨와 날씨가 자신에게 어떤 영향을 미칠지에 대한 구체적인 질문을 하기 시작했다. 그들은 국립기상청 소속의 댄 레일리에게 조언을 구하러 가지 않았으며 검색 엔진에도 묻지 않았다. 그들은 남편이자 아버지이며 임시 숙소에서 갈릴레오 온도계 옆에 앉아 레드 와인 한 잔을 홀짝이고 있던 에릭 버거를 찾아갔다.

물론 에릭은 무릎 관절 상태에 의존해 예보하지 않았다. 그는 자신이 이용할 수 있는 최고의 정보를 데이터 형태로 사용하고 있었다. 그런 다음 자신만의 방식으로 데이터를 해석하기 위해 경험과 지식을 활용했다. 새로운 독자들은 이러한 그의 방식을 이해하는 것 같았다. 거의 동시에 그들은 에릭을 단순한 정보 전달자 이상의 존재로 보았다. 에릭은 사람들이 지명한 안내자였으며, 그들을 무섭고 낯선 영역으로 인도하는 임무를 맡은 셈이었다. 한 독자는 그에게 서쪽으로 약 322킬로미터 떨어진 샌안토니오의 강우량을 예측해달라고 부탁했다. 어떤 사람은 콜로라도 카운티에 관해, 어떤 사람은 엘링턴 필드 근처의 이웃 동네에 관해 물었다. 한 여성은 토요일의 비행기 결항 가능성에 대해 에릭의 의견을 물었다. 그녀의 남편이 출장을 떠날 예정이었기 때문이다. 피티 제임스라는 남자는 코너 맥그리거와 플로이드 메이웨더의 빅 매치가 토요일 밤에 열린다고 언급하며 동네 술집에서 두 사람의 경기를 보려 하는데 이를 취소해야 하는지 알고 싶어 했다. 뎁 월터스라는 이름의 여성은 토요일 오후에 다쿠스 근처에서 파티를 열 계획인데 파티를 계속 추진해도 될지 물었다.

돌이켜보면 얼마나 많은 사람이 에릭을 신탁을 받는 사제로 본 건지 놀라울 따름이다. 대다수는 에릭의 블로그를 발견하기 전까지 에릭에겐 모르는 사람들이었다. 그의 단골 팔로워들은 그를 신뢰할 수 있다는 걸 알고 있었지만, 위험에 처한 수십만 명의 사람들은 충분한 근거가 없어도 그를 따르기로 했다. 이게 바로 데이터 과학자들을 화나게 하는 비이성적인 의사 결정이다.

"지금은 위험한 시기다." 학자이자 미국해군참모대학의 톰 니콜스Tom Nichols 교수는 이렇게 썼다. "너무나 많은 사람이 너무나 많은 지식을 접할 수 있는데도 무언가를 배우는 데 이렇게 저항이 심한 적은 없었다."[22] 전문가를 믿지 못하는 위험한 태도가 인터넷 밖의 생활까지 감염시켰다. 미디어 문맹(페이스북 페이지에 있는 어떤 미친 소리도 잘못된 정보의 무한한 원천이 될 수 있다)의 강력한 조합, 즉 '엘리트'를 비롯해 기존 메시지 전달자를 향해 커지는 혐오와 더닝-크루거 효과[23]로 인해 상당한 비율의 사람들이 자신이 실제 똑똑한 사람들보다 더 똑똑하다고 믿게 되었다. 인터넷이라는 가장 어두운 구석에서 몇 시간을 보낸 사람이든, 반대 입장을 이해하기 위해 인생을 바친 사람이든 간에 모든 의견에 동등한 무게가 실린다. 코로나19에 대한 미국인들의 반응을 보면 옳은 정보와 잘못된 정보의 경계는 그렇게 모호해 보이지 않았으며, 진짜 정보의 가치가 이렇게 높았던 적도 없었다.

불행하게도《머니볼》혁명 또한 이 문제에 기여했는데, 책이 의도하지 않은 이차적인 피해가 우리 삶의 많은 측면에 실질적으로 영향을 끼쳤다. 포크앤빈스 공장에서 일하는 사람도 야구 전문가라고 불리는 사람들의 수많은 오류를 증명할 수 있다면, 우리가 권위 있는 사람을 믿을 이유가 무엇인가? 우리는 모두 자기 자신을 전문가로 포장할 수 있다.

다행히도 에릭 버거는 휴스턴 사람들의 신뢰를 받을 자격이 있는 사람이었다. 허리케인 하비가 상륙하기 전 불안한 날들 속에서 그는 이 시대가 필요로 하는 가장 달콤한 장소를 찾았다. 그것은 중요하고 영속적인 무언가를 하고 싶거나 만들고 싶어 하는 사람들에게 꿈의 시나리오였다. 몇 년 전 그는 청중을 이끄는 능력이 없는 사람이었지만, 현대적인 도구와 감수성을 만나 현재 그러한 사람이 되었다. 그는 적응력이 뛰어났다. 또한 그것을 얻을 수 있는 재능과 전문지식을 갖추고 있었다. 상황의 불확실성 때문에 부분적으로 직감에 의존해야 했다면 에릭은 자신의 직감이 정보를 통해 체득한 감각임을 알았다. 그는 사람들의 니즈를 감지했고, 그 니즈를 충족시킬 준비가 되었다고 느꼈다. 그는 회복력도 뛰어났다.

에릭은 금요일 새 방문자들을 확인하려 잠에서 깼을 때, 컴퓨터 모델들이 업데이트되었다는 것을 발견했다. 댄 레일리도 그것을 봤다. 이제 컴퓨터는 전날 밤보다 훨씬 더 많은 비가 내릴 것이라고 예측했고, 모델들은 휴스턴에 사는 그 누구도 상상할 수 없는 예상 수치를 뱉어내며 무시무시한 예측 결과에 맞춰 값을 조정하기 시작했다. 635,

그다음엔 762, 그리고 마침내 1,270밀리미터. 1,200밀리미터가 넘는 비가 내렸다. 강수량을 대개 파란색 그림자로 표시하던 컴퓨터 모델의 색이 칠흑같이 어두웠다.

에릭처럼 신중한 사람에게 과대 예보로 얻은 평판은 과소 예보를 한 전력만큼 부적절하게 느껴질 것이다. 우리는 과장되고 자극적인 호소를 접하기 쉽다. 기상학자가 제임스 스팬의 "먼지처럼 가볍게 날리는 눈"과 같은 재앙을 절대 반복하지 않길 바란다면, 매번 재난으로 예보하면 그만이다. 그러면 곧 예보가 옳다는 것이 증명된다. 날씨가 좋지 않을 게 뻔하기 때문이다. 하지만 에릭은 광기 어린 자극적인 예보로 사람들이 실제로 귀 기울여 들어야 할 경고에 귀 기울이지 않게 만드는 일엔 절대 관여하지 않겠다고 결심했었다.

그 이유는 전에 에릭의 예보가 틀렸었기 때문이다. 2005년, 가끔 지역 신문에 날씨에 관한 기사를 썼을 때, 그는 다른 사람들과 마찬가지로 허리케인 리타의 위험성을 빗맞혔다. 그는 이렇게 쓴 적이 있다. "여러분, 저는 이 일을 좋게 포장하진 않을 겁니다. 휴스턴의 거주자이자 부동산 소유자로서, 전 지금 정말 심한 굴욕감을 느끼고 있습니다." 불필요한 대피로 사람들은 고통을 겪었고, 그의 실수는 스스로에게도 깊은 인상을 남겼다. 에릭의 블로그 모토는 '휴스턴을 위한 자유로운 일기예보'였다. 그는 날씨에 대해 한 가지 옳은 방법과 틀린 두 가지 방법이 있다는 것을 배웠다.

최악의 태풍 하비가 강타하기 전 금요일, 그는 모델들을 다시 살펴보다 자신의 게시물 아래에 쌓여 있는 코멘트를 보았다. 그는 이웃들의 이름도 보았고, 사람들이 여전히 계획을 세우고 있다는 것도 보았다. 폭풍의 가장 앞부분이 상륙했고, 빗방울이 그의 창문을 두드리기 시작했다. 에릭은 비가 내리는 걸 지켜본 다음 키보드에 올려진 자신의 손을 보았다.

"아주 심각한 홍수 피해가 발생할 것입니다." 그가 썼다.

그는 강조하려고 이 문장을 두 번 더 썼다.

"아주 심각한 홍수 피해가 발생할 것입니다."

"아주 심각한 홍수 피해가 발생할 것입니다."

에릭은 시계를 쳐다보았다. 새벽 3시 15분이었다. 그는 다쿠스에 사는 뎁 월터스가 생각났고, 그녀가 파티를 취소하기를 바랐다.

예측 불가능한 순간, 인간의 가치는 더욱 빛난다

에릭 버거와 댄 레일리, 국립기상청 혹은 국립허리케인센터가 허리케인 하비를 막거나 강수량을 줄이기 위해 할 수 있는 일은 아무것도 없었다. 어떤 면에서 날씨는 우리의 손이 닿지 않는 곳에 있다는 제임스 스펜이 옳았다. 만약 그렇다면 날씨는 더 이상 우리가 완전히 이해할 수 있는 것이 아니다. 그렇다고 날씨가 우리의 상상력이나 공감 밖에 있는 것도 아니다. 끔찍한 날들이 이어지는 동안 기상학자들은 휴스턴의 수많은 생명을 구했다. 날씨가 믿음의 경계를 넘어섰을 때 독자와 청취자들은 기상학자들을 믿었기 때문이다. 그들은 손이 아닌 믿음으로 연결된 구조 사슬을 형성했다.

그 한가운데에는 에릭 버거가 있었다. 그는 인간이었기에 그가 보내는 경고는 어딘가 다르게 들렸다. 에릭은 독자들에게 태풍이 오기 전에 차고를 비우고, 조명기구와 전자레인지, 새집으로 갈 욕조 등 소중한 소지품들을 아파트로 옮기고 있다고 말했다. 그는 아내 아만다와 딸들이 아파트를 떠나 바람에 덜 노출되고 말뚝 박기 공사로 지어진 튼튼한 누나네 집으로 가고 있다는 것도 공유했다. 에릭은 점점 커져가는 상자로 쌓은 벽 뒤에서 독자와 함께 있기로 마음먹었다. 그는 비가 액체가 아닌 고체로 보일 정도로 강하게 내리는 모습을 지켜봤고, 이웃들이 가족들의 안내를 따라 더 높은 지대로 갈 수 있도록 해야 할 것 같은 거의 영적인 느낌을 받았다. 토요일 밤, 허리케인 하비는 움직임을 멈췄고 뒤따르던 비구름 역시 교통체증에 빠진 듯 정체하자 휴스턴 일부 지역에서는 한 시간 만에 127밀리미터의 폭우가 쏟아졌다. 그는 자신과 같은 사람만이 사용할 수 있는 언어를 사용하기 시작했다. "이 현상은 기상학자들이 '증오가 끓어오르는 관계'라고 부르는 것을 만들어냈다."

일요일이 되도록, 지침이 필요했던 휴스턴 감리교 병원과 베일러 의과대학의 리더들을 포함해 100만 명의 사람들은《스페이스 시티 웨더Space City Weather》를 읽고 있었다. 그만큼 도시는 인간의 목소리가 절실했다. 에릭은 "비가 언제 끝날지 알려줄 수 있으면 좋겠지만 그건 불가능합니다"라고 썼다. "그렇지만 여기서 우리가 확신할 수 있는 게 하나 있습니다. 비는 그칠 것입니다. 그리고 그 후에는 태양이 떠오를 것입니다."

그가 "이제 다 끝났습니다"라고 쓸 수 있었던 건 화요일이었다. 거의 70명이 사망했고, 그들 중 많은 사람이 차에서 익사했으며, 750억 달러의 재산 손실이 발생했다. 에릭의 걱정이 옳았으며, 독자들이 에릭을 신뢰하는 것 또한 옳았다. 하지만 그를 일종의 기상학적 신탁이자 인간 바로미터로 생각했다면 실수였다. 그는 그런 존재가 아니다. 자주 그래왔듯이 기계와 컴퓨터 모델의 예측이 더 정확하다는 것을 증명할 수도 있었다. 물론 기계와 컴퓨터 모델은 훌륭한 도구다. 하지만 에릭은 날씨를 예측한 후에 어떤 기계나 모델도 할 수 없는 일을 했다. 그는 사람들이 인생 최악의 폭풍우 속에서 외로움을 덜 느끼게 해주었다. 그는 자신이 느끼는 두려움과 상실감을 공유했다. 그는 피티제임스에게 편지를 써 술집에 가지 말라고 했고, 뎁 월터스가 실제로 파티를 취소했다는 사실을 알고 안도했다.

테리 니스가 〈더 프라이스 이즈 라이트〉에서 기회를 엿본 것처럼 우리는 때로 단순하고 일정한 시스템을 깨부수려 한다. 하지만 특히나 요즘 같은 시기에는 그러한 시스템도 날씨나 야구 시즌, 우주에서의 낯선 생활이나 팬데믹 기간처럼 복합적이고 변동성이 커지기 쉽다. 그리고 바로 그때가 우리의 면밀하고 경험 많은 눈과 변화하고 적응하는 재주가 가장 빛날 수 있는 순간이다. 우리가 내면에 있는 우주인의 마음을 찾을 때, 의지할 선례가 없을 때, 미래가 과거와 완전히 다르게 펼쳐질 때 상황은 다시 유리하게 돌아간다. 이 기회가 왔을 때 우리의 능력을 가장 크게 발휘해야 한다. 혼란은 영웅을 필요로 한다. 그리고 때로는 수줍고 조심스러운 에릭 버거를 찾아낸 것처럼 영웅을 발견하기도 한다.

4장

정치

POLITICS

거짓말, 뭐 같은 거짓말, 그리고 통계

Lies, Damned Lies, and Statistics

통계는 절대 거짓말을 하지 않는다는 듯 숫자는 보통 반론의 여지가 없는 것으로 묘사된다. 그러나 데이터에 안주하게 되면 잘못되거나 심지어 위험한 결론에 도달할 수 있다. 동족인 인간에 관한 결론도 마찬가지다. 알고리즘은 서로에 대한 이해를 높이기 위한 도구로 사용되었으나 사실상 우리의 눈을 멀게 하고 우리를 갈라놓았다. 과거의 더 엄격한 방법이 적용되기 전까지 진정한 의미의 명확성은 확보되지 않을 것이다. 선善을 위한 지름길이 없다면 친숙한 아날로그 방식으로 돌아가야 한다.

생각만으로는 현실을 바꿀 수 없다

코너 맥그리거Conor McGregor는 내가 만난 가장 위대한 정치인이다. 2015년 초 뉴욕에서 나는 이 아일랜드 출신의 종합격투기 선수와 많은 시간을 함께 보냈는데, 그가 독일의 데니스 시버Dennis Siver의 얼굴을 사정없이 갈겨 유리잔으로 얻어맞은 것처럼 보내버린 지 얼마 되지 않은 시점이었다.[1] 나는 맥그리거의 싸움 방식이 마음에 들었다. 그는 단안경으로 경기를 보던 시대의 권투 선수들처럼 똑바로 서서 맵시 있게 주먹을 날렸다. 하지만 그에게는 사람을 끌어당기는 무언가가 있었다. 바로 위협적인 카리스마와 거친 매력이었다. 나는 피티 제임스란 남자가 겸업 기상학자 에릭 버거에게 허리케인을 뚫고 코너의 경기를 보러 가야 할지 말아야 할지 물어보기 훨씬 전, 그가 무명 선수에서(그는 고향인 더블린에서 배관공으로 일했었다) 세계적 유명인사가 되어가는 과도기에 만났다.[2] 다음은 브라질 챔피언 조제 알도José Aldo와의 대결로 그가 원하는 대로 될 예정이었다. 그의 가슴에는 고릴라가 사람의 심장을 먹는 타투가 있었지만, 배에는 아직 호랑이 얼굴이 새겨지기 전이었다. 너무나 추웠던 어느 날, 스물여섯 살의 그는 초고속 열차를 타고 뉴욕에서 라스베이거스로 이동 중이었다.

코너 맥그리거 같은 사람과 어울리는 건 쉽지 않다. 정신적으로 힘들다. 불안불안한 시간을 함께 보내는 동안 그는 인도가 아닌 맨해튼 도로 한복판을 걸어 다녔는데, 미국의 도로 체계에 동의하지 않는다는 게 그 이유였다. 그리고 폭풍우가 해안선을 집어삼키듯 음식을 먹었다. 그는 패션을 누군가를 혼내주기 위한 수단으로 바라봤다. 우리는 미트패킹 디스트릭트Meatpacking District(뉴욕의 상업지구로 고급 디자이너 의류 매장이 들어서 있다 - 옮긴이)에 있는 크리스찬 루부탱 매장에 들어갔었는데, 거기서 맥그리거는 삐죽삐죽한 플라스틱 장식으로 뒤덮인 반짝거리는 흰색의 우스꽝스러운 운동화를 신어보았다. 그 운동화는 무려 1,700달러였다. 코너는 운동화를 신고 거울에 비친 자신을 바라보았다. 아내 디 데블린(그때는 여자친구였다)도 함께 있었다. "맘에 들면 사." 그녀가 말했다. 코너가 다시 운동화를 바라봤다. "누가 뭐라 하면, 확 그냥!"이라고 말하자 그 우스꽝스러운 운동화가 갑자기 허공을 갈랐다. 코너가 매장 한 가운데서 라운드하우스 킥을 날린 것이었다. '코너, 네가 한 짓은 이곳에서 사람들이 일반적으로 하는 행동이 아니야.' 나는 속으로 생각했다. 판매원의 표정은 조금 달랐는데, '제발 내 얼굴을 걷어차지 말아줘'라고 말하고 있었다.

○○○○●○○○

내가 코너가 훌륭한 정치인이라고 말하는 건 정치 활동을 그렇게 잘하는 사람을 본 적이 없다는 뜻이다. 그는 수많은 대의명분을 옹호하는 동시에 또 수많은 대의명분에 반대했으며, 사람들이 즉시 그러한 대의명분에 굴복하거나 불복하게 만들 힘을 지니고 있었다. 그것이 평생 신성시하며 지켜온 교리에 반하는 것이라 해도 말이다. 코너는 놀라울 정도로 나와 너무 다른 사람이었다. 나는 규칙을 따른다. 코너는 그 운동화를 산 뒤 바로 신고 나가 흙탕물을 튀겼다. 그가 뭐하러 1,700달러짜리 운동화의 상태를 걱정하겠는가? 하지만 나는 비싼 물건의 상태가 신경 쓰인다! 그런데 모든 일에 의문을 제기하는 사람과 함께 있다면 여러분도 자신의 모든 것을 포함한 모든 일에 의문을 품기 시작할 것이다. 나중에 데이나 화이트**Dana White** UFC 회장은 내게 이렇게 말했다. "코너는 사람들이 자신이 믿는 모든 것을 믿게 만듭니다." 코너는 내가 본인과 함께 있으면 불안해한다는 것을 감지했다. "누구든 자기 자신에 대한 진실을 들으면 무너질 겁니다." 화이트 회장은 단호히 말했다. 디는 더 직접적으로 내 귀에 대고 말했다. "그이는 당신이 지금보다 더 나은 사람이 되길 바라요."

어느 시점에 우리는 시간에 관해 이야기하기 시작했다. 나는 시간 약속을 철저히 지킨다. 지금까지 살면서 한 번도 어떤 일에 늦은 적이 없는데도 나는 지각할까 걱정하느라 많은 시간을 허비한다. 코너는 시간에 복종하지 않는다. 피곤하면 자고 배고프면 먹는다. 시, 분, 초는 인간이 만들어낸 개념이다. 왜 인위적인 체계가 강제하는 한계치를 수용해야 하는가? 인위적 체계가 만들어낸 끈질긴 명령에 따를 필요를 느껴야 하는가? 그게 인생을 사는 방법인가? 나는 적절한 답을 하지 못했다. 생각나는 말은 '왜냐면' 뿐이었다.

코너는 내가 관례를 따르는 것에 거듭 이의를 제기했다. 그는 때로 그 개념이 부당하고 우리를 구속하고 지배한다고 생각했다. "의식은 공포의 다른 말로, 각기 다른 방식으로 나타납니다." 그가 말했다. 가끔은 그런 생각 자체가 그에게 강력하고 긍정적인 요소로 작용했다. 코너는 배관공보다 더 나은 존재가 될 수 있다고 믿었다. 그는 자신이 데니스 시버를 때려눕힐 것이라 믿었다. 그리고 머지않아 조제 알도 역시 무찌를 것이라 믿었다(실제로 그는 13초 만에 주먹 한 방으로 그렇게 했다). 우리가 믿음을 주인으로 보느냐 도구로 보느냐에 따라 믿음은 우리를 제한할 수도, 무한한 존재로 만들 수도 있다. 코너는 내게 점심 메뉴를 주문하듯 자신은 죽음을 믿지 않기에 죽지 않을 것 같다고 거리낌 없이 말했다. "죽는다 해도 사람들은 영혼을 이야기하니까, 우리는 여전히 모든 것을 볼 수 있습니다."

그때 난 아주 멍청한 짓을 했다. 무슨 생각을 하고 있었는지 지금 정확하게 설명할 수 없지만, 나는 간절히 원한다면 거꾸로 매달려 천장을 걸을 수도 있다는 코너의 생각에 사로잡혔다. 코너는 조르기와 암바 같은 서브미션 기술에 관해서도 이야기했는데, 그의 이야기를 듣다 보니 내가 리어 네이키드 초크 기술(종합 격투기에서 상대편이 숨을 쉬지 못하게 하는 기술 – 옮긴이)을 견딜 수 있을지도 모른다고 생각하게 되었다. 내가 빠져나올 수 있어서 그런 게 아니라 잘 시간이 지나 밤을 새우기로 작정한 어린 애처럼 그냥 잠을 자지 않기로 한 것이다. 나는 머릿속 생각을 큰 목소리로 이야기했다. 코너는 내 말에 고개를 끄덕인 후("좋아, 그럼…") 속옷을 제외하고 옷을 다 벗었다. 당연했다. 그리고 내 등에 올라타 왼 발꿈치를 내 엉덩이 끝에 대고 오른 발꿈치를 내 사타구니 안쪽으로 파고들었다. 그의 가슴팍에 새겨진 고릴라가 내 견갑골 사이로 얼굴을 파묻었다. 그런 다음 코너는 오른팔을 내 목 앞으로 미끄러트린 후 척추 꼭대기에서 왼팔을 교차시켰다. 그의 양팔은 거대한 가윗날 같았다. 그의 얼굴을 볼 순 없었지만, 입은 웃고 있었고 눈은 미쳐 있었다. 그렇게 코너는 나를 짜부라트렸다.

코너의 말이 맞았다. 우리는 권위에 의문을 제기해야 한다. 우리는 사회적 기대에 저항해야 한다. 하지만 생각에는 한계가 있다. 현실, 즉 중력의 법칙과 다른 모든 것을 아우르는 근본적인 진실은 우리가 아무리 무시하고 싶어도 간과할 수 없다. 자동차는 보행자와의 싸움에서 항상 이길 것이다. 시계는 계속 똑딱거릴 것이다. 그리고 숙련된 종합격투기 선수가 경동맥에 압력을 가해 심장과 뇌 사이의 혈류를 차단하면 꼼짝 못 하고 기절할 거라는 게 현실이다.

통계를 입맛에 맞게 이용하는 사람들

숫자가 절대 거짓말을 하지 않는다는 생각은 터무니없다. 일상에서 숫자는 우리를 속이는 데 사용된다(특히 데이터로 가공되기 전의 숫자가 문제다. 하지만 백분율과 확률 또한 현실을 왜곡하는 데 쓰일 수 있다). 더 끔찍한 건 통계적 거짓말이 숫자를 활용해 복음처럼 받아들여질 가능성이 더 크고, 평범하고 일상적인 거짓말보다 은밀하게 퍼질 확률도 더 높다. 많은 반대 증거에도 불구하고 인간은 감성을 자극하는 헛소리의 낌

새를 알아차리는 데 꽤 능숙하다. 그런데 누가 수학을 대상으로 논쟁할 수 있겠는가? 숫자는 이분법적이다. 숫자는 사실 그 자체다. 숫자는 '거짓말'을 하지 않는다.

이런 자기계발서의 수호성인이라 할 수 있는 말콤 글래드웰Malcolm Gladwell은 《타인의 해석Talking to Strangers》이라는 책에서 숫자의 함정에 빠졌다. 아마 그의 전작들이 입증되지 않은 증거에 의존한다는 비판을 받았기 때문일 것이다(어떤 주장이라도 충분히 까다로운 검증을 거치면 증명될 수 있다).**3** 글래드웰은 책의 한 부분에서 시인 실비아 플라스Sylvia Plath에 관해 신뢰할 수 있는 것처럼 보이는 통계자료를 인용했다. "시인들은 요절한다. 그리고 모든 직업군에서 (시인들이) 훨씬 더 높은 자살률을 보이는데, 일반인보다 5배나 높다."

'5배나 높다.' 꽤 정확한 계산이다. 적어도 겉보기에는 맞는 말 같다. 그 숫자는 사실처럼 느껴진다. 시인들은 괴짜에 자기 성찰적이다. 그들은 검은색 옷을 입으며 채식주의자일 것이다. 물론 그들은 우리보다 자살을 더 많이 시도한다.

그런데 앤드루 퍼거슨Andrew Ferguson이라는 열혈 독자가 이 주장에 불만을 품었다. 글래드웰에겐 불행한 일이었지만, 퍼거슨은 《애틀랜틱Atlantic》에 소개될 그의 책을 검토 중이었다.**4** 퍼거슨이 먼저 관심을 가진 건 바로 시인-자살 방정식의 '직업 카테고리' 부분이었다. 글래드웰은 직업으로서의 시인을 언급한 것인가? 시를 쓰는 모든 사람을 일컫는가? 현실적으로 몇 명의 시인이 자신의 직업을 '시인'이라고 적을 수 있을까? 확실히 시인들은 (성공한 시인조차) 대개 권태감을 떨쳐버리거나 생활비를 벌기 위해 겸업을 하는데 이 다른 직업에서 문제를 겪고 있을 수도 있다.

퍼거슨은 노동통계국 자료, 표준직업분류체계의 큐레이터, 표준직업분류체계에서 말하는 생계 수단 867개를 점검했다. 그는 여기서 '시인'을 찾지 못했다. 그가 발견한 가장 유사한 범주는 '작가와 저자'로, 시인과 그들의 성향에 관한 어떤 특정 진실을 캐내는 데 아무런 도움이 되지 않을 만큼 광범위했다(퍼거슨은 '헐렁하다'는 표현을 썼다).

그러나 글래드웰은 그가 제시한 소위 '수학적 사실'의 인용처를 표시해두었다. 위첨자는 이상하게 권위적이다. 여러분은 각주를 귀찮게 여길 수 있지만, 무의식적으로는 각주를 존중한다. 퍼거슨은 자신이 놓친 통계적 방법이 있는지 궁금했다. 그는 충실하게 인용의 흔적을 따랐다. 글래드웰은 이름도 불길한《죽음 연구Death Studies》라는 저널의 1998년 판에서 해당 통계자료를 수집했는데, 마크 런코Mark Runco라는 대학 교수의 〈자살과 창의성Suicide and Creativity〉이라는 제목의 논문에 실린 것이었다. 그런데 런코 교수 또한 임상심리학자 케이 레드필드 제이미슨Kay Redfield Jamison을 인용했다. 그녀의《불을 만진 사람들Touched with Fire》이라는 책에 바로 '5배'라는 수치가 등장한다.

아주 집요한 퍼거슨은 궁금해졌다. 제이미슨은 애초에 그 숫자를 어떻게 생각해냈을까? 그가 찾은 자료에 따르면 제이미슨은 숫자를 지어내지 않았으며(물론 지어냈을 수도 있다), 많은 이들이 그녀의 말을 믿었을 것이다. 그녀는 '1705년에서 1805년 사이에 태어난 영국 및 아일랜드의 모든 주요 시인'의 삶을 연구했다. 꽤 구체적인 시간과 장소를 제시하고 있으나 현대의 자살률 수치와는 관련이 없다. 그런 건 신경 쓰지 말자. 제이미슨은 어떤 시인이 '주요한지' 아닌지를 어떻게 결정했을까? 그녀는 해당 시인이 얼마나 자주 언급되는지를 보기 위해 오래된 시문집을 참고했다. 그녀는 앞서 언급한 100년간 36명의 주요 시인이 태어났다고 봤으며, 그들을 아주 특이한 사람들로 만들어버렸다. 보아하니 주요 시인은 평균적으로 2년 9개월마다 태어난다.

1705년에서 1805년 사이 브리티시 제도에서 태어난 주요 시인 2명이 자살했다. 퍼거슨이 자신의 논평에서 지적한 바에 따르면, 그중 한 명은 의사였기에 아마 의사와 관련된 일로 자살했을 것이며, 다른 한 명은 겨우 17살이었고, 그래서 사춘기 10대들이 흔히 겪는 불안의 희생자였을 것이다. 하지만 제이미슨은 표본 인구 중 2명은 자살로 사망했다는 결론을 내렸다. 36명 중 2명은 전체의 5퍼센트를 조금 넘는다. 주요하지 않은 시인은 약 1퍼센트가 자살로 사망한다. 따라서 아아, 불운한 삶을 살았으나 논란의 여지없이 주요 시인이라 할 수 있는 실비아 플라스를 포함한 주요 시인들은 자살할 확률이 5배가 넘는 것이다. 이런 식으로 케이 레드필드 제이미슨이 말했고, 그다음엔 마크 런코 교수가, 그다음에는 말콤 글래드웰이 말했다.

아직 발끈하긴 이르다, 라고 앤드루 퍼거슨이 말했다. 그는 다음과 같이 썼다. "이것은 묽은 스프와 같다. 하지만 많은 사회과학계 인사들처럼 글래드웰에게 있어 직관은 — 어떤 유용한 정량화 작업을 거쳤다 해도 그것을 곧이곧대로 받아들이는 게 타당하지 않을 때조차 — 정량화되었을 때만 현실적인 의미를 지닌다." 비평가들에게 대응하고자 한 글래드웰의 욕망으로 인해 오히려 그는 이전과 다른, 더 현대적인 믿음의 오류에 빠지기 쉬워졌다. 바로 측정할 수 없는 것을 측정할 수 있다는 믿음이다. 퍼거슨은 자신의 논평을 입소문 나게 해준 에너지

○○○○●○○○

를 담아 이 같은 "엉성한 통계 조작"과 "사이비 과학"을 맹렬하게 비난했다. 어떤 주장을 뒷받침하는 증거의 종류로 인해 그 주장이 타당하지 않을 수 있다. 어떤 사례가 실증적인지 관측적인지는 중요하지 않다. 중요한 건 증거의 질이다. 너무 작은 표본 크기부터 선택 편향에 이르기까지 '5배'라는 통계는 정량화로 인한 각종 오류로 가득 차 있었다. 아무런 가치가 없는 숫자에 불과한 셈이다.

포덤대학 법학 교수이자 자칭 형사행정학 전문가 존 파프John Pfaff는 마치 모든 논픽션 작가들의 침대 밑에 귀신이 산다고 폭로한 것과도 같은 퍼거슨의 철두철미한 반박에 힘을 보탰다. 그는 다음과 같이 경고했다. "2차 자료는 대개 아주 부정확한 계산을 합리화합니다."[5] 우리는 원자료를 찾아봐야 한다. 퍼거슨은 원자료를 찾아내 통계에 근거한 헛소리의 원천을 발견했다.

숫자가 명확한 근거가 되기보다 거짓말에 이용되는 예는 셀 수 없이 많다. 정치인들과 정부 관료들이 통계자료를 바탕으로 신화를 만들어내는 일에 능통하다는 건 놀랍지도 않다. 범죄 영역에서 정량화할 수 없는 것을 애써 정량화하려다 결국 실패한 시도는 오히려 사소하다. 하지만 정치적 거짓말, 특히 이 거짓말이 우리가 통치되는 방식을 근본적으로 변화시킬 때, 현실에 비참한 결과를 가져올 수 있다.[6]

일례로 도널드 트럼프 행정부 시절, 미국 소비자금융보호국은 문제가 되는 소액 단기대출 산업을 제한하려고 오바마 정부에서 고안한 규제를 철회하고자 '통계적 속임수'를 사용했다고 전 직원에게 고발당했다. 근근이 먹고사는 것조차 힘든 사람들을 대상으로 하는 단기 고금리 대출 사업은 수익성뿐 아니라 가난한 노동자들에 기생하는 비율도 높다(사실상 20개 주에서 소액 단기대출을 불법으로 간주하는데도 나머지 주에 있는 대부업체 수가 맥도날드 점포 수보다 많으며, 소액 단기대출 상품의 절반은 독소와도 같아 원래 대출 금액보다 더 큰 이자액이 누적된다). 오바마 정부는 사람들이 갚을 수 없는 채무의 늪에 빠져들지 않기를 바라며 대출 금액과 횟수를 제한하는 규제를 제정했다. 이별 선물로 우편물 상자에 14쪽 분량의 통렬한 메모를 남긴 전 소비자금융보호국 직원에 따르면, 트럼프의 새로운 임명자들은 해당 규제를 박멸하려 작정했으며 규제를 철회하도록 하기 위해 이른바 데이터에 기반한 사례를 만들기 시작했다.[7] 이처럼 그들은 소비자금융보호국의 역할과 연구에 대해 '근본적으로 잘못된 인식'을 드러냈으며, '부정확하고 부적절한' 데이터를 사용해 5년간 수행한 연구를 뒤집는 반론을 구축하도록 직원들을 압박했다.[8]

미국 관세국경보호청 역시 멕시코와의 국경에 있는 장벽을 정당화하기 위해 특정 통계자료를 슬쩍 끼워 넣은 것으로 드러났다. 해당 기관에 따르면, 소속 공무원을 향한 공격이 2016년에 이어 2017년에도 증가했으며, 이는 불법체류자들과 평화적으로 소통하려는 흐름을 반전시켰다. 체포되는 사람 수가 현저하게 줄었는데도 전년 대비 73퍼센트가 증가한 786건의 폭행이 있던 것으로 나타났다. 2017년의 이 숫자는 충격적이었다. 폭력 사태가 많이 발생하는 국경 지대는 더 강력한 경비대를 요구하게 되었다. 실제로 그렇지 않았는가? 대부분의 합리적인 측정 방법에 따르면 해당 숫자들이 정확하지 않다는 점만 제외하면 말이다. 어떤 사례에서는 단일 사건에서 126건의 폭행이 발생했다. 어떻게 이런 일이 있을 수 있을까? 이 사건에는 장교 7명과 억류자 6명이 연루되었으며 3가지 다른 무기를 사용했기에 가능했다. 바로 돌과 병, 나뭇가지였다. 7 곱하기 6 곱하기 3은 126이다.[9]

물론 이런 돌팔이 통계 조작이 트럼프 추종자들만의 짓은 아니다. 캐나다에서 비교적 온건한 브리티시컬럼비아 정부는 주에 속한 숲의 23퍼센트가 '원시림', 즉 수세기 동안 사람의 손길이 닿지 않은 숲이라고 주장했다('진짜' 원시림이 형성되기까지는 250년 정도 걸린다). 이는 1,300만 헥타르에 달하는 면적으로, 벌목 사업으로 상당한 수익을 창출하고 있는 지역 입장에선 현재의 숲과 허허벌판이 된 숲의 괴리를 좁혀주는 중요한 완충지처럼 보인다. 하지만 과거에 정부에서 일했던 생태학자 3명이 이에 대해 깊게 파고들어, 남아 있는 원시림의 면적이 놀랄 정도로 적다는 사실을 밝혀냈다. 이 과학자들은 브리티시컬럼비아주 안에서 생산성이 있는 원시림의 면적은 3만 5,000헥타르에 불과하다고 주장했다. 나머지 수백만 헥타르의 숲은 생산성이 낮으며 사람의 손길이 닿지 않은 상태인데, 아마 높은 산에 있는 데다 작은 나무들로 이루어져 있기 때문일 것이다. 이 연구의 저자 중 한 명인 레이첼 홀트Rachel Holt는 심지어 이 3만 5,000헥타르의 숲에서 2.7퍼센트만이 성숙목이라고 주장했다. "우리는 일부 중에서도 극히 일부를 이야기하고 있습니다. 사실상 성숙목을 모조리 베어낸 셈이죠."[10]

이런 식의 '나쁜 통계'는 좋은 분석의 반대 개념이 아니다. 모두 인간적인 실패의 전형이다. 하지만 우리의 존재를 성급하게 정량화하려는 탓에, 많은 이들이 정부의 발표를 포함하여 추정에 근거한 통계를 쉽게 받아들인다. 어쩌면 우리는 수학을 잘 이해하지 못한다는 사실을 인정하기가 너무 두려운 것인지도 모른다. 혹은 러다이트처럼 보이고 싶지 않은 것일 수도 있다. 아니면 분석 정보가 자기 홍보나 때때로 약자 괴롭히기에 너무 효과적이었는지도 모른다. 하지만 헛소리는 여전히 헛소리다. 그리고 숫자가 이야기처럼 헛소리를 퍼트리는 데 사용되기도 하는데, 주요 시인들의 자살 성향보다 훨씬 더 심각한 주제에 관해서도 마찬가지다. 게다가 우리 모두 자살할 확률이 높은 사람들은 치과의사들이라는 걸 알고 있다. 5명 중 4명 정도로.

페르미 추정, 숫자로 표현된 헛소리를 탐지하는 방법

페르미 추정Fermi estimation은 거짓말이 숫자로 표현될 때 헛소리를 탐지할 수 있는 임시방편이 된다. 이것은 별나면서도 경험적인 사고방식이며, 특히 안목을 시험할 때 적합할 뿐 아니라 알기 어려운 수치를 합리적으로 추측하는 방법이기도 하다. 오늘날 구글과 같은 회사들은 채용 과정에서 '페르미 문제'를 포함하며, 어떤 교수들은 이를 시험문제로 출제하길 좋아한다. 괜찮은 대답은 그 사람이 논리적으로 사고할 수 있다는 증거가 되며, 그 사람이 추측하면 맞을 확률이 높고, 우리의 목적에 맞게 더 가치 있는 장점으로는 다른 이를 속이기가 한층 어려워진다. 페르미 추정을 통해 우리 뇌는 다소 유연해질 수 있다.

고전적인 페르미 문제는 다음과 같다. "뉴욕에 피아노 조율사가 몇명 있나요?" 누구도 이런 불가사의한 사실을 알지 못한다. 그러나 이에 대한 대답은 언뜻 쉽게 알 수 있는 대답이면서 많은 사람이 크게 잘못 생각하는 대답이기도 하다.

솔직하게 말해보자. 처음 위 질문을 봤을 때 머릿속에 어떤 답이 떠올랐나? 페르미 추정과 그것의 작동 방식에 대해 잘 알지 못한다면 여러분의 대답은 아마 수천 명 정도였을 것이다(교수인 부모님 두 분에게 도 같은 질문을 드렸다. 아버지의 추측은 5,000명, 엄마의 추측은 500명이었다). 만약 내가 (혹은 아버지처럼 권위가 있는 사람이) 뉴욕에는 피아노 조율사 5,000명이 일하고 있다고 말한다면 여러분은 내 말을 믿을 것이다. 믿지 않을 이유가 없다. 진짜로 어느 정도인지 감이 없기 때문이다.

하지만 페르미의 방법을 사용하면 일련의 추정 과정을 통해 그럴듯한 답을 얻을 수 있다. 뉴욕에 피아노 조율사가 몇 명 있는지 알아내려면 어디서부터 시작해야 할까?(혹시나 구글 면접을 준비하려는 사람이 있다면, 참고로 구글은 질문에 뉴욕 대신 페르미의 제2의 고향인 시카고를 넣을 것이다) 뉴욕의 인구부터 살펴본다고? 800만 명 정도 되는? 그럼, 뉴욕시의 개별 가구 수는 얼마나 되는가? 가정을 이룬 사람들, 독신인 사람들, 그 둘 사이 어딘가에 있는 사람들을 포함해 800만 명이니까 대략 3으로 나눈다, 이런 식으로? 그렇게 하면 가구 수는 대략 260만으로 추산된다. 그중 피아노를 가진 가구는 얼마나 될까? 우리의 추정은 점점 어려워지고, 확증편향과 다른 주관성이 섞여 들어가기 시작한다. 내 지인 중 피아노를 소유한 사람은 거의 없으며, 뉴욕의 집에 관해 듣는 말이라곤 하나같이 좁다는 이야기밖에 없다. 그런데 20가구 중 한 가구는 피아노를 가지고 있다고 한다. 이를 통해 우리는 현재 뉴욕에 피아노가 13만 대 있다고 아주 개략적으로 추정할 수 있다.

피아노는 얼마나 자주 조율해줘야 하는가? 나는 전혀 모르겠다. 내 생각에 어떤 이는 강박적으로 피아노를 조율할 것이고, 어떤 이는 할

머니가 돌아가신 후 피아노 소리를 들어본 적이 없을 것이다. 평균적으로 2년에 한 번씩 피아노가 조율된다고 가정해보자(피아노를 연주하지도 조율하지도 않는 내가 보기엔 합리적인 것 같다). 이는 뉴욕에서 매년 피아노 6만 5,000대가 조율된다는 뜻이다.

이제 수요를 파악했으니 공급을 따져볼 차례다. 매년 6만 5,000대의 피아노를 조율하려면 피아노 조율사가 몇 명이나 필요할까? 피아노 한 대를 조율하는 데 시간이 얼마나 걸리는가? 한 시간? 두 시간? 어느 정도 근면한 피아노 조율사라면 교통체증과 제대로 된 점심 식사를 위한 휴식 시간까지 고려해 하루에 피아노 4대를 처리할 수 있다고 상정해보자(전문 피아노 조율사들은 의욕적이기보단 세심하다는 인상을 준다). 그리고 피아노 조율사들이 다른 사람들과 비슷하게 일한다고 가정해보자. 주 5일 근무에 2주간은 휴가를 떠날 것이다. 하루에 피아노 4대면 일주일에 피아노 20대, 일 년에 피아노 1,000대가 된다. 자, 매년 뉴욕에서 피아노 6만 5,000대가 조율된다는 처음 가정으로 돌아가 이 숫자를 우리가 추정한 연간 작업량인 피아노 1,000대로 나눠보자. 결국 65명 정도의 피아노 조율사가 있으면 뉴욕의 모든 피아노를 완벽하게 조율할 수 있다고 추측할 수 있다.

이것을 사실이라 할 수 있을까? 독자 여러분께 말하지만, 그렇지 않다(구글의 시카고 버전 질문에 대한 정답은 60명 정도. 이는 내가 뉴욕 버전의 답을 너무 낮게 잡았다는 뜻이다. 도시 규모가 3배라는 건 필요한 피아노 조율사도 3배인 약 180명임을 시사한다). 하지만 확신하건대 어떤 이유에서든 누군가 뉴욕에서 일하는 피아노 조율사가 5,000명이라고 한다면, 그 사람이 잘못 알고 있거나 거짓말을 하고 있음을 추측할 수 있다.

○○○○●○○○○

162

페르미 추정의 목적은 숫자의 활용을 찬성하거나 반대하는 게 아니다. 숫자의 오용을 막는 것이 목적이다. 페르미 추정으로 얻은 숫자를 이용해 즉시 거짓 진술을 반박할 수 있다. 깊이 있는 사색가이자 작가(그리고 내 친구이기도 한, 왜냐하면 아무래도 작가들은 서로에 대해 다 알고 있기 때문이다) 데이비드 엡스타인 David Epstein 은 훌륭한 뉴스레터를 발행하고 있다.[11] 2020년 8월 11일, 그는 주요 대도시에서 일하는 피아노 조율사의 숫자를 계산하는 과정을 포함해 페르미 추정과 그 쓰임새에 관해 썼다. 그는 같은 해 8월 4일 레바논의 수도 베이루트에서 충격적인 폭발 사고가 일어난 후, 언제나 그렇듯 폭발 사고가 미사일 혹은 베이루트 항에 있는 헤즈볼라의 무기 은닉처 때문에 일어났다는 음모론과 괴상한 주장으로 트위터 피드가 뒤덮이는 것을 보았다. 그 다음에 예상치 못한 일이 벌어졌는데, @quantian1이라는 이름의 유저가 일련의 페르미 추정을 거쳐 반박 주장을 펼친 트윗을 본 것이다.

서로 전혀 다른 물질에서 기인한 폭발에서는 충격파가 팽창하는 속도, 즉 '폭발 속도'가 굉장히 다양하게 나타난다. @quantian1은 폭발 영상을 본 후 해당 영상이 일반적인 초당 30프레임 속도의 스마트폰으로 찍힌 것이라 가정하고 구글 지도를 사용해 폭발 진원지에서 인근 곡물 창고 단지까지의 거리를 추정한 다음 초속 3,000미터라는 폭발 속도를 계산했다. 결론적으로 이 사람은 "(폭발 속도가) 화약이 아닌 질산암모늄과 일치한다"고 썼다(실제 질산암모늄의 폭발 속도는 초속 약 2,700미터). 실제로 폭발의 원인이 창고에 쌓여 있던 대량의 질산암모늄으로 밝혀졌다. 이 경우처럼 하드 데이터를 활용한 페르미 추정은 매우 정확했을 뿐 아니라 일촉즉발의 상황에서 보복 공격이나 일부 정치적으로 공격하기 쉬운 대상에게 책임을 전가하는 행태도 막을 수 있었다. 화약이 아닌 비료였다는 것이 가장 중요한 특징인데, 폭발로 생긴 분화구에 발을 들여놓지 않고도 알 수가 있었다.

차별을 강화하는 알고리즘의 폐해

네바다주 인디언 스프링스는 전쟁터가 될 가능성이 거의 없어 보인다. 이곳은 라스베이거스에서 북서쪽으로 45분 정도 떨어진 사막에 있는 마을로, 주민 1,000명 정도가 거주하고 있다. 이들이 수성에 정착했다고 부르는 게 적절할 정도로 이곳의 여름은 비상식적으로 덥다. 마을에는 작은 공공도서관이 하나 있는데, 동시에 제15정찰비행대대와 제3특수작전비행대대가 소속된 크리치 공군기지도 있다. 즉 이 마을은 에어컨이 설치된 벙커라는 상대적으로 편안한 곳에서 치명적인 전쟁 무기인 군용 드론을 조종하는 젊은 남녀들의 거주지인 셈이다. 그들은 조종간을 사용해 지구 반 바퀴 거리 정도 떨어져 있는 목표물에 헬파이어 미사일을 투하할 수 있다. 그들은 자신들의 행동이 초래하는 결과에 아무런 영향을 받지 않지만, 이런 임무를 수행함으로써 심각한 피해를 입을 수 있다. 기술은 명분이 무엇이건 간에 인간이 다른 인간을 더 쉽게 죽이고 그 의미에 대해서는 고찰하기 더 어렵게 만들었다. 현대 전쟁은 무수한 자기기만이 필요하다.

전역 군인 4명이 영국의《가디언Guardian》지를 찾아가 끔찍한 사연을 전했다. 그들 중 한 명으로 빨간 머리를 한 29세 마이클 하스Michael

Haas는 아이스하키팀인 시카고 블랙호크스Chicago Blackhawks 유니폼을 입고 인터뷰에 나와 자신이 무엇을 겪었는지 털어놓았다. "개미를 밟은 뒤 이에 대해 다시 생각하지 않죠? 이런 식으로 목표물을 생각하게 됩니다. 단지 스크린에 있는 검은 점처럼 말입니다. 해야 할 일을 편하게 수행하기 위해 이 같은 심리 훈련을 시작하게 됩니다. 저들이 자초한 일이며, 저들은 우리의 적이 되기로 선택했다고 말이죠. 맡은 임무를 계속 수행하기 위해 매일 양심의 일부를 죽여야 했고 이건 옳지 않다고 말하는 내면의 목소리를 무시했습니다."[12]

   기술은 대개 본질적으로 좋지도 나쁘지도 않다. 중요한 건 우리가 기술을 어떻게 사용하느냐다. 로켓은 우리를 우주로, 달로 데려갈 수도 있으며, 탄두를 멀리 떨어진 나라에 사는 가족들의 침실에 떨어트리기 위해 운반하는 데 사용될 수도 있다. 이것이야말로 진정한 의미의 분석이다. 인간의 행동을 본떠서 분류하려는 기술을 포함한 모든 기술은 때로 우리가 더 나은 결정을 할 수 있게 도와준다. 동시에 같은 인간을 단순한 데이터 포인트로 격하시킬 수도 있는데, 특히 우리가 특정 사람들을 나와 다른 집단으로 생각하는 경향이 있을 때 그렇다. 이로 인해 그들의 삶에 대한 진실은 지금보다 더욱 알기 어려워진다. '뿌리 깊은 관습적 틀'은 단순화를 통해 혼란스러운 세계를 이해하려는 우리의 기존 방식을 강화한다. 사람을 얼굴 없는 존재로 만드는 건 증오심으로 향하는 첫걸음이다.[13] 우리가 스스로를 더 잘 이해할 수 있도록 도와주는 도구들이 한편으로는 우리가 우리와 같은 사람들의 일상과 현실을 나 몰라라 하고, 최악으로는 그들을 적으로 묘사하도록 할 수도 있다. 스크린 위의 검은 점들처럼 말이다. 수학, 특히 지수

수학은 끔찍한 제거 요원이 될 수 있다.

현대 기술이 사악한 존재가 되기까지는 시간이 오래 걸리지 않으며, 우리는 그 시간을 앞당길 수도 늦출 수도 있다. 거짓말은 그 자체로 하나의 문제다. 거짓말을 증폭시키는 현대사회의 여러 가지 수단을 비롯하여, 거짓말에서 촉발된 악의적인 행동들은 별개의 문제다. 소셜네트워크서비스SNS에서 사용되는 봇이 명백한 예시다. 게임이 자동화 게임을 인식하고, 갑자기 적대적인 태도를 보이는 외국 정부가 불신과 분열의 씨앗을 뿌리며, 극단주의자들의 영향력을 실제보다 부풀림으로써 국내 선거에 개입할 수도 있다. 최근 트위터를 대상으로 한 연구에서 16만 7,000개의 앱이 자동화 계정 군단에 먹잇감을 제공하며 트위터의 어뷰징 반대 규정을 위반한 수천만 건의 트윗을 대량으로 찍어낸 사실을 밝혀냈다.[14] 유럽연합에서는 불법 이민자를 막기 위한 국경 순찰용으로 인공지능 기반의 드론 '군단'을 개발하는 작업이 한창이다. 이는 망명이 절실한 사람들을 열 신호로밖에 보지 않는 것이나 마찬가지며, 드론에 테이저건, 고무탄 등이 장착될 것이라는 우려도 나오고 있다. 셰필드대학의 로봇공학 및 인공지능 명예교수 노엘 샤키Noel Sharkey는 "국경을 넘는 사람들을 막기 위해 드론이 직접 조치를 취할 수 있게 되는 건 시간문제"라고 경고했다.[15] 노스캐롤라이나에서는 정치인들이 데이터를 활용해 흑인 유권자들의 선거권을 박탈하는 법을 제정하려 했다. 이를 두고 TV 진행자 존 올리버John Oliver는 마침내 누군가 "인종차별을 돈벌이로 이용한다"고 경악했는데, 이러한 유권자 탄압을 향한 체계적인 접근이었다.

보리스 존슨Boris Johnson 영국 총리의 혼란스러웠던 재임 동안 영국은 거의 완전한 무정부 상태로 빠져들었다. 그의 정부가 알고리즘을 사용하면서 영국인들을 비인간적으로 취급했기 때문이다. 코로나 19 바이러스로 인해 2019~2020학기를 조기 종료한 후 중등학교 교사들은 A레벨이라고 알려진 종합시험에서 학생들의 성적을 예측해야 했다. 미국의 SAT처럼 A레벨 시험 결과는 학생들의 대학 입학을 좌우한다. 교사들은 자신이 가르치는 학생들이 최고라고 생각했기에 최종 성적을 평소보다 높게 매겼다. 친절함의 인플레이션이다. 하지만 소수의 입학 정원 대비 너무 많은 학생에게 자격을 준 꼴이었고, 영국의 시험 공공 감독 기관인 영국 시험감독청은 알고리즘을 사용해 시험 점수에 낀 거품을 제거했다. 그 결과 40퍼센트의 학생들이 점수를 확인했을 때 자신의 예상보다 낮게 나왔으며, 이는 그들이 선택한 대학에서 그들의 입학을 취소했다는 의미였다. 최종 성적에서 합격점을 받은 학생들은 자신이 치르지도 않은 시험에서 낙제점을 받았다. 학생들의 삶의 행로가 기계 때문에 바뀌어버린 것이다.[16]

최악인 것은 알고리즘(정부 주장에 따르면 모든 인공지능의 소구점은 공정하고 공평하며 객관적이라는 데 있다)이 불이익을 받은 학생들에게 특히 잔인했다는 사실이다. 이 알고리즘이 기본적으로 고려한 사항 중 하나는 학생 자신뿐 아니라 학생이 다녔던 학교의 성과였다. 전통적으로 성과가 좋은 학교(엘리트들이 다니는 비싼 칼리지)의 학생들은 성적이 5퍼센트 가까이 상승했고, 주로 이민자 혹은 유색인종 출신으로 가난한 도시의 학교에 다니던 학생들은 성적이 떨어졌으며, 두 단계씩 하락하는 경우도 있었다. 존슨의 보수당 정부는 아직도 영국인들의 삶에 망령처럼 따라다니는 계급주의를 부활시킴으로써, 시험을 치르지 못한 이번 사건을 신분을 재확인하는 용도로 이용하는 것처럼 보였다.

레이스턴고등학교Leyston Sixth Form College는 위의 불쾌한 현실이 적나라하게 드러난 런던의 이스트엔드에 있는 학교로, 이 학교 학생의 47퍼센트가 성적이 깎였다. 길 버브릿지Gill Burbridge 총장은 이를 스캔들이라 칭했으며, 이 현상에 역겨움을 느낀 건 그녀뿐이 아니었다. 노동당의 키어 스타머Keir Starmer 대표는 "전국에 있는 모든 마을과 도시의 젊은이와 부모들이 실망감과 배신감을 느끼고 있다"고 말했다. 법적 분쟁이 거세졌고, 개빈 윌리엄슨Gavin Williamson 교육부 장관을 향한 압박이 널리 확산되었다. 결국 기계로 조정된 결과는 폐기되었으며 학생들은 선생님이 준 성적을 받게 되었다.¹⁷ 윌리엄슨 장관은 "이런 일을 겪게 된 모든 학생에게 대단히 미안하게 생각한다"고 말했다. 그는 이 엄청난 사건을 두고 "이런 일this"이라는 단어를 썼다.

은발의 로저 테일러Roger Taylor 시험감독청장 역시 이번 사태에서 자신의 역할에 대해 사과했다(당연히 그는 '전부 내 탓이오'라고 말하는 글을 온라인에 게시했다). "우리는 길을 잘못 들었다는 사실을 깨달았고, 항로를 바꿔야만 했다. 이 길을 대중이 지지하지 않고 있다는 게 아주 명백해졌다." 이걸 알아내기까지 무슨 특별한 재능이 필요한 것도 아니었다. 8월 16일, 전국적으로 학생 시위가 발생했고, 일부 학생은 A레벨 시험 결과지를 카메라 앞에서 불태웠다. 런던에 있는 의회광장에서 열린 분노에 찬 시위에서 한 여학생은 군중을 향해 시험 점수가 깎인 탓에 의과대학에서 떨어진 이야기를 전했다. "망할 제도는 집어치워라", 초엘리트 계층을 향한 "꺼져라, 이튼Eton"과 같은 구호 다음으로 새로운 구호가 울려 퍼졌다. 바로 "꺼져라, 알고리즘"이었다.¹⁸

○○○○●○○○○

여론조사의 신뢰도가 점점 떨어지는 이유

2020년 미국 태평양 연안 지역에서 화재가 발생한 기간 동안, 스마트폰 카메라는 하늘 아래 서 있는 사람들에게 지구 종말이 닥친 것처럼 붉게 타오르는 하늘의 모습을 제대로 전달하지 못했다.[19] 일부 사람들은 세상 사람들에게 이 끔찍한 상황이 알려지는 것을 거대 기술 기업들이 원치 않는다는 음모론을 제기했다. 하지만 실상은 설계 원리상 이해할 수 없는 일들을 이해하려 고군분투했던 알고리즘이 문제였다. 소니는 모든 스마트폰 카메라의 절반가량을 생산하는데, 수억 장의 이미지를 제공함으로써 카메라가 다양한 장면을 인식할 수 있도록 만든다. 그런 다음 이 기계는 이렇게 쌓은 지식을 활용해 비슷한 사물들을 정확한 이미지로 구현해낸다. 하지만 알고리즘은 불타는 하늘 사진을 제공받지 못했기에 집과 차, 나무 등 평범한 일상에서 볼 수 있는 색으로 등록된 빨간색이 갑자기 늘어나자 혼란스러워 했다. 그렇다고 화산 폭발이 일어난 것도 아니었다. 일부 스마트폰은 사람들이 찍은 사진을 오류로 인식해 스스로 수정했다. 빛의 양을 원래보다 평범하게 조절하고 현실의 무시무시할 정도로 강렬한 선명도를 퇴색시킨 것이다. 현실이 너무 극단적이라 스마트폰 카메라는 오히려 자기 렌즈를 의심했다. 렌즈를 통해 보이는 현실을 믿을 수 없었다.

수십 년간 우리의 정치적 대화를 지배해온 여론조사 역시 점점 진실을 담아내지 못하는 것 같다. 조 바이든 대통령이 도널드 트럼프를 꺾었던 2020년, 전국 여론조사 결과는 힐러리 클린턴이 압승할 것으로 예측했던 2016년보다 훨씬 큰 표 차로 빗나갔다. 게다가 특정 주에서 이뤄진 여론조사는 형편없이 잘못되었다. 2020년 대통령 선거 전날 바이든은 위스콘신에서 8퍼센트 이상 우세할 것으로 예상되었으나 실제로는 0.7퍼센트로 미미하게 앞섰다. 오하이오와 플로리다, 텍사스주조차 통계상 접전 지역이라 여겨졌고, 따라서 민주당에 승산이 있을지도 모른다고 생각했다. 그런데 트럼프가 위 세 곳에서 모두 여유 있게 승리했다.

이 빗나간 예측은 이상할 정도로 굳건한 트럼프의 인기뿐 아니라 상·하원 경선에까지 영향을 미쳤다. 여론조사는 민주당 후보들의 잠재력을 평균 4퍼센트 과대평가했는데, 오차범위 안에 있어 접전 지역에서는 사실상 무용지물이었다. 한편 메인주의 수전 콜린스Susan Collins 공화당 상원의원은 선거 전 여론조사에서 상대 후보인 민주당의 사라 기드온Sara Gideon을 단 한 차례도 앞서지 못했다. 그런데 콜린스 의원은 실제 경선에서 8포인트 이상 차이로 승리했다. 민주당의 제이미 해리슨Jaime Harrison 상원의원은 사우스캐롤라이나 경선에서 열혈 공화당원인 린지 그레이엄Lindsey Graham 상원의원과 맞붙었다. 경쟁이 치열한 주에 외부 자금이 쏟아지기 시작했고, 해리슨 의원은 마지막 분기에 미국 정치 역사상 그 어떤 상원의원 후보보다 많은 후원 자금을 모았다. 그런데 그는 10퍼센트 이상 차이로 낙선했다.

공정하든 아니든, 통계학자 네이트 실버Nate Silver의 자랑스러운 〈파이브서티에이트FiveThirtyEight〉는 선거 후 열기를 상당 부분 흡수했다. 외부에서 진행된 여러 여론조사 결과를 따져보며 종합한 실버의 모델은 2012년 예측하기 어렵기로 악명 높은 경합주 9곳을 포함해 각 주의 버락 오바마 대통령 혹은 미트 롬니Mitt Romney에 대한 선호도를 정확하게 예측하면서 유명해졌다. 애널리틱스가 타의 추종을 불허한다는 사실이 다시 한 번 입증된 것이다. 그러나 2016년 실버의 예측은 이전만 못 했다. 물론 다른 곳들보다는 정확했다. 대통령 선거 3일 전, 프린스턴 선거 컨소시엄은 클린턴에게 99퍼센트 승리 확률을 부여한 반면 실버는 그녀에게 71.4퍼센트의 승리 확률을 부여했다. 아무튼 틀린 건 틀린 거고, 트럼프는 자신이 대통령이 된다는 사실에 놀라 잠에서 깬 역사상 얼마 없는 대통령 후보 중 한 명이었다.

데이터 과학자를 비롯한 모든 훌륭한 과학자처럼 실버 역시 실수에서 배우려 했다. 그의 모델이 지닌 문제 중 하나는 수정이 항상 쉬운 건 아니라는 점이다. 그의 모델은 특정한 방식으로 작동하도록 만들어졌는데, 인간의 개입이 없다면 영원히 같은 방식으로만 작동할 것이다. 이후 실버는 2016년의 문제가 엄밀히 말해 자신의 모델에 있는 건 아니라고 설명했다.[20] 그는 기계를 탓하는 행동을 싫어했다. 대부분의 파이브서티에이트의 시스템은 완전히 자동화되어 있다. 그들의 전매특허 모델에 경제적 지위와 예상 투표율 같은 요인에 의해 조정된 여론조사 수치를 입력하면 확률이 도출되었다. 이 확률은 그 안에 포함된 여론조사와 다른 데이터값이나 마찬가지였다(실버가 직접 여론조사를 진행하진 않는다). 그리고 때때로 실버가 분석에서 암적인 요소라 간주하는 인간의 주관성이 여전히 혼재되어 있었다. 특히 2016년 그가 트럼프에 대해 묘사한 게시글에서 트럼프의 승리 가능성을 낮잡아 본 이유는 부분적으로 네이트 실버 자신이 트럼프의 상승세를 "상상도 할 수 없는 일"이라고 판단했기 때문이다. 그에게 2016년은 여론조사에 한계가 있음을 경고하는 신호가 아니었다. 수학적 계산을 더 잘하기 위해서는 두 배로 노력해야 함을 상기시켜준 한 해였다.

2020년 선거 당일 밤, 실버의 수정된 모델과 접근 방식은 바이든이 선거인단 표를 300표 이상 받으며 89퍼센트 확률로 압도적인 승리를 거둘 것이라는 예측을 낳았다. 실버는 트럼프의 승리 확률 10퍼센트는 0퍼센트를 의미하지 않으며, 10번 중 한 번은 꽤 높은 확률이라 강조하며 2016년의 비난을 피하려 했다.[21] 특히 바이든의 승리에 필요한 지역이나 그의 영향력이 미미해 보이는 펜실베이니아에 대해 걱정했다. 그런데 사실 더 큰 복병이 코앞까지 다가오고 있었다. 바이든은 전국적으로 4퍼센트 이상의 격차로 이겼으나 선거인단 득표수는 306대 232로 실버의 모델에 나타난 것보다 격차가 훨씬 적었다. 만약 여론의 우위를 점하지 못한 펜실베이니아를 비롯한 핵심 주에서 4만 표 정도가 이동했다면 트럼프가 승리했을 것이다.

여론조사 업계의 2016년 계산은 명백히 불완전했다. 어떤 식의 수정이 이루어졌든 간에 충분하지 않았다. 2012년에 나타난 데이터 분석 열기는 완전히 사그라들었다. 그 원인이 무엇인지에 대한 이견만이 남아 있다. 여론조사 참여율은 수십 년간 감소해왔으며, 특정 인구통계학적 집단에서는 더더욱 그렇다. 예를 들어 대학 학위가 없는 백인들은 여론조사에 '저항적'이었다. 또한 그들 중 압도적 다수가 트럼프에게 투표했다. 어떤 이들은 특정 유권자들이 트럼프를 지지하는 것에 '부끄러움'을 느껴 투표소 밖에서는 트럼프를 지지했다고 인정할 가능성이 적다고 주장했다. 게다가 여론조사 기관들은 예상 투표율을 측정하는 데 애를 먹는 것으로 보였는데, 2020년의 엄청난 투표율을 실제보다 훨씬 낮게 잡았고 특히 공화당원들의 투표율을 과소

평가했다. 그들은 공화당과 민주당 유권자들에게 서로 다른 방식으로 중요한 영향을 미친 코로나19 팬데믹 공포와 우편투표를 제대로 설명하지 못했다.[22]

하지만 진짜 문제는 다음과 같다. 바로 미국에서 양당 지지율의 격차가 너무 미미해서 미국의 선거가 수학만으로는 예측이 거의 불가능해졌다는 것이다. 특히 뉴욕과 캘리포니아처럼 특정 인구가 밀집된 주에서 선거인단을 비롯한 민주당 우세에 변화가 생긴 것을 고려하면, 2퍼센트에 해당하는 전국 여론조사의 오차범위는 2016년과 2020년의 예상 투표결과와 실제 결과의 차이를 설명해준다. 2퍼센트가 모든 것을 좌우할 수 있는데도 우리는 이 숫자를 그렇게 심각하게 여기지 않는다. 오차는 별일 아닐 수도 있지만, 아주 큰 일일 수도 있다.

2024년은 뭐라도 다를 것이라는 생각은 어리석다. 2016년 트럼프가 거둔 깜짝 승리로 인해 2020년 여론조사의 응답자들은 트럼프가 이기길 바랐다기보다 그가 바이든을 이길 것이라고 믿었다고 볼 수 있으며, 이는 여론조사의 신뢰도가 점점 떨어지고 있다는 증거다.[23] 2020년 초박빙의 투표 결과가 나온 이후 신뢰도 격차는 더욱 벌어졌다. 어쩌면 잘된 일이다. 여론조사의 숫자가 신성불가침한 영역으로 여겨질 때 이 숫자들이 예상 결과를 바꿀 수도 있기 때문이다. 여론조사에서 바이든이 압도적 표차를 보여 민주당 지지자들이 투표 압박을 덜 느꼈을 위스콘신 같은 지역에서는 민주당 득표율이 떨어졌을 것이다. 그리고 마지막 몇 달간 제이미 해리슨의 선거캠프에 들어온 5,700만 달러는(이 돈이 얼마나 큰 액수인지 잠시 생각해보자) 실제로 경쟁이 치열했던 선거나 다른 곳에 더 현명하게 쓰일 수 있었을 것이다. 숫자를 진실로 취급하지 말라는 페르미의 경고를 기억하거나 일부 사람들이 알고리즘에 대해 느꼈던 바와 같이 여론조사에 대한 회의적 입장을 유지했다면 사람들이 수백만 달러를 허망하게 날리지 않도록 막을 수 있었다.

린지 그레이엄은 자신의 당선 축하 파티에서 "현장에 계신 모든 여론조사원분들, 여러분은 자신이 무슨 일을 하고 있는지 전혀 모르실 겁니다"라며 자랑스럽게 떠들어댔다. "캘리포니아와 뉴욕에 계신 모든 자유주의자 여러분, 당신들은 엄청난 돈을 낭비한 겁니다. 미국 정치 역사상 최악의 투자 수익률이군요."

사우스캐롤라이나에서 진행된 여론조사 결과와 달리 그레이엄은 틀리지 않았다.

소셜미디어 알고리즘을 이용한 정치

정치에 왜곡된 영향을 미치는 객관적이고 수학적인 도구는 여론조사만 있는 게 아니다. 페이스북은 보수파의 목소리, 그중에서도 가장 강경한 보수파의 목소리를 지지하기 위해 알고리즘을 조작했다는 비난을 받아왔다. 이 거대 소셜미디어 기업이 2016년 미국 선거판을 트럼프에게 유리하도록 흔들었을 가능성이 있다고 말이 나올 정도였다(정치 전문 일간지 《폴리티코 POLITICO》는 이를 "선거 전쟁의 주요 작전지"라 불렀다).[24] 2020년 대통령 선거를 앞두고 페이스북은 점점 더 우파의 반향실처럼 보였다. 격렬한 논쟁은 대부분 트럼프와 주류 언론에서 벗어난 그의 측근들인 벤 샤피로Ben Shapiro, 댄 봉기노Dan Bongino, 데이비드 해리스 주니어David Harris Jr., 프랭클린 그레이엄Franklin Graham이 쓴 게시글에서 비롯되었다. 여러분이 페이스북을 하지 않거나 보수 정치에 참여하지 않고 있다면, 이 이름들을(물론 트럼프는 제외다) 풍문으로만 들어봤을 것이다. 하지만 이들은 페이스북에서 엄청난 수의 팔로워를 거느리고 있으므로 우파 진영에서 영향력 있는 인물들이다(샤피로의 계정은 항상《뉴욕타임스》페이지보다 더 활발한 참여를 보인다). 트럼프와 바이든 모두 플랫폼 광고에 2억 달러 가까이 지출한 만큼 정치 보도로 가장한 '조직적인 콘텐츠'가 훨씬 더 많이 보이고 신뢰를 얻을 가능성도 더 크다. 실제로 그렇게 돌아가고 있으며, 알고리즘이 둘 중 어느 한쪽을 선호한다면 그쪽이 명백하게 우위를 선점한 것이나 다름없다.

익명의 페이스북 임원은《폴리티코》에 자사 알고리즘은 중립적이라고 주장했다. 우파의 목소리는 소셜미디어에서 지지자들의 참여를 부추기는 특성을 가질 뿐이라는 것이다. '중립적인' 알고리즘은 존재하지 않는다는 사실은 차치하고(알고리즘은 인간이 만들었기에 인간의 속성을 모두 갖고 있다. 편견을 포함해서 말이다), 그 임원은 논리적이긴 하나 심란한 예를 들었다. 그에 따르면, "우파 포퓰리즘에 항상 더 많은 사람이 끌리는데" 이유는 그 내용이 사람들의 분노와 공포에 영합해 "믿을 수 없을 만큼 강렬하고 원시적인 감정"을 담고 있기 때문이다. "1930년대에도 이런 목소리는 있었습니다. 소셜미디어가 새롭게 만들어낸 게 아니죠. 여러분은 소셜미디어에 반사된 반응을 보는 것일 뿐입니다."

《폴리티코》는 이 주장에 반박하는 사람들을 찾았는데 그중에는 과거 페이스북에서 몇 년간 일하다 현재는 자유주의 성향의 미국진보행동센터에 있는 아담 코너Adam Conner도 있었다. 그는 "알고리즘이 중립적으로 작동한다는 페이스북의 주장은 터무니없다"라고 말했다. "페이스북은 단순한 거울이 아니다. 뉴스 피드 알고리즘은 촉매제다." 예를 들어 2020년 선거에 승복하지 않은 트럼프의 행동이 미국 법정에서는 크게 영향을 미치지 못했으나 소셜미디어에서는 많은 관심을 끌었다. 바이든의 승리에 이의를 제기했던 우익 단체 스탑더스틸Stop the Steal은 바이러스처럼 세를 확장하며 하루 만에 회원 35만 명을 확보했다. 페이스북은 나중에야 잘못된 정보를 퍼트리고 지지자들을 결집해 실제로 위험한 행동을 하게 한다는 이유로 해당 계정을 폐쇄했다. 페이스북 대변인은 다음과 같이 성명을 발표했다. "이 단체는 선거 과정이 적법하지 않다는 주장을 중심으로 조직되었으며 우리는 이 단체의 일부 구성원들이 걱정스러울 정도로 폭력성을 보이는 것을 인지했다."[25] 하지만 너무 늦었다. 그들의 폭력성은 2021년 1월 6일 트럼프 지지자들이 미국 국회의사당을 습격하면서 실제로 벌어졌다.

바이든의 대변인 빌 루소Bill Russo 역시 소셜미디어가 우리에게 끼친 광범위한 피해에 놀라는 목소리가 커지기 전부터 페이스북의 거울 비유에 의문을 제기했다. "이건 우리가 받아들여야만 하는 우리 사회의 특징이 아닙니다. 우리를 분열시키는 불신과 양극화를 먹고 자라는 알고리즘을 만들지 말지는 선택의 문제입니다."

진보주의자들은 페이스북이 소위 알고리즘의 중립성을 의심하는 보수주의자들을 달래려 실제로 시스템을 변경했다고 지적했다. 한편 트위터는 2020년 대선 전 트럼프의 선동적인 트윗에 경고를 때렸는데, 곧 있으면 전 대통령이 될 사람이 바이든이 바람을 피웠다는 트윗을 수백 번 올리자 결국 그의 계정을 정지시켰고 그 이후로도 해당 조치는 지속되었다. 하지만 페이스북은 음모론과 가짜 뉴스의 확산을 제한하는 조치를 축소했다. 내부 조사 결과 거짓 정보를 교환하는 우편향 페이지들이 발견되었는데, 사내에서 공화당원으로 유명한 조엘 캐플란Joel Kaplan 글로벌 공공정책 부사장을 비롯한 페이스북 고위 경영진은 트럼프와 그의 지지자들의 불만을 염려해 이 계정들을 폐쇄하는 것에 반대했다.[26] 트래픽 장사를 하는데 양쪽 진영 모두가 수억 달러의 수익을 가져다준다면 많은 사람이 행복해지는 방향으로 트래픽 흐름을 유지하려는 노력이 중요하다. 그렇지 않으면 훨씬 더 많은 수익을 벌어들일지라도 사람들은 분노하고 겁을 먹게 된다.

기술 덕분에 우리는 각자 자신만의 우주를 만들 수 있었고, 마찬가지로 기술 덕분에 우리는 우리의 우주를 절대 떠날 수 없게 되었다. 페이스북의 월 이용자 수는 27억 명 이상이며, 일부 감시자들은 페이스북을 인류 파멸의 무기로 비유할 만큼 강력한 영향력을 페이스북에 쥐여주고 있다. 페이스북의 엄청난 규모는 인간의 통제를 불가능하게 만든다. 페이스북은 가장 해롭고 선동적인 콘텐츠를 삭제하기 위해 조정자 수천 명을 고용하고 있지만, 그들이 제대로 일을 해낼 가능성은 없다. 아드리엔 라프랑스Adrienne LaFrance의 다음 말이 기억에 남는다. "페이스북이 전 세계에 쏟아내는 엄청난 규모의 쓰레기를 막을 수 있을 만큼 다양한 언어를 할 줄 알고 또 그만큼 많은 시간 동안 일할 수 있는 조정자는 많지 않습니다. 열에 열은 알고리즘이 사람보다 빠르고 강력하기 때문이죠."[27] 우리는 수십 년 동안 기계의 부상을 두려워해왔다. 하지만 우리가 상상한 기계는 영화 〈터미네이터〉(1984)에서 본 살인 로봇이지, 눈에 보이지 않으며 서서히 퍼지는 기생충 같은 게 아니었다. 우리는 적이 우리 외부에 존재한다고 생각했다. 오히려 이용자들이 꼼짝없이 광고를 보게 하는 방법을 찾는 과정에서 사람들이 서로를 헐뜯게 만드는 것이 훨씬 더 효율적이라는 사실이 밝혀졌다.

마찬가지로 우리는 주체적으로 판단하는 힘을 외부에 위탁하게 되었다. 의식적이든 아니든 우리는 모두 여론조사원이다. 최근 들어 우리는 더 작고 좁은 표본을 추출했고, 이로 인해 각자의 내부 분석 정보에서 오류가 발생하고 있다. 표본이 작을수록 모집단을 대표할 가능성은 적어진다. 알고리즘은 우리가 이미 소비하고 있는 것을 더 많이 제시한다. 한 가지 정치적 목소리를 따라가면 반대 목소리를 추천받지 못한다. 여러분은 같은 내용을 더 많이 소비하게 될 것이고, 모든 사람이 나와 같은 생각을 하고 있다는 잘못된 인상을 우리에게 심어줄 것이다. 우리는 거울을 보는 데 너무 많은 시간을 써서 거울을 창문이라 믿기 시작한다. 내가 믿는 진실이 곧 진실인 셈이다. 그래놓고 현실이 우리를 거짓말쟁이라고 판단하면 당황해한다.

로버트 카로의 육체노동을 하듯 글쓰기

그럼 어떻게 바로잡을 수 있을까? 알고리즘과 여론조사, 소셜미디어가 공모해 우리 사회의 정치를 유해하고 비인간적이며 작은 불씨에도 화르르 타오르는 난장판으로 만들었다면, 어디서부터 피해 복구를

○ ○ ○ ○ ● ○ ○ ○

시작해야 할까? 그렇다. 당연히 가장 먼저 데이터를 방패 삼아 꾸며낸 이야기를 비롯한 각종 거짓말과 진실을 잘 구별해야 한다. 하지만 나는 여기서 더 나아가야 한다고 생각한다. 언제든 기계가 고장 나더라도 우리는 우리의 할 일을 해야 한다. 우리는 기계를 꺼야 한다.

오토바이 정비공이자 철학자 매튜 B. 크로포드**Matthew B. Crawford**는 《뉴욕타임스》 베스트셀러 《손으로, 생각하기**Shop Class as Soulcraft**》에서 기술적인 우수성보다 인간성을 옹호하는 주장을 내가 이 책에서 이야기할 수 있는 것보다 더 완벽하게 펼쳐 보였다. 그는 "기본으로 돌아가라"라고 썼으며, 옛날 방식의 육체노동이 사회의 더 큰 선善을 추구하는 의미 있는 일인 동시에 노동자의 삶을 풍요롭게 만드는 일이라는 것을 설득력 있게 주장했다.[28] 그의 주장은 현대사회의 육체노동과 동떨어진 삶이라는 문제를 지나치게 단순화한 해답처럼 보일 수도 있다. 하지만 그건 우리가 현재 살아가는 방식을 유일한 삶의 방식으로 받아들이게끔 길들여졌기 때문이다.

전설적인 농구 스카우터 톰 콘찰스키**Tom Konchalski**가 보여준 뛰어나면서도 100퍼센트 아날로그적인 활약에 대해 생각해보자.[29] 그는 오랜 암 투병 끝에 2021년 2월 8일 74세의 나이로 사망했다. 그후 그의 이름을 농구 명예의 전당에 올리는 캠페인이 시작되었다. ESPN 기자 파블로 토레**Pablo Torre**는 그를 "미국의 10대 농구 선수들에게 있어 가장 중요한 평가자"라고 불렀다. 여기에는 이견이 없었다.

콘찰스키는 뉴욕의 체육관에서 일했다. 그는 신장이 2미터 가까이 되는 거구였으나 숙련된 선수는 아니었다. 그의 재능은 다른 이들의 진실성을 꿰뚫는 데 있었다. 그는 모든 농구 리그를 시청했으며, 평가

도구는 간단했다. 바로 엄청난 기억력과 농구를 향한 사랑, 줄이 쳐진 노란색 노트패드, 타자기, 친절하지만 예리한 눈이었다. 그는 컴퓨터나 휴대폰을 갖고 있지 않았고, 한 번도 차를 운전하지도 않았다. 그의 농구 분석에는 스프레드시트나 스톱워치조차 포함되지 않았다. 그저 앉아서 경기를 본 후 집으로 가 출전한 선수들에 대한 솔직한 평가를 타자기로 쳤다. 그는 뉴스레터를 복사해 손으로 포장한 다음 미국 전역의 대학 코치들에게 우편으로 보냈다. 대학 농구 코치들인 바비 나이트Bobby Knight, 릭 피티노Rick Pitino, 존 칼리파리John Calipari, 마이크 슈셉스키Mike Krzyzweski 등이 그의 뉴스레터 구독자였다. 그들은 콘찰스키가 유망주에게 매긴 별점 평가와 기발한 관찰력을 신뢰했다. "숨 쉬듯 득점!"이란 말은 한 선수에게 확실히 보이는 것 이상의 가치가 있다는 뜻이었다. 콘찰스키는 전도유망한 젊은 선수의 미래에 관해 틀린 적이 거의 없었다. 그는 선수들의 과거를 정확하게 기억했으므로 그들의 미래를 들여다볼 수 있었다.

정치판과 농구 체육관이 다르고, 선거와 농구 경기가 다르다고 생각해야 할 이유가 있을까? 오늘날 둘 사이에 차이가 있다면, 그건 문제를 복잡하게 만듦으로써 우리가 얻는 이익이 있기 때문이다. 항상 그렇진 않았다.

1966년, 로버트 카로Robert Caro가 논란이 많은 뉴욕의 마스터 플래너이자 마스터 빌더인 로버트 모지스Robert Moses의 전기를 쓰기 시작했을 때, 그는 모지스의 기념비만큼 높은 벽에 맞닥뜨렸다. 그가 쓰는 책의 주인공은 지구상에서 가장 계층적인 도시에 거대한 토목 공사 프로젝트를 설계했으며 동시에 굉장히 비밀이 많은 남자였는데, 모지스가 그와 대화하기를 거부한 것이다. 게다가 모지스는 다른 사람들에게 만약 자신의 호의를 계속 받고 싶으면 카로와 대화하지 않는 게 현명할 것이라고 말했다. 카로는 철저하게 배제당했다.

카로는 포기하는 대신 커다란 종이를 꺼내 한가운데에 점을 찍었다. 그 점은 로버트 모지스를 상징했다. 그런 다음 자신이 이해하고자 하는 주인공을 둘러싸고 일련의 동심원을 그렸다. 첫 번째 원에는 모지스와 가장 가까운 사람들, 즉 가족이 있었다. 그다음 조금 더 크게 그린 원에는 친구들이, 그다음 원에는 중요한 지인들이 있었다. 이후 그린 원은 어쩌다 만나는 사람들이, 이어서는 모지스를 딱 한 번 만난 사람들이 해당됐다. "모지스는 여기 있는 사람들 모두에게 다가갈 수 없었을 것입니다." 카로가 내게 말했다.[30] 하지만 카로는 그들에게 다가갈 수 있었다. 그는 기꺼이 그렇게 해야 했다.

카로가 방대한 분량의 최종 원고를 크노프 출판사에 전달했을 때(《파워 브로커The Power Broker》는 1,162쪽의 벽돌책으로 1975년 퓰리처상을 수상했으며, 지금까지 절판된 적이 없다) 편집자 로버트 고틀립Robert Gottlieb은 카로가 한데 모아 담은 디테일과 통찰력에 즉시 매료되었다(참고로 카로는 초고를 손으로 썼다). 편집자는 책의 214쪽에 해당할 어떤 문단에 다다르자 읽기를 멈췄다. 그 문단에는 1926년 어느 여름날 아침, 로버트의 부모인 벨라 모지스Bella Moses와 이매뉴얼 모지스Emanuel Moses가 벨라가 설립에 일조한 가난한 이민자 아이들을 위한 쉼터 캠프 매디슨Camp Madison의 오두막집에서 시간을 보내는 모습이 그려졌다. 그들은 《뉴욕타임스》를 훑어보다가 여전히 권력을 행사하는 법을 배우고 있는 아들이 불법적인 지출로 2만 2,000달러에 달하는 평가액을 잃었다고 쓰인 기사를 봤다. "오, 이 애는 평생 1달러도 벌지 못했는데, 이제 우리는 이에 대한 대가를 치러야 할 거예요." 벨라가 말했다. 벨라와 이매뉴얼은 모두 오래전에 세상을 떠났기에 고틀립은 카로가 이러한 순간이 확실하게 필요한 부분인지를 어떻게 알 수 있었던 것인지 이해할 수 없었다. 모지스는 크노프를 고소해 세상에서 잊히게 할 재력이 충분했다. 《파워 브로커》는 세상에 나오면 안 되는 책이었다. 고틀립은 카로에게 이 부분에 대한 자세한 설명을 부탁했다.

카로는 가장 바깥에 있는 원에서부터 일을 시작했다. 그 원 안에는 캠프 매디슨에서 지내는 아이들과 직원들이 있었고, 그들을 통해 카로는 모지스와 부모의 관계에 대한 정보를 조금이라도 얻을 수 있었을 것이다. 먼저 카로는 캠프에서 지내는 아이들의 명단과 고용 기록을 손에 넣었고, 뉴욕공립도서관의 인상적인 소장 도서인 전화번호부를 살펴보았다. 그는 이제 성인이 된 아이들과 은퇴한 직원들 한 명 한 명에게 전화를 걸어 겨우 상호 참조를 마쳤다. 그중 한 명인 이스라엘 벤 샤이버Israel Ben Scheiber는 캠프 매디슨의 전 사회복지사였다. 그는 매일 아침 《뉴욕타임스》를 모지스 부부에게 전달하기도 했다. 그래서 그는 아침에 벨라가 빚을 떼어먹으려는 아들에게 실망감을 표현했을 때 모지스 부부와 함께 있었으며, 그 순간을 정확하게 기억하고 있었다. 샤이버는 이 이야기를 카로에게 전했고, 그렇게 그는 책에 이 내용을 쓴 것이었다. 카로는 모지스의 가족 관계에 대해 사소하지만 흥미로운 세부 정보를 얻으려 상당한 에너지를 쏟아 부었다.

"이렇게 된 셈이오." 카로가 고틀립에게 말했다. 고틀립은 다시는 이 작가에게 어떻게 정보를 얻게 되었는지 묻지 않기로 다짐했다.

○○○○●○○○

"그 이야기를 싣게 된 모든 과정이 평범한 기준으로 봤을 때 미친 짓이었소." 수십 년이 지난 후 고틀립은 노인 취향의 샌드위치를 즐기며 소박한 즐거움을 만끽하던 중 내게 말했다. "하지만 카로는 대수롭지 않다는 듯 이에 대해 아무 말도 하지 않았지." 카로의 시각에서 보면, 그는 앞서 이야기한 텔러의 마술을 그의 버전으로 수행했을 뿐이다. 바로 극도로 높은 기준을 바탕으로 행해지는 가장 순수한 형태의 보도다. 카로는 글쓰기를 육체노동으로 여겼다. 그는 "나무판자들을 쌓는 가구장이가 된 것 같다"라고 내게 말했다. "내가 잘하고 있다는 게 실제로 느껴집니다. 이게 바로 신체적 감각이죠." 그는 기념비적인 린든 존슨 대통령의 전기집을 집필할 때도 똑같이 엄격하고 철저한 인간중심 접근법을 사용했다. 2012년 카로를 만났을 때, 그는 40년째 이 책을 집필 중이었다. 처음 계획한 3권의 책이 4권이 되고 5권이 되었다. 어느덧 카로는 80대에 접어들었으며, 아직 보도라는 직업을 그만둔 게 아니었으므로 그때도 베트남에 갈 계획을 세우고 있었다. 이 모든 게 완전히 미친 짓이었다. 고틀립이 말했다. "우린 믿을 수 없을 정도로 생산적이고 경이로운 미치광이를 상대하고 있는 셈이오."

존 매케인의 인간적인 정치 행보

존 매케인 John McCain 역시 훌륭한 미치광이였다(지금이 정치적으로 격양된 시기라는 걸 알고 있다. 그래서 여러분께 부디 책장을 덮지 말아 달라 부탁하고 싶다. 감사합니다). 나는 매케인을 정치적으로 지지하지 않았지만, 존 매케인이라는 사람 자체를 매우 좋아했다. 2006년 그와 함께 시간을 보내기 시작했을 때도 이러한 진심은 여전히 공존할 수 있었다.

69세의 나이임에도 미국 상원의 총아였던 매케인은 2008년 미국 대선에 공화당 후보로 출마했다. 그는 적어도 확실한 유망주였다. 우리는 매디슨 스퀘어 가든 주차장의 SUV에서 처음으로 대화를 나눴는데, 매케인이 맨해튼의 뉴스쿨 대학에서 졸업식 연설을 마친 직후였다. 졸업생들의 반응은 좋지 않았다. 그가 단상에 서자 몇몇 사람들이 등을 돌렸다. 누가 그를 향해 개똥을 던질 것이라는 우려도 있었다. 그만큼 그의 연설은 화젯거리였다. 이후 매케인은 코네티컷주에서 열리는 모금행사로 향했고, 나는 차를 얻어 타기 위해 행사장에 따라갔다. 우리는 악수를 했고, 그러고 나서 그가 아내 신디에게 휴대폰으로 전화를 걸었다. "맞아, 꽤 힘들었어." 그가 아내에게 말했다. "보고 싶어, 여보." 로버트 모지스와 달리 꾸밈없는 그의 모습에 나는 충격을 받았다. 이런 생각을 했던 게 기억난다. '우리도 이렇게 하잖아.' 이것이 우리가 2년 동안 간헐적으로 함께 시간을 보내게 된 계기였다.[31]

나는 카로의 작품에서 권력을 이해하려면 권력을 추구하는 사람들을 이해해야 하고 좋아하는 소설을 읽듯이 그 사람들의 마음을 헤아릴 줄 알아야 한다는 걸 배웠다. 2년 동안 존 매케인의 선거운동을 지켜보며 카로의 지칠 줄 모르는 호기심과 주인공의 영혼을 향한 거침없는 열정을 따라하려 노력했다. 카로가 쓴 서사시와 같은 전기에는 정밀하고 분석적인 내용이 전혀 없지만, 누구도 린든 존슨 대통령에 대한 그의 지식에 이의를 제기하지 않을 것이다. 카로의 지식은 전적으로 서사에서 기인하며, 존 매케인에 대한 나의 이해도 그랬다. 난

○○○○●○○○

아직도 이야기의 도덕적 권위를 믿는다. 매케인이 결손 가정 출신의 해병에 관한 농담을 수천 명의 청중에게 수천 번 반복하는 것을 들었다. 그리고 보좌관 중 한 명이 그의 머리를 빗겨주는 모습을 보았다. 전쟁에서 입은 부상으로 매케인은 팔을 어깨 위로 들어 올릴 수 없었기 때문이다. 또한 그가 거대한 도넛 박스 주위로 좌석들이 편자 모형으로 둘러싼 스트레이트 토크 익스프레스Straight Talk Express라는 캠페인용 버스 뒷좌석에 앉아 사람들에게 재미있는 이야기를 들려주던 모습도 봤는데, 그가 1초도 혼자 보내는 걸 견딜 수 없어 했기 때문이다. 이는 권력을 추구하는 과정에서 얻게 되는 지혜였지만, 나는 대부분 친밀한 관계, 즉 인간적인 친밀감이라는 가치에 흠뻑 빠져 있었다.

내가 매케인을 진정으로 이해하게 된 순간은 그가 경선에서 거의 낙마할 뻔했을 때다. 2007년 9월까지도 매케인은 미국 대통령은커녕 공화당 후보조차 될 것 같지 않았다. 모든 게 무너져 있었다. 그가 이라크 전쟁을 두고 한 말이 상처로 돌아오고 있었고, 재정은 구멍이 났으며, 팀은 분열되었다. 여론조사는(또 틀리긴 했지만) 그가 실패했다고 여겼다. 우리는 13시간이나 함께 아이오와주를 누볐는데, 매케인이 자신의 가장 밑바탕이 되는 정치 본능으로 회귀했기 때문이었다. 그는 자신이 가장 친근하다고 느끼는 지역들로 압축해서 가장 편하다고 느끼는 사람들과 함께 선거운동을 진행했다. 주로 해외 전쟁 복원병 협회와 미국 재향군인회 소속 퇴역 군인들과 이야기를 나누었고, 그들과 일일이 악수를 했다. 그게 전부였다. 여러 다른 일들이 일어난 후 지금은 사람들이 잊어버렸지만, 2007년 가을 매케인 캠프 전체의 선거운동은 그게 끝이었다. 그는 자신의 열 손가락보다 사람이 적은 방에서 이야기를 했다.

그날 밤 우리는 아이오와주 워털루(버스가 공항을 찾다 길을 잃었다)에서 뉴햄프셔주 포츠머스로 날아갔다. 전용기에는 10개 중 4개 좌석만이 채워져 있었다. 마치 빙하에서 얼음조각이 떨어져 나가듯 사람들은 후보자에게서 떨어져 나갔다. 남은 자리에는 매케인과 오슨 스윈들Orson Swindle이라는 오랜 전우, 한때 직원이 25명이었던 사무실에서 살아남은 다섯 명 중 한 명인 스물 몇 살의 언론 비서 브룩 뷰캐넌Brooke Buchanan, 그리고 내가 있었다. 이보다 더 단출한 선거캠프는 없을 것이다. 우리는 밤이 되어서야 이륙했다. 매케인은 기분이 언짢았다. 그가 다음 날 일정을 설명하는 서류 다발을 집어 들었다. 서류에는 정확한 장소가 나와 있지 않았다. "이게 27번을 고친 일정표입니다." 매케인이 말했다. "내용이 바뀔 때마다 망할 숲 전체를 베어내야 합니다. 도대체 왜 한 페이지로 인쇄하지 못하는지 모르겠군요." 그리고서 그는 잠이 들었다.

작은 비행기가 큰 비행기보다 더 높이 난다. 우리는 4만 1,000피트 상공에 있었다. 수평선이 곡선을 그렸다. 도시의 주황색 불빛이 우리 앞에 펼쳐졌고, 뒤로는 석양이 찬란하게 빛났다. 하늘이 광활하게 느껴졌다.

매케인은 여기저기를 휘젓고 다녔다. 뷰캐넌은 그가 식사를 제대로 챙기지 않는 게 걱정된다고 말했다. 그는 하루 종일 사과튀김과 커피, 감자칩 몇 개, 레드불 한 캔으로 버티면서 선거운동을 했다. 차갑게 식은 중국 음식이 앞에 놓여 있었고, 플라스틱 쟁반에는 플라스틱 상자가 놓여 있었다. 매케인은 식은 계란말이와 포춘쿠키를 억지로 삼켰다. 쿠키 속 운세를 보고 말없이 문구를 내게 건네주었다.

'게임은 끝날 때까지 끝난 게 아니다.'

그는 문구를 돌려달라고 한 다음 망가지지 않게 주머니에 넣었다. 매케인은 미신을 믿었고, 그 운세는 그에게 필요한 물건이었다. 다음 날 그는 내가 지난 몇 주간 본 모습보다 좋은 안색으로 일어났다. 실제로 그는 버스에 뛰어오르다시피 했다. 한때 그가 타고 다녔던 호화 버스에 비하면 그 버스는 임대료도 낮고 낡아 빠진 데다 기본만 갖춘 상태였다. 비록 도넛은 없고 작은 담배 자국이 나 있긴 했지만, 여전히 버스 뒤편에는 편자 모형의 좌석이 있었다. 그는 더 많은 퇴역 군인들 사이에 앉아 버스를 탄 채로 여러 가지 이야기를 들려주었다. 우리는 많은 지역을 이동했는데, 매케인이 뉴햄프셔 혹은 다른 주에서 반드시 이겨야 했기 때문이다. 이동 중에 그는 1996년 밥 돌 **Bob Dole**의 대통령 선거캠프가 빌 클린턴에 의해 해체된 때를 떠올렸다.

"2주간의 마지막 선거운동 기간에 난 그와 계속 함께 있었습니다." 그가 창밖으로 지나쳐가는 풍경을 바라보며 말했다. "내게 큰 감동을 준 순간 중 하나였죠. 그의 연설이 썩 좋지 않았다는 건 인정합니다. 이해하는 바요. 그런데 군중 속에서 스키를 타고 제10산악사단 모자를 눌러 쓴 나이 든 남성들을 볼 수 있었습니다. 연설이 끝난 후 밥이 그들을 향해 다가가면 그들도 밥을 향해 다가가는 모습이 너무 신기했지요. 난 그 장면을 보고 정말 감동받았소. 그때를 생각하면 지금도 감정이 올라옵니다."

회상에 잠기자 매케인의 눈가에 눈물이 고였다. 그런 다음 우리는 담배 연기가 자욱한 지하 감옥 같은 곳으로 들어갔다. 그는 그곳에 모인 참전 용사들에게 몸을 숙여 니코틴이 쌓여 누렇게 변해버린 그들의 손을 몇 번이고 몇 번이고 계속해서 잡았다. 그러자 믿을 수 없는 일이 벌어졌다. 그는 뉴햄프셔에서 승리했고, 이후 치러진 8번의 예비 선거에서도 승리했다. 존 매케인은 다시 한 번 유력한 후보가 되었고, 결국 공화당의 대통령 후보 지명을 받았다. 다음번에 그와 함께 탄 비행기는 제트블루 전세기였고, 모든 좌석이 꽉 차 있었다.

그때 나는 정치에 대한 두 번째이자 슬픈 교훈을 얻었다. 대통령 선거전에서 후보가 두 명으로 압축되면 각 정당은 후보자들 주위에 거대한 작업대를 설치한다. 끝없는 수리와 보수 끝에 후보자들은 완벽한 조각상이 된다. 모든 것이 프로그램되고 계획되는 것이다. 조금이라도 모나거나 상대 진영에서 결점으로 묘사할 가능성이 있는 성격적 기벽은 아무리 사소하더라도 사포질을 당한다. 후보자가 자신의 직감에 따라 행동하기에는 너무 많은 제약이 있다. 포커스 그룹과 여론조사, 숱한 '네거티브 전략'을 연구하는 자문 위원들의 압박에 숨이 막힐 지경이다. 그곳에 있으면 남자든 여자든 숨 돌릴 틈이 거의 없다.

매케인은 살아 있는 다른 어떤 누구보다 정치에 대해 많이 알고 있었다. 그는 1982년 첫 출마해 하원의원으로 당선되었고, 5번이나 상원의원 재선에 성공했다. 의료보험과 선거 자금처럼 이해관계가 매우 복잡한 사안이면 초당적 입법을 협상하기도 했다. 2000년 공화당 대통령 후보 지명을 노렸으나 실패했고, 2008년 결국 혼자 힘으로 목표를 이뤘다. 그랬더니 이번에는 무시무시하고 끔찍한 정당 관리자들이 그를 에워쌌으며, 여론조사 결과를 쥐락펴락하는 교활한 한 무리의 얼간이들에게서 '당신은 전부 잘못 알고 있다'는 이야기까지 듣게 되었다.

○ ○ ○ ○ ● ○ ○ ○

그가 어떻게 일을 하고 싶었는지 혹은 이전에 어떤 일을 했는지는 중요하지 않았다. 그의 전세기에도 버스처럼 똑같이 편자 모형의 좌석이 있었지만, 나는 그곳에 앉아 있던 사람이 아무도 기억나지 않는다. 대통령 후보자가 언론에 말 같지도 않은 말을 한다? 그 누구도 그렇게 하도록 내버려두지 않을 것이다. 매케인은 사람들에게 둘러싸여 있었으나 조용히 혼자만의 시간을 보내도록 강요받았고, 이건 그의 말대로 악몽 같은 시나리오였다. 중요 사안에 관한 그의 의견은 계속 무시당했다. 매케인은 조 리버먼Joe Lieberman이 러닝메이트가 되길 원했다. 하지만 보좌관들은 알래스카 주지사로 당선된 지 2년밖에 안 된 42세의 세라 페일린Sarah Palin이 핵심 투표 인구의 관심을 더 많이 끌 것이라 결론지었다. 그 선택은 명백히 최악의 선거 전략이었다. 노련한 안목을 지닌 실무자의 의견 따윈 신경 쓰지 않았다. 제대로 된 사람이라면 누구나 그들과 5분만 같은 공간에 있어도 두 사람이 얼마나 합이 안 좋은지 알 수 있었다. 하지만 라이언 카바노의 영화 제작 컴퓨터 시스템과 마찬가지로 기계가 더 잘 안다고 생각했다. 그리고 두 조각을 끼워 맞추려 애를 썼다.

정말 재앙이었다. 어쩌면 매케인에게는 당시 상원의원인 버락 오바마를 이길 가능성이 전혀 없었을지도 모른다. 매케인은 자기 인생을 공직에 바쳐 정치라는 위험한 세계에 스스로를 내던지길 원했다. 확신하건대 그는 더 잘할 수 있었다. 본연의 모습을 보여줄 수 있었다면, 실전 경험이 전무한 형편없는 공붓벌레보다 수십 년간 성공적인 정치 경험을 쌓아온 사람이 정치에 대해 더 잘 알 거라고 믿어줬더라면 말이다. 어쩌면 압박감이 그가 스스로를 의심하게 만들었을지도 모른다. 매케인은 평범한 사람들이 그에게 친밀감을 느낀다는 가장 중요한 사실을 알았어야 했다. 사람들은 그를 알게 되면 그를 좋아했다. 이 장의 마지막 몇 페이지를 읽고 나니 여러분은 존 매케인에 대해 조금 더 자세히 알게 되었다고 생각하는가? 그런 생각은 어디서 비롯되었는가? 단어나 숫자? 친근감 혹은 거리감? 예전보다 그에게 조금이라도 호감을 느끼는가? 이렇게 했다면 그가 이겼을지도 모른다. 하지만 그는 전혀 다른 사람이 되었고, 선거에서 패배했다.

선거 당일 오후, 나는 매케인의 측근이자 연설문 작성자인 마크 솔터Mark Salter가 호텔 방에서 주차장으로 책상을 끌고 가는 모습을 봤다. 승복 연설문을 쓰면서 줄담배를 피우려는 목적이었다. 그만큼 매케인의 패배는 피할 수 없었다. 그가 자신의 본래 모습을 저버린 것을 두고 얼마나 자책하고 얼마나 고문들을 탓했는지는 모르겠으나 매케인와 솔터는 해가 저물어가는 그 시간 동안이라도 매케인이 자기 본모습으로 선거를 완주하기로 확고한 선택을 내렸다. 마침내 공화당의 간부들에게서 해방된 매케인은 탐탁지 않았던 반동적인 사람들의 요구에서 자유로워졌다(페일린은 다시 대화를 요청했는데, 매케인은 그녀에게 마냥 정중하지만은 않게 더는 그녀의 목소리가 필요하지 않다고 말했다). 만약 존 매케인이 미국인들이 제대로 알았어야 할 사람의 모습을 보여줬다면 그의 선거운동이 얼마나 달라졌을지 궁금하고 지켜보고 싶은 마음을 누를 수 없었다. 그의 메시지는 유일했으며, 따뜻하고 친절하고 용감하고 고귀했다. 시간이 흐를수록 그의 메시지는 한때 미국 사회가 공유했던 이상이자 헐떡거리며 겨우 숨을 쉬고 있는 초당적 정신을 지키려는 최후의 몸부림이 될 것이다.

○○○○●○○○

"오늘 밤," 그는 불빛 아래 거의 반투명한 상태의 창백한 피부를 드러낸 채 말했다. "다른 어떤 밤보다도 오늘 밤, 저는 이 나라와 모든 시민에 대한 사랑만을 가슴에 품을 것입니다. 여러분이 저를 지지하든 오바마 상원의원을 지지하든 상관없습니다. 과거의 경쟁자이자 미래의 대통령이 될 사람에게 성공의 축복을 빕니다."

존 매케인이 완벽한 사람은 아니었지만, 그의 결점은 그를 인간답게 만들었다. 선거 이후 그의 삶처럼, 그와 그의 정치적 운명에 관한 모든 진실처럼 그의 인간성은 오랜 시간이 지나 서로에 대한 거리감이 별로 없을 때가 되어야 빛을 발했다. 정치와 정치인을 겉만 번지르르한 편파적인 숫자로 단순화할 때 정확하게 우리가 그 대가로 받는 것은 환상이다. 이는 신의를 저버리는 행동 중 최악이다. 우리는 냉소적인 기계가 빚어내는 독기 어린 환상에서 벗어나 우리의 눈을 믿어야 한다. 아날로그식, 즉 사람의 손때가 묻은 작업이야말로 가장 정직하고 신뢰할 수 있다. 물론 모든 일을 손으로 해야 하는 것은 아니지만, 손으로 하는 방식이 적합한 일들은 신중하고 세심하며 그 일에 필요한 도구를 사용할 줄 아는 사람들이 할 때 더 나은 결과를 보여준다. 연필로 종이에다 교정을 볼 때 가장 좋은 편집이 탄생한다. 이는 여전히 로버트 카로가 작업하는 방식이다. 매케인과 몇 주, 몇 달을 함께 보내며 절대 잊어서는 안 되는 다음 사실을 깨달았다. 정치에서 가장 중요한 것은 사람이다. 좋든 나쁘든 사람들이 어떤 동기와 희망, 두려움을 품고 있는지 파악해야 하며, 컴퓨터 모델로는 절대 이를 알아낼 수 없다. 우리 모두 각자가 카로가 그린 일련의 동심원 중 가장 작은 원을 차지한다.

5장

범죄

CRIME

숫자로
살인하기

Murder with Numbers

"나는 새로운 기술이 법 집행에 그렇게 많은 도움을 주는지 잘 모르겠다. 우리 손에 들어오는 도구는 그들 손에도 들어간다. 기술이 없었던 때로 돌아갈 수 있는 것도 아니다. 그렇게 되길 원한다고 할지라도."

_ 소설 《노인을 위한 나라는 없다No Country for Old Men》, 보안관 에드 톰 벨 1

무엇을 믿어야 할까?

드루 캐리가 〈더 프라이스 이즈 라이트〉에서 테리 니스가 완벽하게 가격을 맞힌 것을 인정하고 싶지 않다고 장황하게 이야기할 때 나는 그의 적대감을 이해할 수 없었다. 대대적인 부정행위(특별한 기술을 가진 사람이 수십 년 동안 선택되기를 기다려온 자물쇠를 선택했을 뿐이다)가 없었다는 것이 명확히 밝혀진 지 꽤 오랜 시간이 지났는데도 캐리는 모든 것에 너무 적대적이었다. 그는 도박을 부끄러워하지 않았고 블랙잭으로 한몫 챙기는 것에 우호적이었다. 우리가 이야기를 나눴을 때는 그가 막 녹화를 끝낸 시점이었다. 광고가 나가는 동안 그는 방청석에서 마이클이란 이름의 광팬과 가볍게 농담을 주고받았는데, 마이클은 지금까지의 레인지 게임 상품 가격을 놀랄 정도로 정확하게 읊었다. "당신을 베가스에 데려가야겠군요." 캐리가 말했다.

마이클의 초현실주의 버전이 테리 아니었나? 〈더 프라이스 이즈 라이트〉는 단순히 실수로 뛰어난 트럼프 도박꾼에게 미숙한 딜러가 있는 자리를 제공한 게 아니었나?

"네, 뭐. 하지만 그런 일은 일어나지 않았습니다." 캐리가 말했다.

뭐라고? 그럼 어떤 일이 일어난 거지?

"방청석에 그 남자가 있었습니다." 그가 말을 이었다. "테드요."

내가 테드 슬라우슨Ted Slauson을 발견했을 때 그는 44세였고 텍사스의 샌안토니오에 살고 있었으며 표준검사에 나온 수학 문제를 풀고 있었다. 그는 캘리포니아 북부에서 자랐고 예닐곱 살 때 〈더 프라이스 이즈 라이트〉를 보기 시작했다. 테드는 어릴 때부터 수학에 능숙했다. 숫자는 그의 네잎클로버였다. 그는 고등학생 때 상품이 반복해서 나오는 사실을 알아차렸다고 말했다. 테리가 '빅 그린 에그'로 눈치챈 것과 다르게 테드는 차량용 왁스인 터틀 왁스, 간편식 라이스 아 로니, 캠벨에서 나온 버섯 크림수프[2] 등 평범한 식료품 및 잡화가 다시 등장하면서 처음 그 사실을 알게 되었다.

바로 그때, 1984년 마이클 라슨Michael Larson이라는 이름의 파트타임 아이스크림 판매원이 〈프레스 유어 럭 Press Your Luck〉이라는 새로운 게임쇼에 출연했다.[3] 그 게임의 핵심은 정사각형 18개가 붙어 있는 빅 보드Big Board였다. 각 사각형은 1마이크로초 동안 빛과 함께 깜빡였다. 참가자가 버튼을 누르면 조명이 멈췄고 해당 참가자는 불이 들어온 사각형에 '착지'했다. 사각형 뒤에 상금이 있을 수 있다. 대개는 현금이다. 때로 사각형에는 참가자의 상금을 뺏는 악랄한 만화 캐릭터 와미가 숨어 있었는데, 사람들은 "와미는 안 돼, 와미는 안 돼"라는 다소 유명한 탄식을 내뱉기도 했다. 불빛이 계속 돌아갈 때마다 상금이 0으로 돌아갈 위험을 감수해야 했다. 따라서 참가자들은 우승을 포기할지 아니면 "운을 밀어붙일지"를 계속 선택해야 했다.

이는 라슨이 나타나기 전이었다. 그는 VCR이라고 불리는 새로운 장치를 구입해 〈프레스 유어 럭〉의 에피소드들을 녹화한 후 슬로우 모션으로 보면서 조명의 패턴을 찾아다녔다. 라슨은 인간이 진정한 무작위성을 창조하는 게 불가능에 가까우며, 인간의 타고난 리듬감으로 인해 무작위성이 불편하고 거슬리게 보인다는 사실을 알고 있었다. 그는 각 정사각형에 숫자를 부과했다. 아니나 다를까 패턴이 나타났다. 그리고 어떤 기술적인 이유든 우주적인 이유든, 라슨이 4번과 8번으로 표기했던 정사각형 뒤에는 와미가 나타나지 않았다. 그가 불빛의 타이밍을 맞춰 그 두 개의 정사각형에 착지하기만 한다면 절대 운을 밀어붙일 일은 없을 것이다. 그는 어떤 위험도 막아낼 것이었다. 〈프레스 유어 럭〉의 우승자는 보통 몇 천 달러를 집으로 가져갔다. 와미의 출연 없이 45번 연속 회전 기록을 세운 후, 마이클 라슨은 기진맥진하여 쓰러지기 전까지 요트를 포함해 카우아이와 바하마 여행권뿐 아니라 현금 10만 4,950달러를 쓸어 담았다.

테드 슬라우슨 또한 VCR(모든 발명품에는 예상치 못한 용도와 예상치 못한 기회가 따른다)을 구입해 〈더 프라이스 이즈 라이트〉를 녹화했다. 그는 상품과 가격이 적힌 정지 화면을 모았다. 그는 이미지에 숫자를 부여하면 상품과 가격을 기억하는 데 도움이 된다는 것을 깨달았다. 1989년과 1992년 사이에 테드는 로스엔젤레스로 가 20번 넘게 녹화

현장에 방문했지만 한 번도 참가자로 선택되지 않았다. 1992년 7월 15일, 마침내 그는 내려오라는 말을 들었다. 그의 이름표에는 테오도르THEODORE라고 적혀 있었다. 밥 바커가 그를 따뜻하게 맞이했다. "테오도르!" 그는 말했다. "당신이 해냈습니다! 드디어 해냈어요! 테오도르는 충성스럽고 진실한 친구들의 일원입니다. 이곳에 총 몇 번이나 오셨죠?"

"24번이요." 테드가 말했다. 당연히 그는 자신이 녹화장에 몇 번이나 갔는지 정확히 알고 있었다. 얼마 지나지 않아 〈더 프라이스 이즈 라이트〉의 단골 상품 중 하나이자 의자의 끝판왕인 버클린 컨템퍼러리 록-어-라운저가 무대에 올라왔다. 테드는 마이크 쪽으로 몸을 숙였다. 그는 이 순간을 위해 몇 년을 준비해왔다. "599달러입니다." 그가 말했다. 완벽한 입찰을 알리는 종이 울렸다.

테드 역시 가격 맞히기 게임에서 이겼다. 다만 운이라는 요소가 개입하자 그의 연승도 끝이 났다. 테리와 달리 테드는 빅휠에서 미끄러졌다. 그렇게 그의 원정은 끝났다.

테드에게 운이 좋게도 2002년 〈더 프라이스 이즈 라이트〉측은 참가 자격 요건을 완화했다. 게임에 참여한 지 10년이 지난 참가자들을 다시 출연할 수 있게 한 것이다. 테드는 다시 텔레비전 도시로 돌아갔다. 그동안 그는 VCR을 컴퓨터에 있는 비디오 캡처 장치로 바꿨다. 그는 1,300개에 달하는 상품이 담긴 디지털 플래시 카드를 만들었는데, 연습 시 약 한 시간이면 모든 카드를 훑을 수 있었다.

2002년 5월 밥 바커 스튜디오 밖에서 대기 중이었던 테드는 브랜든이라는 젊은 남자를 만났다. 테드는 브랜든에게 본인 이름이 불려질 만큼 운이 좋다면, 대답을 말하기 전에 먼저 자기에게 확인 받으라고 말했다(〈더 프라이스 이즈 라이트〉는 항상 관객 참여를 유도했다. 관객들이 제시된 가격을 합창하면 새로운 상품이 등장한다). 브랜든은 자기 이름이 불리는 것을 들었다. 나는 해당 에피소드 녹화본을 찾았는데, 브랜든은 자신 앞에 두케인 가스 그릴이 나타나자 정확하게 테드를 응시했다. 테드는 손으로 입찰가 신호를 보냈다. 1,554달러였다.

완벽한 입찰을 알리는 종이 울렸다. "방송에서 이 상품을 본 적이 있나요?" 밥 바커가 브랜든에게 물었다. "아뇨. 저기 방청석에 있는 어떤 남자가 답을 알려 줬어요." 스튜디오 카메라들이 테드를 발견했고, 테드는 엄지를 치켜세웠다. "음, 이제야 설명이 되는군요." 바커가 말했다. 4분 후, 브랜든은 차를 얻었다.

브랜든은 테드에게 상금을 떼어 주지 않았지만, 테드는 정말로 그 돈이 필요하지 않았다. 테드가 바란 건 인정이었다. 그는 인정을 갈망했다. 그는 자신이 어떤 것에 대해 최고라는 느낌을 즐겼다. 비록 〈더 프라이스 이즈 라이트〉의 게임을 마스터하는 것일지라도 말이다. 텔레비전 시티의 스튜디오에서만큼은 그는 산꼭대기에서 신탁을 받는 사람이었다. 테드는 다신 자기 이름이 불리는 것을 듣지 못했지만, 사회자가 밥 바커에서 드루 캐리로 바뀐 후에도 순례를 멈추지 않았다. 계속 줄을 서서 스튜디오에 들어가기를 기다렸으며, 만약 호감이 가고 도움을 받을 만하다고 느껴지는 사람을 만난다면, 그는 이렇게 말할 것이다. '저를 보세요.'

2008년 9월 22일 아침, 테드는 동틀 무렵의 어둠 속에서 문이 열리기를 기다렸다. 그는 세 번째로 대기 중이었다. 앞의 두 사람은 노버트와 프랜시스라는 노부부였다. 네 번째와 다섯 번째로 서 있는 사람들은 친절한 얼굴과 굵은 목소리를 가진 한 남자와 테드에게 자신의 반려견 크리스탈을 떠나보낸 일을 이야기한 여자였다. 테드는 두 사람이 마음에 들었다. 두 사람의 이름은 바로 테리 니스와 린다 니스였다.

"저를 보세요." 테드가 둘에게 말했다.

테리는 자기 이름이 불리는 걸 들었다. 그리고 빅 그린 에그가 나왔다. 그의 데이터베이스에 따르면 그릴이 쇼에 상품으로 세 번째 등장하는 건 비교적 드문 일이었다. 가격은 방송 회차마다 달라졌는데, 900달러에서 1,175달러로 올랐다(확인한 결과 모두 사실이다). 테드는 자신이 테리에게 1,175달러로 가라고 했으며 그래서 테리가 정확히 맞혔다고 말했다. 그날 사람들은 모두 테드를 바라보기 시작했고, 모두가 승리했다. 테드는 테리가 '스위치?' 게임을 할 때 유일하게 실수했다고 말했다. 테리는 자전거가 두 대인 것을 몰랐고 메모리 용량이 많은 테라바이트처럼 들린다고 생각했기 때문이다. 테드는 버크라인 컨템퍼러리 록-어-라운저가 599달러이고 브랜든의 듀케인 가스 그릴이 1,554달러라는 것을 맞혔듯 그날 다른 모든 상품의 금액을 알고 있었다. 그날 아침, 테드 역시 완벽한 게임을 펼쳤다. 심지어 테리가 진출한 쇼케이스의 상품 금액까지 정확하게 맞혔다. 그건 테드가 좀처럼 성공하지 못한 게임이었다.

테드는 그날 오후 두 번째 녹화를 위해 녹화장에 돌아왔다고 내게 말했다. 캐시 그레코는 그를 "시칠리아인의 분노를 담아 죽일 듯" 노려보았다. 테드는 참가자들이 그의 입모양을 볼 수도 그의 말을 들을 수도 없는 자리를 배정받았다. 그리고 대다수가 게임에서 이기지 못했다. 테리가 라스베이거스 카지노에 출입을 금지당했듯 그는 나중에 비공식 채널을 통해 자신이 밥 바커 스튜디오에서 더 이상 환영받지 못한다는 소식을 들었다. 그날이 테드의 〈더 프라이스 이즈 라이트〉의 마지막 순례였다.

테드는 테리가 이긴 것에 화가 나지 않았다. 이번에도 그는 상금을 떼주길 원하지 않았다. 하지만 테드는 자신이 한 일에 대한 칭찬을 바랐다. 그는 지금껏 쌓은 전문 지식을 얻기 위해 거의 평생을 바쳤다. 그런데 어쩌다 첫 녹화를 하게 된 사람이 마땅히 테드가 가졌어야 할 역사적인 승리를 거두고 떠났으며, 자신들을 정당화하기 위한 이야기까지 생산했다. 내가 테드와 이야기했을 당시 그는 이제 그 쇼를 아예 보지 않는다고 말했다. "그냥 더 이상 재미가 없어요"라고 말했다. "지금은 생각만 할 뿐입니다. 상금이 100만 달러였으면 좋겠다고요." 테리는 프로그램을 향한 테드의 사랑을 포함해 〈더 프라이스 이즈 라이트〉의 모든 것을 부숴버렸다.

나는 테드와 전화를 끊었고 이마에서 땀이 나기 시작하는 걸 느꼈다. 나는 저널리즘에서 하지 말아야 할 가장 기본적인 죄를 저지르고 말았다. 취재 대상과 사랑과 비슷한 감정에 빠졌던 것이다. 나는 테리 니스를 정말 좋아했고 여전히 좋아한다. 나는 그의 이야기를, 날씨에서 블랙잭으로, 또 〈더 프라이스 이즈 라이트〉로 이어지는 흐름을 좋아했다. 세상을 특정한 방식으로 바라보면 모든 게 미리 정해진 것처럼 보일 수 있다. 운명이 형이상학적 관념이라기보다는 물리적 힘으로 다가오는데, 그 순간 여러분의 삶이 어떻게 풀리느냐에 따라 위로가 되거나 공포가 된다. 게다가 나는 테리와 함께한 시간이 즐거웠다.

그의 이야기가 사실이었으면 좋겠다고 생각했다. 왜냐하면 그에 대한 나의 애정이 더럽혀지지 않길 바랐기 때문이다. 나는 테리의 이야기뿐 아니라 내 욕심에도 굴복하고 말았다. 좋은 이야기에 대한 욕심과 더불어 좋은 사람들과 함께 있고 싶다는 욕심 말이다. 테드 역시 좋은 사람이었다. 오히려 집중력, 평생을 바쳐 탄생시킨 잠재력을 증명하는 시각 테스트의 목적에 테리보다 더 부합하는 사람이었다. 만약 테드가 진실을 말하고 있다면, 테리는 그렇지 않을 것이었다.

일례로 드루 캐리는 테드의 말을 믿었다. 〈더 프라이스 이즈 라이트〉에서 금지되었던 사람은 테리가 아닌 테드였다. 나는 테드의 성공을 보고 그의 진술이 사실임을 확인했다. 그가 내게 말한 모든 것이 확인되었다. 테드의 이야기는 테리의 이야기보다 더 완전한 것처럼 느껴졌다. 덜 극적이었지만 더 정확했으며 덜 허술했다. 테리는 테드가 부정 선수라는 것을 전혀 몰랐으며 그동안 자신이 공부해온 것이 아닌 처음 본 테드를 신뢰할 이유가 없다고 반박했다. 이 말이 사실일 수도 있다. 동시에 테리의 주장이나 다른 어떤 말을 뒷받침하거나 부인해줄 확실한 증거도 없었다. 테리는 또한 쇼케이스에서 완벽한 입찰가를 부른 건 운이 따른 결과이며, 자신의 지식을 감안할 때 2만 3,000달러라는 근사치에 충분히 도달할 수 있었지만 마지막 세 자리 743달러는 이전의 행운을 바탕으로 한 추측이었다고 말했다. 바로 린다와 결혼한 날짜인 4월 7일과 그녀의 생일인 3월을 나타낸다는 것이다. 테리는 증거로 그들의 결혼증명서와 린다의 여권을 보여주었다. "내가 당신에게 보라고 강요한다는 것을 알고 있습니다." 그가 나에게 말했다. 만약 그가 그 사건 이후 이야기를 지어냈다면 사실을 기반으로 지어냈을 것이다.

나는 여전히 테리와 테드가 둘 다 진실을 말하고 있다는 실낱같은 희망을 품고 있었다. 어느 날 아침, 강박적인 두 남자가 우연히 서로의 옆에 앉아 같은 욕망을 나누고, 같은 방식으로 사랑을 표현했을 가능성이 충분하다. 또한 패턴은 무작위로 발생하기도 한다. 하지만 내 입장에서 이는 마술적인 생각을 전제로 한다. 과연 그럴 확률이 얼마나 될까?《에스콰이어》에 이 글의 초고를 썼을 때, 나는 테리와 테드의 이야기를 모두 제시했고 누가 진실을 말하고 있는지는 독자의 판단에 맡겼다. 나는 테리가 린다와 함께 우승 상품으로 떠난 밴프 여행에 관해 들려준 이야기로 끝맺었다("너무 훌륭했습니다"). 테리는 내게 비버를 입에 물고 있는 늑대를 보았다고 말했다. 그는 사진을 찍으려 했지만 카메라를 만지작거리다가 놓쳤다. 그들은 호텔로 돌아가서 사람들에게 그들이 본 것을 이야기했다. 하지만 입에 비버를 물고 있는 늑대를 본 사람은 아무도 없었다. 그래서 누구도 그들이 진실을 말하고 있다고 생각하지 않았다.

누구를 믿을지 당신은 어떻게 결정할 건가?

법의학의 발전과 함정

1829년 세계 최초의 근대 경찰대로 널리 여겨지는 런던광역경찰청의 설립은 세상에 법치 질서를 가져다주는 길고 험난한 여정의 시작이었다. 영국은 거의 7세기 동안 웨스트민스터 헌장의 통치를 받아왔으며,

런던경찰청은 오합지졸에다 비효율적인 자원봉사 수준의 교구 내 순경과 경비원들을 교체했다. 사람들, 특히 범죄자들은 험상궂은 느낌의 달갑지 않은 존재를 빨리 받아들이지 못했다. 거리에서의 정의와 공적인 정의 사이의 경계가 모호하게 남아 있었다.

회의적인 대중의 시선 속에서 새로운 경찰이 합법성을 얻을 방법은 두 가지였다. 놀랄 것도 없이 그들은 두 가지 모두를 사용했다. 바로 무섭고 가차 없는 폭력과 범죄 해결을 위한 체계적인 접근법을 구축해가는 것이었다. 런던경찰국은 검거율이 흠잡을 데 없는 것으로 보여야만 런던경찰국으로 존재할 수 있었다. 런던경찰국뿐 아니라 세계는 범죄학이라는 과학을 발전시키기 위해 끊임없이 노력했다.

경찰 업무의 근본은 신원 확인이다. 누가 누구에게 무슨 짓을 했는가를 조사하는 것이다. 19세기 후반 경찰은 알퐁스 베르티옹-Alphonse Bertillon이라는 프랑스 인류학자가 제시한 특정 방법에 의존하여 오른쪽 얼굴에 사람들의 이름을 표시해 분류하기 시작했다. 통계학자의 아들이자 어쩌면 미치광이일지도 모르는 그는(그의 악마 같은 눈빛은 주술사와 눈빛에 비견되었다) 베르티옹 시스템Bertillon System을 고안했는데, 이것은 재범자를 식별하기 위해 신체를 측정해 그 특징을 표준화해 기록하는 시스템이었다(그의 인체측정학에는 팔 길이 측정에서 시작해 코의 윤곽을 분류하는 것이 필수였다. 즉 매부리코 혹은 직선코, 들창코 등 모든 종류의 코가 포함되어 있었다). 카메라가 등장하자 베르티옹은 머그샷도 표준화했다. 1850년대 최초로 영국 버밍엄의 경찰이 범죄자들의 사진을 찍었다고 여겨지지만, 그들의 초기 사진은 일상적인 사진과 별반 다를 게 없어 일관성이 부족했다. 베르티옹 식의 어색한 정면과 옆모습 헤드샷은 오늘날까지도 우리가 범죄자들을 촬영하는 방식으로 남아 있다.

그의 시스템은 널리 뻗어나갔으나 완벽하진 못했다. 아이들 혹은 시간이 흐르면서 신체 비율과 특징이 극적으로 변하는 사람들을 표준화하는 덴 소용이 없었기 때문이다. 베르티옹은 또한 자신에게 있지도 않은 힘이 있다고 주장했고, 그것이 때로 처참한 결과를 낳았다. 그는 1894년과 1899년 악명 높은 오심을 조장할 수 있는 그럴듯한(하지만 부정확한) 필적 분석을 증거로 알프레드 드레퓌스Alfred Dreyfus의 유죄 입증에 도움을 준 전문가 중 한 명이었다. 하지만 베르티옹 시스템은 인간 신체 범위가 제한된 탓에 한계를 드러냈다. 인간의 몸을 아무리 세심하게 측정한다 해도 영혼만 다를 뿐 외모가 똑같은 이들이 있었다.

1887년 당시 졸리에트에 있는 일리노이주립교도소 소장이었던 로버트 W. 맥클로리Robert W. McClaughry 소령은 베르티옹 시스템을 미국으로 들여와 간수들의 기록 관리에 도움이 되기를 바랐다. 1899년 그는 캔자스주 레번워스에 있는 연방교도소 소장이 되었고, 아들 M. W. 맥클로리를 기록 사무원으로 임명했다. 1901년, 레번워스교도소는 특별히 주목할 게 없는 윌리엄 웨스트William West를 손님으로 맞이했고, M. W. 맥클로리는 그의 신체를 측정하는 영광을 누렸다. 2년 후 윌 웨스트Will West라는 사람이 왔다. 두 재소자는 한 가지 이상을 공유하고 있었다. 베르티옹 시스템에 따르면 이들은 동일 인물이었으며, 오늘날까지 그들의 머그샷은 구분이 거의 불가능한 사진으로 남아 있다.[4] 하지만 그들은 의심할 여지없이 다른 두 남자였다. 동시에 같은 장소에 있었기 때문이다.[5]

1904년 M. W. 맥클로리는 세인트루이스에서 열린 세계박람회에 참석했고, 그곳에서 런던경찰국 소속 존 K. 페리에르John K. Ferrier 중사를 만났다. 그는 지문이라는 이제 막 떠오르는 과학의 선구자였다. 인류가 지문을 이해하기까지는 오랫동안 여러 사람의 창의적인 노력이 필요했다. 1788년까지 거슬러 올라가면 J. C. A. 메이어J. C. A. Mayer라는 독일의 해부학자는 손가락 끝에 있는 마찰 능선 무늬가 사람마다 독특하게 나타난다고 썼다. 1853년 영국 출신의 윌리엄 제임스 허셜 경Sir William James Herschel은 동인도 회사에서 근무하기 위해 인도로 이주했는데, 그곳에서 손바닥 프린트로 '서명한' 도로 공사 자재 계약서를 받았다. 그는 이 마찰 능선이 개인의 고유한 것일 뿐만 아니라 변하지 않는다는 사실을 증명하는 데 평생을 바쳤다(잠시 생각해보자. 사실상 우리 몸의 다른 모든 부분은 변화를 거친다. 그런데 지문은 그렇지 않다). 1880년 영국 출신의 의사이자 선교사 헨리 폴즈Henry Faulds는 처음으로 지문이 범죄자들을 식별하고, 더 중요하게는 무고한 사람들의 무죄를 밝히는 데 사용될 수 있다고 제안했다. 찰스 다윈의 사촌이자 유전의 물리적 특성에 관심이 있었던 프랜시스 골턴 경Sir Francis Galton은 환상선과 와상문, 분기점, 끝점, 고립 등을 포함해 지문의 '특징점minutiae'이라고 명명한 것을 체계적으로 정리하며 크게 공헌했다. 이는 '골턴의 디테일Galton's Details'이라는 유쾌한 이름으로 대중에게 알려졌다. 1892년 아르헨티나에서 일어난 소름 끼치는 아동 살해 사건은 지문 증거(이 사건에서 지문에는 피가 묻어 있었다)로 해결한 최초의 범죄 사건이 되었다. 그리고 10년 후 우리의 열정적인 친구 알퐁스 베르티옹은 지문을 활용해 파리에 사는 살인자를 체포했고, 자신의 확장되는 분류 체계에 지문을 추가했다. 세인트루이스에서 열린 세계박람회가 끝나자마자 맥클로리 가족은 새로운 과학적인 신원 확인 방법을 도입했으며, M. W. 맥클로리의 첫 피험자 중에는 윌리엄과 윌 웨스트도 있었다. 그들의 지문은 분명히 달랐기에 둘을 구별할 수 있는 유일한 실질적 수단이었다.[6]

그렇게 법의학 분야는 의미 있는 발걸음을 떼기 시작했다. 때로 큰 키를 작은 키로, 뚱뚱한 몸을 마른 몸으로 혼동하는 목격자들의 미심쩍은 기억은 신경 쓰지 않아도 됐다. 머리카락과 조직 샘플, 신발과 타이어 자국, 물린 자국, 화상 패턴, 손 글씨 샘플, 핏자국 패턴 분석은 형사 재판에서 인간의 진술을 대체하는 경우가 많아졌다. 1988년 영국 레스터셔에서 아동 강간범이자 살인자인 콜린 피치포크Colin Pitchfork를 유죄로 판결하기 위해 DNA 증거를 처음 사용하면서 법의 심판은 점점 더 엄격해졌다.[7] 과학이 발전하면서 정의가 우세했다.

안타깝게도 지문이 활용되기 시작한 후로 DNA 분석이 발전하기 전까지 우리는 비과학적 허튼소리에 속았고, 그 때문에 많은 무고한 남녀들이 목숨을 잃었다. 실제로 피치포크 사건에서 다른 남자가 유죄 판결을 받기도 했다. 소위 '과학'의 희생자이자 경찰 심문의 피해자인 그는 심지어 자백까지 했다.[8] '쓰레기 법의학'은 실제 과학의 꽁무니를 좇아가는 그럴싸한 헛소리의 흔적이자 실패의 결과가 고귀한 상대편의 성공에 가려 잘 알려지지 않으며 훨씬 치명적이라는 점에서 '나쁜 통계'와 무서울 정도로 비슷하다. 거짓의 눈으로 세상을 볼 때 진실에 눈이 멀지 않기란 어렵다.

360명이 넘는 미국인들이 기소 후 DNA 분석을 통해 무죄를 선고

받았다. 그들 중 거의 절반은 심각한 결함이 있는 법의학적 논쟁으로 유죄 판결을 받았었다(배심원들은 CSI와 같은 경찰 수사물로 인간의 증언보다 법의학적 증거를 더 신뢰하게 되었다). 일례로 인디애나주 경찰 데이비드 캠David Camm은 아내와 두 아이를 살해한 혐의로 13년을 복역했는데, 그의 티셔츠에서 발견된 8개의 핏자국에 대한 '전문가들'의 증언으로 유죄 판결을 받았다. 그러나 이후 악명 높은 한 도둑이 저지른 일로 밝혀지며, 캠은 풀려났다.[9] 캠의 변호사 중 한 명인 리차드 캠먼Richard Kammen은 핏자국 패턴 분석에 대해 "사람들은 자기가 보고 싶어 하는 것을 본다"고 말했다. "점괘판과 정확하게 같은 원리죠."

키스 하워드Keith Harward는 부당하게 강간과 살인이라는 유죄 판결을 받은 후 33년을 감옥에서 보냈다. 서로 다른 분석가 6명이 희생자의 몸에 난 물린 자국과 그의 치아의 모양이 일치한다는 의견을 낸 것이 주된 이유였다(6명의 분석가 중 한 명인 로웰 레빈Lowell Levine은 물린 자국이 지문만큼 명확하다고 주장했다). 하워드 역시 나중에 DNA 증거로 무죄가 입증되었고, 기소 과정에서 '쓰레기 과학'의 사용을 반대하는 캠페인을 시작했다. 그는 뉴올리언스에서 열린 한 컨퍼런스에서 법의학 치과의사의 판넬을 부순 후 놀란 청중들에게 이렇게 말했다. "이곳에 신은 존재하지 않습니다."[10]

카메론 토드 윌링엄 Cameron Todd Willingham은 그의 결백을 인정받지 못했다. 그는 1991년 12월 텍사스주 코르시카나 자택에서 화재로 사망한 세 자녀의 죽음으로 사형을 선고받았다. 윌링엄이 불타는 집에 다시 들어가는 것을 막기 위해 경찰은 그에게 수갑을 채워야 했다. 이후 그는 방화 혐의로 기소되었고, 코르시카나의 부소방서장 더글러스포그Douglas Fogg와 텍사스주의 주요 방화 조사관 중 한 명인 마누엘 바스케스Manuel Vasquez의 증언으로 유죄 판결을 받았다. 포그는 작가 데이비드 그랜David Grann에게 "불이 말을 한다는 것을 알게 될 것입니다"라고 말했다. 바스케스 역시 비슷한 주장을 했다. "이야기는 불이 해줍니다. 전 통역사에 불과하죠." 그는 이렇게 말하는 것을 좋아했다. 윌링엄이 사형을 당하기 몇 주 전, 훨씬 더 전문적인 분석을 거친 결과 화재는 잘못된 배선이나 실내 난방기 고장으로 우연히 발생한 사고로 추정되었다. 사건이 발생한 날 겨울의 아침은 추웠다. 그러나 텍사스주는 진짜 과학에는 꿈쩍하지 않았고, 윌링엄은 2004년 2월 독극물 주사로 사망했다. 그의 유언 중에는 다음과 같은 말이 있다. "내가 하고 싶은 유일한 말은, 내가 저지르지 않은 범죄로 유죄 판결을 받은 무고한 사람이라는 것이다."[11]

죽음과 달리 좋은 경찰 업무에는 지름길이 없다. 어떤 면에서 거대한 재능이자 저주인 동시에 진실이자 거짓인 법의학이라는 학문 전체는 창시자 중 한 명인 알퐁스 베르티옹으로 귀결되었다. 그의 이야기는 분석의 이야기다. 그는 몇 가지 일에 굉장히 뛰어났으며 그의 업적의 일부는 오늘날까지 업적으로 남아 있다. 하지만 법의학이라는 합리성에 근거한 처벌은 그가 스스로 완전무결하다는 비이성적인 믿음을 갖게 했다. 그는 시민들에게 각자만의 비밀이 담긴 그릇이 있다고 보았으며, 때때로 엄청난 광기에 빠져 거울을 들여다보며 그 비밀을 파헤치기 위해 지구에 놓인 기계적 매커니즘을 보았다. 하지만 그가 거울에서 봤어야 할 것은 다름 아닌 평범한 인간의 모습이었다.

알고리즘이 만들어내는 차별

최근에는 범죄와 범죄 예방을 '객관화'하기 위해 알고리즘을 광범위하게 사용한다. 데이터는 오랫동안 어느 지역에 더 강력한 경찰력이 필요한지를 결정하는 용도로 사용되어 왔다. 구급차 서비스 기관이 통화량을 분석해 교대 시간마다 필요한 구급대원의 수를 결정하는 걸 돕는 방식과 동일하다. 이제 알고리즘은 그들을 고용한 정부를 대신해 신상과 관련한 결정을 내리는 데 더 많이 사용된다. 필라델피아에서는 인공지능이 보호 관찰 기간에 밀착 감시가 필요한 사람을 결정한다. 네덜란드에서는 알고리즘이 복지수혜자 중 제도를 편법으로 이용하고 있을 가능성이 큰 사람을 골라낸다. 영국 브리스톨에서는 범죄에 대한 욕망을 키울 확률이 높은 10대 청소년들을 표시하도록 하는 예측 알고리즘이 고안되었다.

알고리즘 지지자들은 사법 제도에 알고리즘을 도입하는 것을 옹호한다. 알고리즘이 언제나 다음과 같은 특성을 잃지 않기 때문이다. 바로 더 저렴하고, 더 효율적이며, 편견이나 판단력이라는 실수에 덜 취약하다. 만약 기계가 여러분의 징역형을 결정하는 게 걱정스럽다면, 여러분의 운명을 기분 나쁜 하루를 보내고 있을지도 모르는 판사의 손에 맡기면 된다. 필라델피아의 보호 관찰 위험 알고리즘을 설계한 리처드 버크**Richard Berk** 펜실베이니아대학 교수는 "비행기의 자동 조종 장치가 알고리즘입니다"라고 말했다. "우리는 자동 조종 장치가 충분히 믿을 만하며, 심지어 인간 조종사보다 더 신뢰할 수 있다는 걸 알고 있습니다. 여기서도 같은 일이 일어날 겁니다."[12]

버크의 말이 맞을지도 모른다. 콩코드기의 이륙 금지 조치를 제외하면 인간이 속도를 늦추기로 선택한 적은 거의 없다. 하지만 우리가 법률을 적용하는 방식에 기계가 어떤 영향을 미칠지 우려하는 목소리가 커지고 있다. 극빈과 인권 문제로 유엔에서 특별조사관으로 활동 중인 필립 올스턴Philip Alston은 인공지능을 제대로 활용하지 못하는 정부들이 "좀비와 같은 디지털 복지 디스토피아에 빠질 위험"을 무릅쓰고 있다고 경고했다. 사법 제도는 데이터의 광범위한 적용이 특히 우려되는 분야처럼 보인다. 맞는 말 같다. 실제로 그렇기 때문이다.

수학자이자 데이터 과학자인 캐시 오닐Cathy O'Neil은 자신의 베스트셀러인 《대량살상 수학무기Weapons of Math Destruction》에서 빅데이터의 위험성에 대해 철저히 파헤친다.[13] 오닐은 선천적으로 숫자에 끌렸다. 어린 시절 그녀는 소수에 집착했고 지나가는 자동차 번호판에 적힌 숫자들로 인수분해하는 데 몇 시간을 보냈다. "수학은 지저분한 세상에서 도망칠 수 있는 깔끔한 피난처를 제공해줬습니다"라고 그녀는 회상했다. 하지만 이후 어른이 된 그녀는 바너드대학의 교수로 시작해 2008년 경제 위기 때는 헤지펀드의 데이터 분석가로, 마지막으로 개혁가이자 휴머니스트로서 수학이 어떻게 세상의 혼란을 '가중시키는지' 가까이서 지켜봤다.

정말이지 그녀는 끝내주는 책을 썼다. 오닐은 알고리즘이 사용되는 무수한 방법과 그 은밀한 효과를 면밀하게 탐구했다. 알고리즘의 효과는 우발적이기도 하고 의도적이기도 하지만, 거의 예외 없이 가난하고 교육받지 못한 힘없는 사람들을 목표로 한다. 그녀의 계산에 따르면 컴퓨터 모델은 규모를 갖추고 부정할 수 없는 피해를 주며 난

해한 데다 결함이 드러나도 수정이 제대로 이뤄지지 않는다면 충분히 대량살상무기가 될 수 있다. 그녀는 이러한 요건을 갖춘 사례를 꽤 발견했다.

구글 검색창에 잘못된 검색어를 입력하면 졸업장을 찍어내는 공장이나 소액단기대출에 관한 광고가 무차별적으로 뜨기 시작할 것이다('PTSD'를 검색하면 여러분의 이름이 예상치 못한 메일링 리스트에 올라가게 될 것이다. 피닉스대학과 같은 사기 기관은 참전 용사들을 대상으로 하는데, 그들이 부풀려진 등록금을 내기 위해 정부 대출을 쉽게 받을 수 있기 때문이다). 기업들은 신용점수와 겉으로만 그럴 듯한 알고리즘을 활용한 '인성검사'를 통해 빚이 있거나 정신질환을 앓았을 수 있는 구직자를 걸러냄으로써 그들의 고립감과 절망감을 더 키운다. 자동차보험의 요율을 설정할 때도 동일한 신용점수를 사용하여(재정 신뢰성이 운전자의 신뢰성으로 해석되기 때문일 것이다), 깨끗한 운전 기록을 가졌지만 빚이 있는 사람에게 음주운전 유죄 판결을 받았지만 상환 능력이 있는 사람보다 더 많은 보험료를 청구한다.

수학적 모델은 본질적으로 집단적 효율성을 위해 개인의 공정성을 희생하며, 누군가가 방정식의 함정에 빠져도 수정이 어렵다. 기계는 오닐이 말한 "굽히지 않는 평결"을 내리는 경향이 있다. 또한 제조사들이 주장하는 것만큼 객관적이지 않다. 우리는 우리가 할 수 없는 일들을 가능하게 해주는 수많은 도구를 발명해왔다. 하지만 이 도구들은 우리와 적당히 객관적인 거리를 유지할 만큼 떨어져 있는 존재가 아니다. 공장 바닥에서 우리를 대신해주고 있는 로봇처럼 우리 자신의 '연장선'에 있다. 마이크로소프트가 2016년 테이Tay라는 이름의 트위터 챗봇을 공개했을 때 이 로봇이 참을 수 없을 정도로 고집불통이 되는 데 24시간이 채 걸리지 않았다. 마이크로소프트는 공격적인 트윗을 삭제하려는 시도를 포기하고 플러그를 뽑았다.[14] 알고리즘은 우리가 가지고 있는 모든 것을 포함하고 있다. 우리가 결정하는 데 도움 받기 위해 사용하는 기술들은 그 자체로 우리가 해온 결정의 결과물이며 그렇지 않은 척 행동하는 건 미친 짓이다. 기독교인이 사이언톨로지Scientology를 '사이비 종교'로 치부하거나 야구 선수가 월리볼Whirlyball을 '날조된 스포츠'로 조롱하는 것과 마찬가지로 알고리즘의 처리 과정에도 결함이 있다. 기독교와 야구는 자연적으로 발생한 게 아니다. 알고리즘도 마찬가지다. 오닐은 "컴퓨터 모델은 수학에 내재된 주관적 의견이다"라고 썼다.

그녀는 우리가 인종주의자라고 부르는 사람들의 회로에 단단히 연결된, 그 자체로 원시적인 예측 모델인 인종차별주의자에게 주목했다. 많은 컴퓨터 모델이 사람들을 비슷한 개인들끼리 묶어 '버킷'이라는 단위로 분류한다. 이렇게 묶인 개인들은 특정 방식으로 행동할 것으로 예측되며, 그 예측 가능한 행동은 그 사람에게 주어지는 특정한 대우나 관심을 정당화한다. 훌륭한 선생님은 긍정적인 자질을 보여주므로 그에 대한 보상을 받아야 한다. 나쁜 선생님은 부정적인 자질을 보여주므로 해고되어야 한다. 인종차별주의자들은 어떤 회로를 가지고 있는가? 그들은 인종이 그 사람의 행동에 (부정적인) 영향을 미치므로 유색인종은 다른 사람들과 다르게 (부정적으로) 대우받아야 한다고 생각한다. 인종차별주의자들은 알고리즘과 마찬가지로 실제 행동으로 사람을 판단하기보다는 예상되는 행동을 기준으로 사람을 먼저 분류한다.

알고리즘 창조자들은 인종이 그들의 모델에 명시적으로 반영되지 않기 때문에 인종차별적이지 않다고 주장할지도 모른다. 하지만 많은 알고리즘이 특히 위험 요소에 관한 결과를 예측할 때 지역 우편번호를 활용한다. 자동차보험의 예로 돌아가보자. 여러분은 자동차가 등장한 이후로 가장 안전하게 운전하는 운전자다. 하지만 알고리즘이 "매우 위험하다"고 간주하는 동네에 산다면 똑같은 보장을 받는 보험이라도 바깥 동네에 사는 덜 유능한 운전자보다 더 많은 요금을 내야 한다. 게다가 "질 나쁜" 동네는 높은 비율로 소수자들이 사는 지역인 경우가 허다하다. 오닐은 "대체로 분리된 도시의 지리는 인종차별을 반영하는 매우 효과적인 대용물이다"라고 썼다. 알고리즘은 '누가', '왜' 그랬는지 이해하기 어렵기 때문에 세상을 '무언가'의 기본 집합으로 분류한다.

안면인식은 객관적 '분류'가 가장 터무니없는 주관적 예시가 될 수 있음을 보여준다. 1억 1,700만 명으로 추산되는 미국인들의 얼굴이 경찰의 신원 확인 네트워크에 다운로드되어 있다는 것을 알게 되면 깜짝 놀랄지도 모른다.[15] 이 데이터는 백인 남성들에게 사용될 때 정확하다고 입증되었는데, 누가 이 네트워크를 디자인했는지 맞추는 건 놀라운 일이 아니다. 연구는 안면인식이 유색인종(구글은 2015년 사진 앱이 웃고 있는 아프리카계 미국인 세 명을 고릴라로 인식했을 때 진땀 나는 사과문을 발표해야 했다)과 슬픔에 잠긴 유색인종 여성을 정확하게 식별하지 못한다는 것을 증명했다. 한 연구에서 안면인식 알고리즘이 어두운 피부를 가진 여성 271명의 사진을 조사했는데, 그들의 얼굴과

이름을 정확하게 파악하는 다소 힘든 과제는 차치하더라도 여성의 35퍼센트를 남성으로 식별했다.[16]

2020년 1월 디트로이트에서 아프리카계 미국인 로버트 줄리언-보르차크 윌리엄스 Robert Julian-Borchak Williams는 원치 않는 주목을 받았다. 그는 안면인식 알고리즘이 얼굴을 잘못 식별하는 바람에 체포된 최초의 미국인이다.[17] 그때부터 미시간주의 미국시민자유연맹ACLU은 그를 도왔다. "저희는 안면인식에 대한 경종을 울리려 적극적으로 활동했습니다. 안면인식이 효과가 있을 때는 사생활을 위협했고, 효과가 없을 때는 모든 이에게 인종차별적인 위협이 되기 때문이죠." ACLU 변호사가 말했다. 어느 날 윌리엄스가 일을 마치고 집으로 돌아왔을 때 경찰은 그를 차도로 몰아넣고 아내와 흥분한 두 딸이 보는 앞에서 수갑을 채웠다. 그는 시놀라에서 시계 5개를 훔친 혐의로 기소되었다. 윌리엄스는 사진을 찍히고, 지문을 채취당하고 면봉으로 입안을 긁힌 뒤 밤새 구치소에 수감되었다. 다음날, 그는 취조실에서 두 명의 형사 맞은편에 앉았다. 그들은 가게의 감시 카메라 영상과 스틸 사진을 보여주었다. 컴퓨터는 윌리엄스와 사진 속의 남자가 동일 인물이라고 주장했으나, 형사들을 포함한 취조실 내 모든 사람은 두 사람이 다른 사람임을 바로 알 수 있었다. 둘은 100년도 더 전에 있었던 윌리엄과 윌 웨스트보다 훨씬 덜 닮았다. 윌리엄스는 사진을 집어 들어 얼굴 옆에 갖다 댔다. "이건 제가 아닙니다." 그가 말했다. "당신들은 흑인이라면 모두 닮았다고 생각합니까?"

그 인종차별적인 컴퓨터는 확실히 그렇게 생각했다.

통계는 어떻게 인간 행동을 왜곡하는가

특정 행동을 측정하기 위해 설계된 통계가 측정해야 할 행동을 바꾸는 경우도 있다. 다시 말해 지각이 있는 인간은 자신이 연구되고 있음을 인식하면 관찰자의 욕구를 충족시키거나 교묘히 빠져나가기 위해 다르게 행동한다. 이는 알고리즘이 어떻게든 우리와 독립된 존재라는 위험한 주장을 뒤집는다. 알고리즘은 인간이 만들었을 뿐만 아니라 사람들이 스스로 감시당하고 있다는 사실을 알지 못할 때 효과가 있다. 나는 열정적인 플레이와 솔직한 말솜씨로 유명한 아이스하키 선수 숀 손튼Shawn Thornton(지금은 은퇴했다)이 데이터가 행동에 미치는 효과에 관해 한 말을 좋아한다. 볼 점유율은 많은 스포츠에서 중요한 통계다. 만약 여러분이 상대보다 더 오래 공 혹은 퍽을 갖고 있다면 여러분에게 이득이 될 것이다. 손튼는 스탠리 컵 우승팀 보스턴 브루인스Boston Bruins가 퍽 점유율이 높은 이유에 관한 질문을 받았다.

"왜냐하면 아무도 그 빌어먹을 점유율에 대해 말하지 않았기 때문입니다." 그가 말했다. "누구도 그것을 의식하거나 그 통계에 대해 언급조차 하지 않았습니다. 우리는 열심히 포체킹(아이스하키에서 상대의 공격을 상대 진영 내에서 방어하는 기술 - 옮긴이)을 해 퍽을 되찾았고, 전방에서 퍽을 놓치지 않는 기술을 여러 개 보유하고 있었으며 퍽을 끝까지 고수할 수 있는 무시무시한 선수들도 많았습니다…. 우리는 득점시 속임수를 쓰는 선수도 없었습니다. 전 백체킹(아이스하키에서 상대편 선수가 공격을 위해 돌진할 때 수비를 하면서 자신의 골을 향해 뒤로 스케이트를 타는 것 - 옮긴이)할 때만 바뀌는 선수들을 본 적이 있습니다. 자신의 퍽

점유율에 부정적인 영향을 미치는 걸 원치 않기 때문이죠. 그런 놈을 쫓아가는 새끼는 완전히 망할 겁니다. 기록이야 좋겠죠. 하지만 결국 4대 3으로 졌어요. 그놈의 숫자 때문에 정말 돌아버리겠습니다."[18]

사람들은 삶의 많은 부분이 정량화되고 있음을 점점 깨닫고 있으며(인터넷 '쿠키'는 우리가 받게 될 지속적인 감시의 시작일 뿐이다[19]), 이러한 인식은 우리의 행동을 바꿀 수 있다. 《대량살상 수학무기》에서 캐시 오닐은 인공지능이 원래 분석하고자 했던 인간의 제도를 얼마나 크게 바꿔놓을 수 있는지 설명하려고 평범해 보이는 예시를 들었는데, 바로 《U.S. 뉴스&월드 리포트》에서 발표한 미국 대학의 연간 순위이다.

이 순위를 1983년에 처음 발표했을 때는 순수한 의도였다. 당시 《U.S. 뉴스》는 어려움을 겪고 있었는데, 독자적으로 대학 순위를 발표하면 예비 대학생들이 인생에서 가장 큰 결정 중 하나인 대학을 결정할 때뿐만 아니라 잡지 판매에도 도움이 될 것이었다. 처음 발표된 순위는 사람들의 생각을 온전히 반영했다. 기자들은 대학 총장들이 회신한 여론조사 결과를 열심히 살펴보았다. 놀랄 것도 없이 아이비리그 대학들이 상위권을 차지했는데, 인간의 편견을 부추기고 대학 평판이 떨어진다는 불만의 목소리가 있었다. 《U.S. 뉴스》는 하드 데이터를 섞어 자신들의 연구 결과를 더 정밀화해 비판에서 자유로워지려 노력했다. 어쨌든 논란의 여지가 없는 척도는 숫자다. 하지만 '교육의 우수성'은 정량화하기 어렵다. 《U.S. 뉴스》는 많은 컴퓨터 모델 설계자들이 그렇듯 신입생의 평균 SAT 점수, 입학률과 졸업률, 학생-교사 비율 등 15개의 대리지표를 활용해 순위를 매겼다. 그렇게 매겨진 순위는 충분히 논리적으로 보였다. 동문의 기부금도 방정식에 포함되었는데, 대체로 성공한 졸업생들이 모교에 계속 돈을 기부할 것이기 때문이다. 1988년 《U.S. 뉴스》는 미국 고등교육의 현주소를 나타내는 진정한 수학적 모델을 처음 발표했다.

《U.S. 뉴스》라는 잡지가 인쇄를 중단한 지 30년이 넘게 지났는데도 여전히 힘이 있는 이 순위는 본래 측정하려던 제도에 재앙적인 영향을 끼쳤다. 대학들은 15개의 대리지표를 향상시켜 순위를 높이려고 노력했다. 대학들은 입학 점수를 높이기 위해 입학생들에게 SAT 재시험을 치르게 했고, 재시험을 보지 않았다면 불합격했어야 할 학생들을 합격시켰으며, 몇몇 학생들은 거짓으로 시험 점수를 제출하다 적발되었다. 사우디아라비아의 킹 압둘아지즈대학은 평판이 좋은 수학 교수들을 3주 임기로 고용한 후 그들이 발표한 논문에 대한 공로를 주장함으로써 자랑스럽게도 2014년 세계 대학 순위에서 케임브리지와 MIT를 앞질렀다. 학술지에 해당 교수가 발표한 논문이 얼마나 자주 인용되는지는 대학 순위를 결정짓는 핵심 지표였다.

이러한 왜곡 효과는 통계학자들 사이에서 경고 섞인 원칙으로 남아 있다. 1975년 경제학자 찰스 굿하트Charles Goodhart가 처음 선언한 이 법칙은 '굿하트의 법칙Goodhart's Law'으로 알려지게 되었다. 어떤 지표가 목표가 되면, 그것은 더 이상 좋은 지표가 아니다. 확실히 숀 손튼보다 유창한 말솜씨를 자랑하진 않지만, 굿하트는 애널리틱스가 최고의 자리를 차지하기 훨씬 전부터 점유율이나 학술 인용을 추적하는 행위에 문제가 있다고 보았다. 대학 순위의 경우, 오닐이 "군비 경쟁"이라고 표현한 것은 엄청난 등록금 인상과 학자금 부채로 이어졌다. 왜냐하면 학교들은 상위권에 오르기 위해 노력했지만, 등록금이나 교육의 상대적 질은 결코 순위를 결정짓는 지표에 포함되지 않았기 때문이다. 불평등을 악화시키는 다른 모델들처럼, 《U.S. 뉴스》의 순위는 한탄스러울 정도로 자기 강화에 박차를 가했다. 상위권 학교들은 더욱더 잘나갔고 하위권 학교들은 도태되었다. 부자들은 더 부자가 되었고, 가난한 사람들은 피닉스대학에 갔다.

범죄를 줄이기 위해 고안된 알고리즘도 종종 같은 효과를 낸다. 미국의 법 집행 기관은 경범죄를 점점 중범죄로 취급하고 있는데, 이는 루디 줄리아니Rudy Giuliani 전 뉴욕시 시장이 경찰 치안과 관련해 차용한 '깨진 유리창의 법칙'의 영향을 받았다. 자질구레한 범죄가 멈추면 질서 의식이 계속 "조금씩 올라가" 실제 범죄자가 감소한다는 내용이다. 효과가 있을 수 있지만 문제는 그로 인해 우리가 치러야 할 대가다. 예측 소프트웨어에 따르면 공격적인 구걸 행위나 사소한 약물 사용과 같은 경범죄는 더 가난한 (소수 인종이 사는) 지역에서 발생할 가능성이 크다. 그들은 더 많은 경찰의 관심을 받고 있는데, 이는 그 지역 사람들이 경찰에 체포당하는 장면을 더 많이 목격한다는 뜻이다. 그들의 집단행동이 범죄에 더 가깝기 때문이 아니라, 그들을 잡기 위해 그곳에 더 많은 경찰이 있기 때문이다. 이 현상은 오닐이 설명한 "악성 피드백 루프"를 생성한다. 범죄율이 증가하기 때문에 알고리즘은 더 많은 경찰을 해당 지역으로 안내한다. 그럼 그곳 사람들은 더 많은 혐의를 받게 되는데, 다시 말해 감옥에서 더 많은 시간을 보내게 된다. 이 말은 그들이 일자리를 구할 가능성이 더 낮다는 의미이기도 하며, 결국 그들은 더 많은 범죄를 저지르게 된다. 누군가를 범죄자처럼 행동하게 하고 싶다면, 그들을 범죄자처럼 대하면 된다. 그러면 기계는 기계를 계속 사용하는 것을 스스로 정당화할 것이다. 오닐은 이렇게 썼다. "결과적으로 우리는 우리가 쓰는 도구가 과학적일 뿐만 아니라 공정하다고 믿어 의심치 않으며 가난을 범죄로 만들고 있다."

《탬파베이 타임스Tampa Bay Times》는 파스코 카운티의 크리스 노코Chris Nocco 보안관이 사용한 예측 알고리즘의 위험성을 심층 보도했다.[20] 노코는 사무실에서 (2011년으로 추정된다) "체포 이력, 불특정 정보, 경찰 분석가들의 독단적인 결정"을 적당히 조합해 "범죄를 저지를 가능성이 큰"[21] 사람들의 명단을 작성하는데, 그중 10퍼센트가 18세 미만이다. 《탬파베이 타임스》는 부보안관들이 그 명단에서 자신의 친구나 가족뿐만 아니라 자기 자신의 이름을 찾을 정도로 불행한 사람들을 괴롭혔다는 사실을 밝혀냈다. 경찰은 날이 어두워진 뒤 집을 급습해 정당한 이유 없이 취조를 하고, 관리 안 된 잔디밭과 미성년자 흡연 등과 같은 경범죄에 딱지를 끊는다. 전직 부보안관은 프로그램의 목적을 간결하게 설명했다. "그 사람들이 이사하거나 소송을 걸 때까지 그들의 삶을 비참하게 만들라"는 것이었다. 자전거 절도 혐의로 처음부터 명단에 이름을 올린 열다섯 살 소년은 넉 달 동안 21차례나 경찰서에 방문했다. 10대 아이가 있는 한 엄마는 마당에 닭 다섯 마리를 기른 죄로 2,500달러의 벌금을 물었다. 부보안관들은 아이의 잘못을 발견하지 못한 대신 닭들을 그들이 틀림없이 계획했을 불법행위로 엮었다.

노코는 《탬파베이 타임스》와의 인터뷰에서 그의 사무실이 "정보 기반 경찰 활동"에 근거해 있다고 말했는데, 당시 이 프로그램은 전직 테러 방지 요원과 육군 정보관들의 감독을 받으며 상근직 분석가

30명과 10대 자전거 도둑들을 감시하기 위한 280만 달러의 예산이 책정돼 있었다. 그리고 자신들의 알고리즘은 객관적이며 시스템의 편견을 줄이는 방향으로 설계되었다는 뻔한 헛소리를 반복했다(대부분의 플랫폼은 모두 인간이 직접 입력 정보를 사용해 구축되었으며, 컴퓨터는 용의자 목록만 제공했다. 경찰은 어떤 사람들이 실제 경찰서에 '방문해야 하는지' 결정했는데, 그들이 어떤 식으로 결정했을지 쉽게 상상할 수 있다). 노코의 사무실은 또한 프로그램이 시작된 이후 도난 사건이 감소했음을 보여주는 데이터를 제공했다. 발끈한 경찰은 "이번 재산범죄 감소는 파스코 카운티 시민들의 삶에 직접적으로 긍정적인 영향을 미쳤으므로 이에 대해 사과하지 않을 것"이라고 밝혔다. 이웃한 7개 카운티에서도 표적 범죄와 괴롭힘을 제외하곤 비슷한 감소세를 보였으며, 이 프로그램이 시행되는 동안 파스코 카운티에서의 강력범죄가 증가했다는 점 외에는 모든 게 괜찮다. 통계도 거짓말을 할 수 있다는 걸 기억해야 한다.

《탬파베이 타임스》는 실제 전문가들에게 "머니볼과 마이너리티 리포트가 만나다"라고 불리는 노코의 시스템에 관한 의견을 물었고, 그들은 돌려 말하지 않았다. 존 제이 응용범죄학 대학의 범죄학자 데이비드 케네디David Kennedy 교수는 "지금까지의 이력에서 쓰레기 과학과 잘못된 치안 유지 활동이 만난 최악의 현상이며 상식과 인간성이 완벽하게 결여되었다"고 말했다. 조지 오웰도 놀랐을 반전은 파스코 카운티가 케네디 교수의 범죄 예방 연구를 인용해 그가 이렇게 명백하게 비난한 프로그램을 정당화했다는 사실이다. 가스라이팅이 아직 불법이 아니라니 유감이다.

범죄를 비인간화할 때의 위험성

그럼 우리는 어떻게 해야 할까? 범죄의 대가는 너무 크고 책임에 대한 우리의 욕망은 너무 본질적이어서 법을 집행할 때 인내, 자제, 신중함 또는 동정심을 요구하는 것은 무르고 순진하거나, 더 나쁘게는, 범죄자들에게 관용적으로 보일 위험이 있다. 다시 한 번 이야기하겠다. 경찰 업무에 정확성을 가져오기 위한 노력이 특히 지문과 DNA 증거 사용이라는 중대한 발전으로 이어졌다. 요즘 시대에 연쇄살인범은 찾아보기 훨씬 어렵다. 하지만 우리는 기술을 통제할 수 없다는 듯 행동하기도 한다. 기술은 고유의 작동 원리에 따라 움직이고 우리가 여기에 적응해야 한다고들 이야기한다. 이는 사실이 아니다. 우리는 우리에게 이로운 기술을 계속 사용할 수 있으며 더 좋은 세상을 만들 수 있는 것이라면 무엇이든 멈추고 해체하고 다시 만들 수 있다.

　나쁜 치안보다 더 효과적인 테러 수단은 없다. 파스코 카운티가 바로 끔찍한 예다. 확실히 개혁이 필요하다. 범죄자들뿐 아니라 무고한 용의자들마저 비인간화한 사이비 과학은 경찰을 부패하고 폭력적인 기계의 톱니바퀴로 만드는 데 일조했다. 그 과정에서 우리는 죄 없는 사람이 억울하게 고발당하는 것보다 죄를 저지른 사람이 처벌받지 않는 것이 더 큰 죄라고 판단한 것 같다. 난 이게 잘못된 선택이라고 생각하며, 이러한 태도는 우리 사회에 도움이 되지 않는 무자비함과 냉담함으로 이어진다.

　나는 시골에 있는 작은 마을에 산다. 그런데 우리 지역 경찰들은 모두 기본적으로 장총을 사용해 저격수가 되는 훈련을 받았다. 그들이 자폐증이 있는 사람을 어떻게 대해야 하는지와 관련해서는 아무런 교육도 받지 않았다는 건 아들 찰리에겐 불행한 일이었다. 누구보다도 그 사람들에게 꼭 필요한 역량인데도 말이다. 그 끔찍한 경험은 나를 변화시켰다. 백인 남성으로서 나는 마침내 경찰과 그들이 보호해야 하는 사람들 사이에 존재하는 권력의 불균형을 경험하고야 말았다. 이렇게 작은 마을의 경찰조차 냉소적이고 권위주의적이었다. 세상의 지역 경찰이 탱크를 갖거나 군인처럼 옷을 입어야 할 이유는 없다. 이 모든 것이 점점 증가하고 있는 꼬리표 붙이기, 편 가르기, 소외, 익명성 등의 문제에 포함된다. 우리는 모두 과거보다 덜 인간적이다.

나는 답을 알고 있는 듯 말하지 않을 것이다. 범죄와 처벌은 아주 복잡하고 골치 아픈 현실이다. 우리는 그렇지 않은 척하려 하기보다 이를 인정해야 한다. 인간 경찰들에게도 알고리즘만큼 심각한 결함이 있을 수 있고 로봇들처럼 무정할 수 있다. 조지 플로이드George Floyd를 질식시킨 것은 인간 경찰의 무릎이었다. 에릭 가너Eric Garner를 질식시킨 것은 인간 경찰의 팔이었다. 나는 똑같이 불완전한 기계를 더 많이 신뢰하는 일이 이 명백한 부당함에 대한 대응책이 되는지 잘 모르겠다. 순진하게 들릴지 모르지만 나는 우리가 더 나은 인간이 되기 위해 노력해야 한다고 생각한다. 우리는 누가 경찰이 되고 그들이 어떤 훈련을 받는지, 그들의 행동 중 무엇을 인정하고 비난할 것인지, 그들에게 어떤 도구를 주고, 어떤 도구를 빼앗을 것인지 신중하게 고려해야 한다. 범죄와의 전쟁은 종종 서로 반대되는 집단, 즉 선과 악의 전쟁으로 묘사되지만, 사실은 그렇지 않다. 범죄는 전염병에 가깝고, 우리는 이 전염병의 확산을 막기 위해 인도적으로 행동해야 한다. 우리의 모든 사법 제도는 '합리적인 의심'을 전제로 만들어졌다. 이 두 단어가 암시하는 섬세함과 미묘함, 지적인 관대함을 생각해보자. 이 말들은 모두 인간의 분별력과 신중함을 나타낸다. 그럼에도 둘 중 하나의 편을 들어야 하는 현대사회의 고질적인 문제이자 너무 많은 사람들이 빠져 있는 상상 속 확실성 역시 법질서 체계를 오염시켰다.

반대로 훌륭한 경찰보다 더 존경받아야 할 사람은 많지 않다. 우리는 경찰도 버킷에 넣어 분류해뒀다. 좋은 경찰은 분명 존재하며, 우리에게 그 사람들이 필요하다면 그들에게 칭찬의 말을 건넬 필요가 있다. 여기서 훌륭한 경찰관 한 명을 칭찬하려 한다.[22] 바로 온타리오주 경찰서의 짐 스미스Jim Smyth 경사다. 그는 시각 테스트의 달인이며, 우리가 모든 경찰에게 바라는 모습을 갖춘 그런 경찰이다.

범죄를 대하는 모범적인 방법

2010년 1월 28일, 제시카 로이드Jessica Lloyd라는 이름의 27세 여성이 온타리오주 벨빌의 호숫가 근처에 있는 그녀의 집에서 실종되었다. 실종되던 날 밤, 그녀의 집을 지나던 두 남자가 근처 들판에 주차된 SUV 차량을 보았다. 두 사람은 경찰에 신고했고, 경찰은 현장에서 타이어 자국과 부츠 자국을 발견했다. 목격자의 증언에 근거한 전통적인 증거 수집 방식이었다. 경찰은 그녀의 집 앞 고속도로를 달리는 차량들을 무작위로 정차시키기 시작했다. 로버트 카로가 자랑스러워했을 형사 업무였다. 2월 4일, 그들은 온타리오주 트렌턴에 있는 캐나다 최대 공군 기지 소속 지휘관인 46세의 러셀 윌리엄스**Russell Williams** 대령이 운전하는 SUV 차량을 멈춰 세웠다. 그의 타이어가 증거와 일치했다. 경찰은 특별히 수상한 점이 없는 윌리엄스를 풀어주었지만, 수사를 진행하는 동안 계속 그를 감시했다. 그들은 공군 기지의 군 승무원 마리-프랜스 코메우**Marie-France Comeau**가 살해된 미제사건 및 트위드라는 작은 마을에 있는 그의 오두막 근처에 살던 두 여성이 성폭행을 당한 사건 등 과거 사건들과 윌리엄스와의 지리적 연관성을 발견했다. 그는 차를 몰고 오타와에 있는 집으로 갔다. 오타와 집에는 그의 아내가 살고 있으며 기지에 있지 않을 때는 그도 그 집에 머물렀다. 2월 7일 그는 시 경찰서로 와 몇 가지 질문에 대답해달라는 요청을 받았다. 그때가 오후 3시였다. 그는 아내에게 저녁 먹을 즈음 집에 오겠다고 말했다.

윌리엄스는 특이한 용의자였다. 그는 군대에서 20년 이상 복무했고 모범 장교로 여겨졌다. 그는 매우 총명하고 규율적이었으며 임무 수행 중 엘리자베스 2세 여왕을 모신 훌륭한 조종사였다. 그는 딱 부러지는 성격에 평범한 신체의 소유자였고, 범죄 전력이 없었다. 하지만 프로파일링(다른 이름으로는 데이터 마이닝)이 이러한 범죄에서 이보다 더 유용했던 적이 없었다. 나도 드라마 〈마인드헌터〉의 열혈 팬이나 진짜 사이코패스는 표본 크기도 작을뿐더러, 다행스럽게도 살인 '유형'이 따로 없다. 그들은 일반적으로 다른 돌연변이들을 능가하는 돌연변이들이다. 미셸 맥나마라**Michelle McNamara**는 그녀의 사후 베스트셀러이자 자신이 골든 스테이트 킬러**Golden State Killer**라고 부른 연쇄강간 살인자를 집요하게 추적한 책 《어둠 속으로 사라진 골든 스테이트 킬러I'll Be Gone in the Dark》**23**에서 연쇄 성범죄자들은 "드물기도 하지만 너무 다양해서 그들의 배경과 행동을 일반화하는 건 현명하지 못하다"고 썼다. 역설적으로 현대의 풍부한 수사 도구와 겉보기에 관련 있어 보이는 정보량은 조사관들의 시야를 제한할 수 있다. "데이터의 향연은 구부리고 연결할 수 있는 여지가 더 많다는 것을 의미한다"고 그녀는 썼다. "우리는 무수한 조각들을 가지고 익숙한 악당을 만들려 한다. 충분히 이해할 만하다. 우리는 모두 패턴을 추구하기 때문이다. 패턴을 통해 우리는 우리가 추구하는 것의 대략적인 윤곽을 엿볼 수 있기에 이 함정에 걸려들어 자유로워지고 나아갈 수 있을 때조차 꼼짝도 하지 않는다."

월리엄스가 경찰서에 도착했을 때, 스미스는 자신의 의심이 타당하다는 것을 알기에 그를 충분히 조사했다. 적어도 그가 머리에 그렸던 주요 지점들은 들어맞았다. 하지만 그는 자신의 증거가 정황적이라는 사실도 알고 있었다. 트렌턴 기지의 규모는 어마어마하고, 그곳에서 일하고 근처에 사는 수백 명의 군인들이 있었다. 월리엄스가 제시카 로이드 집 옆 들판을 운전했다는 사실을 스미스가 증명할 수 있다고 해도 그가 그녀를 죽였다는 증거도, 다른 범죄와의 관련성도 없었다. 스미스는 로이드가 죽었는지도 확신하지 못했다. 시신이 발견되지 않았기에 공식적으로 그녀는 아직 실종 상태였다.

10년이 넘게 지난 지금도 10시간 동안 이어진 심문은 여전히 놀라운 예술로 인정받고 있다. 캐나다 TV 뉴스 다큐멘터리 〈제5계급The Fifth Estate〉은 프로그램 전체를 할애해 이 대화에 집중했다.**24** 회차 대부분을 유튜브에서 볼 수 있으며 자기계발을 원하는 수많은 형사들

○○○○●○○

을 포함해 수백만 명의 사람들이 이 프로그램을 시청했다. 초반 청바지에 파란색 골프 셔츠를 입은 윌리엄스는 여유로워 보였다. 그는 웃으며 껌을 씹고 있었다. 스미스는 짙은 색 정장을 입었다. 그는 취조실을 설치하면서 효과적인 심문 규칙을 따랐다. 그는 자신과 용의자 사이에 가구나 테이블, 책상이 없게 했다. 그는 용의자에게 가까이 앉았고 더 가까이 다가가려고 했다. 또한 차분하고 다정했으며, 그의 말에 집중했다. 머리 위로 흔들리는 맨 전구도 없었고, 목소리도 높이지 않았으며, 신체적 위협도, 강요된 자백의 특징도 없었다. 스미스는 용의자가 자신을 능가할 수 있다고 생각할 것임을 알았다. 그는 윌리엄스에게 자신의 추측이 틀렸다는 어떠한 암시도 주지 않으며 자아를 숨겼다. 스미스는 윌리엄스의 이름을 불렀고, 그에게 체포되지 않았으며 언제든 방에서 나갈 수 있음을 상기시켰다. 만약 윌리엄스가 말을 멈추고 변호사를 구하길 원한다면 그것은 그의 권리였다. 스미스는 윌리엄스에게 그가 용의자 명단에서 제외되기를 바란다고 말했다.

스미스는 집중 심문에 들어가기 전 넓은 범위의 질문들로 시작했다. 제시카 로이드의 행방을 알아내는 것 외에 최우선 과제는 더 많은 물적 증거 확보였다. "제가 당신이 무사히 이 조사를 마칠 수 있게 도우면 당신은 제게 무엇을 해줄 수 있습니까?" 그가 윌리엄스에게 물었다.

"무엇이, 음, 무엇이 필요하십니까?"

스미스는 혈액 샘플과 지문을 말했다. "물론입니다." 윌리엄스는 경찰에게 혈액 샘플과 지문을 제공하기로 동의했다. 그런 후 스미스는 거의 막판에 "신발 자국"이 생각나 언급했다. 그 말이 스미스의 입에서 나오자마자 윌리엄스는 자신의 부츠를 내려다보았다.

스미스는 신체 행동에 관해 오랫동안 공부했다. 다시 말하지만, 우리는 물리적 정보를 실제보다 더 결정적으로 보이도록 만들었다. 신체 행동은 '확정적'이지 않다. 그러나 특정 상황에서는 '지시적'일 수 있다. 상당히 노련한 포커 플레이어라면, 상대방이 홀카드를 본 후 자신의 칩을 내려다보는 모습에서 그가 자신이 들고 있는 카드를 마음에 들어 하며 어떻게 베팅할지 계산하고 있음을 알아차릴 수 있다. 윌리엄스는 지금 자기가 신고 있는 신발이 마음에 들지 않았다.

그러나 경찰이 현장에서 부츠 자국을 채취한 사실을 몰랐던 윌리엄스는 아무것도 숨기는 게 없는 것처럼 보이기를 원했다. 그는 부츠 자국을 건넸다. 스미스는 그에게 아내가 언짢아할 수도 있는 정보 하나를 알려줄 수 있는지 물었다. 윌리엄스는 "절대 그렇건 없습니다"라고 말했다. 스미스는 피해자 한 명씩, 사건 장소 하나씩 보여주었고, 윌리엄스에게 매번 그의 DNA나 그의 다른 신체 부분이 그곳에 있을 만한 이유가 있는지 물어봤다. 불륜 가능성을 제기한 것이었다. "아니오." 윌리엄스가 말했다. 스미스는 더 파고들었다. 그는 윌리엄스에게 로이드의 집 옆 들판에 주차한 적이 있는지 물었다. 윌리엄스는 다시 아니라고 말했다.

매번 칼 같은 부정은 오히려 유용했다. 스미스는 세 건의 범죄 현장에서 나온 DNA 증거를 가지고 있었다. 좋은 과학이 그의 편에 있었다. 만약 윌리엄스가 네 명의 희생자 중 한 명과 가까이 있었다는 것을 스미스가 증명했다면 그는 거짓말을 한 윌리엄스를 잡았을 것이다. 함정을 파면서 그는 수사관들이 대립이라고 일컫는 교과서적인 기법으로 방향을 틀었다. 스미스의 목소리는 변하지 않았다. 그는 마치 나쁜 소식을 전하는 사람이 되어 유감인 것처럼 부드럽게 말하고 거의 회유하는 태도를 취했다. 그는 윌리엄스에게 로이드 집 뒤에 있는 부츠 자국 사진을 보여주었고, 그것들이 어떻게 윌리엄스가 경찰서에 신고 온 부츠와 일치하는지 보여주었다. "부츠 자국이 똑같습니다." 스미스가 말했다. 그는 타이어 자국이 어떻게 일치했는지도 보여주었다. "타이어 자국은 조작이 불가능합니다, 러셀. 정말 순식간에 생성되기 때문이죠."

그 순간 윌리엄스의 몸짓과 표정에서 자신이 곤경에 처해 있다는 것을 깨달은 남자를 알아보는 데 법의학 전문가까지 필요하지도 않았다. 하지만 스미스는 둔감하고 보편적인 전술로 돌아가지 않았다. 그는 윌리엄스에 대한 접근법을 계속 조정해나갔다. 그는 자신의 설득력을 믿기에 스스로 궁지에서 빠져나갈 수 있다는 용의자의 자만심에서 확신을 얻었다. 놀랍게도 윌리엄스는 면담을 끝내지 않았다. 그는 변호사도 요청하지 않았다.

"저는 당신의 말을 믿고 싶었습니다." 스미스가 말했다. "하지만 우리 둘 다 당신이 제시카 로이드 집에 있었다는 걸 알고 있습니다."

윌리엄스는 생각을 처리하고, 계산하고, 자신이 한 일을 기억하려고 애쓰며 자신의 행동을 설명할 방법을 생각하느라 오랫동안 침묵했다. 한편 스미스는 윌리엄스의 명성과 지성, 결혼 등 그에게 중요한 부분들에 호소했다. 실종된 딸에게 무슨 일이 일어났는지 알고 싶어 필사적인 제시카 로이드 가족의 이야기를 꺼내며 윌리엄스에게 조금이라도 남아 있는 인간성에까지 호소하려 했다.

"러셀, 이제 어떻게 하실 겁니까?"

"루스라고 불러주세요."

"좋아요, 루스. 어떻게 하실 겁니까?"

스미스가 다시 증거를 제시했다. 타이어 자국과 부츠 자국, 그리고 두 사람 모두 알고 있는 DNA 일치 여부가 나올 것이다.

"그래서 이제 어떻게 해야 하는 겁니까? 전 당신을 위해 최선을 다했습니다."

"저는 제 아내에게 미치는 영향을 최소화하고 싶습니다."

"저도 마찬가지입니다."

"어떻게 할 수 있습니까?"

"진실을 말하는 것부터 시작합시다."

"알겠습니다."

"좋습니다. 그럼 제시카는 어디에 있습니까?"

두 사람이 함께 앉은 지 4시간 40분 10초가 지나서야 윌리엄스가 입을 열었다.

"지도가 있습니까?"

곧이어 형사는 살인자에게 지도가 들린 손을 내밀었다. "루스, 당신은 여기서 옳은 일을 하고 있는 겁니다." 스미스가 말했다. 윌리엄스가 지도를 가져갔다. 스미스는 아직 해야 할 일이 더 있다는 걸 알았다. 남은 시간 동안 취조실에서는 끔찍한 사건들의 목록이 만들어질 것이었다. "앞에서부터 이야기할까요? 아니면 최근에 있었던 일부터 시작할까요?" 스미스가 물었다.

"상관없습니다."

그들은 제시카 로이드로 시작했다.

○○○○○●○○

러셀 윌리엄스는 세세한 부분까지 꼼꼼히 챙기고 자신이 저지른 범죄의 모든 것을 기억했다. 그는 스미스에게 로이드 시신을 찾을 수 있는 장소를 정확히 알려줬고, 그다음 다른 모든 것을 말했다. 아무도 무슨 일이 일어났는지 궁금해 할 필요가 없었다. 스미스의 우아하고, 치밀하며, 노련한 접근법은 합법적인 법의학으로 뒷받침되어 우리에게 너무나 완벽한 그림을 보여주었다. 사실 윌리엄스는 한 개를 제외하고 스미스의 모든 질문에 대한 답을 알고 있었다. 면담이 거의 끝나가는데도 스미스는 피의자에게 저지른 죄를 고백했어도 책임을 면할 수 있도록 여전히 연습했던 수동적 언어를 구사했다.

"왜 이런 일이 일어났다고 생각하십니까?"

"모르겠습니다." 윌리엄스가 말했다.

우리는 종종 범죄자들을 인간이 아닌 다른 존재로 바꿔서 생각한다. 최악의 범죄자들은 괴생명체, 악마, 악귀(옷장과 침대 밑에 사는 괴물)가 된다. 비슷하게 우리는 범죄 피해자들과 우리를 분리시킨다. 이런 일은 여기에서 일어날 수 없으며, 만약 일어난다 해도 우리에게 일어나지 않을 것이라고 되뇌며 피해자들의 운명과 우리 자신을 분리시키는 것이다. 그들은 우리가 하지 않았을 실수를 했다. 어쩌면 그런 일을 당할 만했을지도 모른다. 하지만 우리가 의심으로 가득 찬 삶의 무작위성에서 우리를 분리하기 위해 환상에 가까운 확실성이라는 개념을 활용하듯이, 이런 말들은 가짜 위로를 얻기 위해 스스로에게 하는 거짓말이나 다름없다. 살인자와 강간범, 그리고 그들 손에 고통받는 사람들, 또 우리가 가해자를 처벌하고 피해자에게 평화를 가져다 달라고 요청한 경찰과 변호사, 판사들도 인간이다. 우리가 이런 생각을 항상 좋아하지는 않을 수 있지만, 그들을 같은 인간으로 대하는 게 현명하다. 이는 시각 테스트를 통과하고 더 나은 관찰자가 되는 데 가장 어려우면서도 필수적인 부분일 것이다. 만약 여러분이 더 인간답게 행동하고, 여러분의 뚜렷한 개인적 경험의 장점을 알아보고 활용하고 싶다면, 동료 인간들을 인간으로 보려고 노력해야 한다. 누구를 사람답게 대하고, 누구를 남은 물건처럼 버려야 할지는 선택할 수 없다. 누군가에게 공감하거나 그렇지 않을 수는 있다. 관대하고 너그럽게 생각하거나 그렇지 않을 수도 있다. 기술과 마찬가지로 범죄자들과 희생자들은 어떤 불가사의한 힘으로 우리를 덮치는 외계 세계의 기계가 아니다. 그들은 우리의 친구이자 이웃이며, 우리 내면의 발현이다.

○○○○●○○

우리는 우리의 인간성을 기억하기 어려운 때일수록,

인간성을 잊지 않아야 최선의 결과를 낼 수 있다.

6장

돈

MONEY

시장 조정은
인간의 몫이다

Market Corrections

대중을 따라가는 것에는 경쟁우위가 없다. 우리 삶의 나머지 부분이 그렇듯 금융의 추도 애널리틱스 쪽으로 치우쳐 있으며, 이는 방법의 다른 끝에 공백이자 기회를 남겼다. 바로 용기 있는 사람들의 뛰어난 작품이다. 창의적인 기업은 모두 이와 같은 모습을 보인다. 아이스하키팀 하트퍼드 웨일러스의 로고를 기억하는가? 한 사람이 만들었으며, 흠잡을 데 없이 완벽하고 영원히 기억될 작품이다. 이게 우리의 목표다.

인간의 가치를 어떻게 매길 것인가?

케네스 파인버그Kenneth Feinberg는 항상 결정에 신중했다. 중대한 이해관계가 걸린 민사 및 법인 분쟁의 중재자 역할을 꽤 잘해온 보스턴의 변호사인 그는 2002년 가족과 함께 휴가를 보내기 위한 쇼핑을 시작했다. 그들은 고급 휴양지이자 육지에서 너무 떨어져 있지 않은 마서즈 빈야드와 난터켓 섬으로 휴가지 후보를 좁혔다. 파인버그는 이렇게 중요한 양자택일을 기분이나 운명에 맡길 사람이 아니었고 지금도 아니다. 그는 휴양지 선정에 과학적인 접근이 필요했다. 그는 근거를 중심으로 움직였다.

그는 과거 수많은 기상 데이터와 우세한 해류와 기류를 연구했다 (우리는 과거의 기후가 미래의 날씨를 예측하는 데 예전만큼 유용하지 않다고 이야기했지만, 직감보다는 나은 방법이다). 파인버그는 난터킷 공항이 언제든 안개로 폐쇄될 가능성이 거의 두 배라는 것을 발견했다. 굉장히 활동적인 파인버그는 곧바로 마서즈 빈야드에 6,000평의 숲을 샀다. 이후 몇 년이 지나 2013년 그는 "시장에 나와 있지 않은 부동산을 아주 좋은 가격에 살 기회를 얻었습니다"라고 말했다. 우리는 그가 아내 디디와 함께 숲속에 지은 아름다운 집의 위층 작은 현관에 앉아 있었다.

파인버그가 신중에 신중을 거듭해 부동산을 구입했을 때는 그의 남은 경력과 인생의 많은 부분을 차지하게 될 새로운 일을 막 시작한 시기였다. 그는 9·11피해자보상기금의 특별책임자로 임명되어 부상자와 사망자의 가족들에게 수십억 달러의 연방 자금을 배분하는 업무를 맡았다.

파인버그는 이미 고통받는 희생자들을 위한 합의를 끌어낸 이력이 있었다. 그는 고엽제, 석면, 치명적 결함을 지닌 자궁 내 피임기구 달콘 실드**Dalkon Shield**로 인한 피해 보상금액에 대해 양측이 서로 합의하도록 도왔다. 하지만 9·11기금은 전례가 없었다. 그에게는 의지할 만한 사건 기록이 없었다. 연방정부는 1993년 세계무역센터 폭파 사건과 1995년 오클라호마시티 폭파 사건이 일어난 후 희생자들에게 보상할 생각을 하지 않았다. 미국 내 주요 항공사인 유나이티드 항공과 아메리칸 항공이 갑자기 소송을 당할까 우려했기 때문이다.

많은 미국인들과 마찬가지로 파인버그도 테러 공격을 지켜보면서 무력감을 느꼈고 도움을 주고 싶었다. 그는 신문에서 이 긴급 기금에 관한 기사를 읽고, 며칠 뒤 기금 관리에 무료로 법률 자문을 하고 싶다고 요청했다. 파인버그의 신앙이 자원봉사에 영향을 미쳤다. 이스라엘에는 자카ZAKA라는 자원봉사단체로 알려진 비위 좋은 정통 유대교 단체가 있다. 그들은 버스 폭탄 테러와 공항 총기난사 사건 이후 시신을 수습하기 위해 피를 잔뜩 묻힌 채로 잔해와 폐허를 샅샅이 뒤졌다. 사망자들이 매장되기 전 가능한 한 시신의 완전한 모습을 찾아주려 했다. 파인버그는 정교회는 아니었지만, 유대교에서 말하는 티쿤 올람tikkun olam('세상을 바로잡다'라는 히브리어 구절)을 믿었다. 그는 고통에 대한 인내력과 바꿀 수 없는 것들을 바꾸려는 욕심 때문에 스스로를 축복받은 동시에 저주받은 사람, 즉 자카의 사상과 가장 가까운 미국인으로 생각했다. 그는 자신이 미국에서 희생자들의 정상 생활을 돕는 선도적인 전문가가 될 것이라고는 생각하지 못했다.[1]

"당신의 소망을 조심하시게." 테드 케네디Ted Kennedy 상원의원은 파인버그가 애석한 사업에 착수하기 전에 이렇게 말했다.

파인버그가 하고자 하는 일은 사실상 불가능했다. 9·11기금이 항공사들의 파산을 막으려면 희생자들과 유가족들이 기업에서 제공하는 보상금에 동의해야만 했다(기금에서 돈을 받는다는 것은 소송을 제기할 권리를 포기한다는 것을 의미하기에 유족들은 계산을 할 수밖에 없다. 기업의 제안이 민사소송을 통해 받을 수 있는 보상금보다 많은가 적은가, 그리고 만약 적다면 차이 나는 금액을 메우기 위해 시간과 감정을 들여 법정 싸움을 할 가치가 있는가?). 하지만 슬픔의 고통 속에 있는 사람들이 같은 사실을 보고 같은 결론을 도출하는 경우는 거의 없다. "감정의 스펙트럼은 정말 놀랍습니다." 파인버그가 말했다. "인간의 본성 그 자체만큼이나 다양하거든요."

초기에 9·11 유족들의 단합을 이끌어낸 몇 안 되는 요인 중 하나는 다름 아닌 케네스 파인버그에 대한 그들의 증오심이었다. 그의 임무가 시작된 지 거의 1년이 지났으나 극소수의 유족들만 서명했다. 그는 거대한 실패의 위험을 무릅썼다. 수십억 달러의 정부 자금을 썼는데도 유가족 중 절반만 서명하고 나머지 절반은 소송을 제기한다면, 그가 성취한 것이 도대체 무엇이란 말인가? 그 끔찍한 날의 첫 기념일이 되자 절망에 빠진 파인버그는 NBC 앵커 톰 브로코 Tom Brokaw와 함께 타운홀 미팅을 열었다. 그는 슬픔에 잠긴 가족들로 둘러싸여 있었는데, 많은 이들이 무릎 위에 떠나보낸 사랑하는 사람들의 초상화를 들고 있었다. 그들은 파인버그에게 소리를 질렀다. 그는 지금까지 자신이 고수해온 결정 방식으로 이 일에 접근했다. 정확하게, 거의 로봇 같은 이성적 사고방식으로 말이다. 이런 접근 방식은 상처받은 사람들에게 별로 효과적이지 않았다.

파인버그의 주된 실수는 그가 저지른 것이 아니었다. 경제적 관점에서 정부는 모든 직업의 가치가 동일하지 않으므로 두 사람의 죽음 또한 그 가치가 동일하지 않다고 공표했다. 보상금을 차등적으로 지급하는 건 집단 소송에서 표준적인 관행이고, 이는 수학적으로 어느 정도 의미가 있다. 9·11기금의 경우 젊은 증권중개인의 가족이 중년 경찰관이나 소방관을 잃은 가족보다 더 많은 보상금을 받게 되고, 또 이들은 나이 많은 관리인의 가족보다 더 많은 보상금을 받게 된다. 수년간의 예상 수입에 연간 기대 소득을 곱한 값으로 합의안이 도출되었다.

하지만 타운홀 미팅에서 비탄에 빠진 유족들에 둘러싸인 채 파인버그는 자신의 냉정한 계산이 이론상 아무리 합리적으로 보였을지라도 그 속에 오류가 숨어 있음을 발견했다. 방청석에 있던 닉 치아치아로 **Nick Chiarchiaro**라는 이름의 한 남자가 반대 의견을 냈다. 그는 아내 도로시를 잃었다.

"왜 동일한 금액으로 정하지 않는 겁니까? 계산할 게 뭐가 그렇게 많은 거죠?" 치아치아로가 물었다.

파인버그는 두 손을 들었다. "이미 말씀드렸듯이 전 제 앞에 있는 법을 따를 수밖에 없습니다."

치아치아로는 힘을 주어 말했다. "제 아내의 목숨이 채권중개인의 목숨보다 가치가 낮다는 겁니까? 저에게는 아닙니다. 우리는 37년간 결혼 생활을 했습니다. 제 아내의 가치는 돈으로 매길 수 없습니다."

파인버그는 자리를 떠나 성급한 결정을 내렸다. 그는 제안된 보상금에 만족하지 않는 모든 가족과 개인적으로 만나 그들의 주장을 들은 후 보상금을 수정할지 결정하기로 한 것이다. "유족들에게 공감하려던 게 아니었습니다." 그가 말했다. "그것은 전략이었습니다." 그는 공정성을 유지해야 했다. 그렇지 않으면 소득 스펙트럼의 상단을 차지하는 이들을 놓칠 수도 있었다. 그는 "사람들은 항상 다른 사람의 돈을 셉니다"라고 말했다. 하지만 사랑하는 사람들의 삶이 단순하게 수학적 계산으로 축소되었다고 느낀다면 사람들은 절대 서명하지 않을 것을 깨달았다. 그는 2,977건의 사건을 심리할지도 모르는 항소법원이 되기로 했다.

파인버그는 여섯 살과 네 살 난 두 아이를 둔 젊은 소방관의 미망인이 가장 먼저 자신을 찾아왔음에도 보상금에 이의를 제기하지 않는 데 놀랐다. 그녀의 보상금은 최종 합의안의 평균에 가까운 대략

200만 달러였다(최대 금액은 약 700만 달러였다). 대신 그녀는 보상금 수표를 예정보다 빨리 지급해달라고 요구했다. 그녀는 30일 안에 보상금이 필요했다.

파인버그는 그녀의 요청에 얼굴이 하얗게 질렸다. 30일은 불가능했다. 그는 재무부에 자신의 수치를 정당화해야 했는데, 재무부에서 그가 도출해낸 합의안에 대해 받아들이거나 거부할 수 있었기 때문이다. 관료주의, 특히 수표를 쓰는 조직은 그렇게 빨리 움직이지 않는다. "왜 그렇게 빨리 필요하신가요?" 그가 물었다.

"저는 말기 암에 걸렸습니다." 그녀가 말했습니다. "제 남편이 저 대신 두 아이를 돌보려고 했는데, 이제 우리 아이들은 고아가 될 판입니다. 신탁 자금을 만들려면 그 돈이 필요합니다. 제게 시간이 많이 남지 않았기 때문입니다."

그것은 옛날의 파인버그가 덜 기계적이고 융통성 있는 새로운 파인버그에게 길을 내주기 시작한 순간이었다. 그 미망인은 수표를 받았고, 8주 후에 사망했다. "그게 시작이었습니다." 그가 내게 말했다. "그 이후에 깨달았죠. 이제 가시밭길을 걷게 될 거란 사실을요."[2]

결론적으로 파인버그는 유가족의 97퍼센트와 합의해 약 70억 달러를 배분했다. 비극적인 사건과 이에 대한 대응으로 우리가 세운 기금이 끊기지 않은 덕분이다. 파인버그의 특별한 전문기술에 대한 필요성도 마찬가지다. 이후 그는 버지니아 공대 총기난사 사건, 딥워터 호라이즌 기름 유출 참사, 인디애나 주립박람회 무대 붕괴 사고, 리노 에어 레이스 추락 사고, 오로라 극장 총기난사 사건, 뉴타운 학교에서 벌어진 총기난사 사건, 보스턴 마라톤 폭탄 테러, 보잉 737 MAX 추락 사고의 희생자들과 유가족들의 보상금 문제를 도왔다.

그는 자신이 충실히 지킬 수 있는 최선의 행동 방침을 개발했다. 첫째, 희생자들과 항상 일대일로 만난다. 둘째, 어떤 사람의 목숨이 다른 사람의 목숨보다 더 소중하다고 생각하지 않는다. 셋째, 잃어버린 팔은 잃어버린 다리와 똑같은 가치가 있다고 판단한다. 마지막으로 고통의 양을 측정하는 대신 병원에서 얼마나 오랜 시간을 보냈는지에 따라 부상의 심각성을 평가한다. 이 중 어느 것도 일상적이지 않았지만, 이제는 모두 일상처럼 되었다. 그가 이메일을 확인하지 않을 때 나는 그와 한 시간 정도를 함께 보냈다. 핸드폰을 꺼내자 그는 짧은 시간 동안 두 가지 재난, 즉 포트 후드 총격 사건과 애리조나주 프레스콧에서 일어난 치명적인 산불에 대한 지원 요청을 받았다. 마치 그가 주머니에 묘지를 가지고 다니는 것 같았다.[3]

파인버그는 일이 자신을 매우 많이 변화시켰다는 생각에 반대했다. 하지만 그를 가장 잘 아는 사람들은 전과 후의 차이를 감지했다. 그는 마치 다른 소리들을 없애려고 애쓰는 것처럼 거의 끊임없이 큰 소리로 오페라를 들었다(그가 잠깐이라도 잠들 수 있는 유일한 방법은 실제 오페라 티켓을 산 다음 "우리 문명의 절정"이라고 부르는 것을 온몸으로 맞으며 좌석에 드러눕는 일이었다). 그의 아내는 남편이 예전보다 훨씬 더 공감적이며 동정심이 많아졌다고 말했다. 30년 이상 그의 오른팔로 일한 카밀 비로스Camille Biros는 슬픔에 젖은 사람들과의 만남이 그를 세상에서 가장 너그럽게 이야기를 들어주는 사람으로 만들었다고 생각했다. 그의 아들 앤드루는 9·11기금을 분배하는 데 보낸 33개월 동안 아버지가 극적으로 나이 드는 모습을 보았다고 말했다. 파인버그는 부담

감을 떨치려 노력했지만, 앤드루는 아버지의 얼굴에서 그가 짊어진 무게를 보았다.[4]

　희생자들의 가족을 만나면서 파인버그는 개인적으로뿐만 아니라 직업적으로도 심각한 실수를 범한 적이 있다. 그들의 눈물과 상처는 그에게 편견을 심어주는 최악의 증거였으며, 그가 이전에 고수하던 객관성과 분석력, 냉철한 판단력을 빼앗아갔다. 그것은 분석적이라는 말과 정반대였다. 내가 그에게 이 같은 가설을 제기했을 때 그는 "그 말이 맞을 수도 있겠군요"라고 말했다.

　하지만 이후 나는 그가 하버드 로스쿨에서 강의하는 것을 보았다. 강의는 오페라처럼 그에게 직업의 독소를 씻어내는 역할을 했다. 가르치는 것은 희망의 행위이다. 화창한 오후 어느 날 그는 숫자의 한계에 대해 말했다. 그는 야구장에서는 통계가 기적을 일으킬지도 모른다고 말했다. 학급 규모의 증가는 학교 이사회 앞에서 이야기할 때 필요한 유일한 주제일지도 모른다. 하지만 법정에서는 아니라고 그가 말했다. 그는 버스가 연루된 심야 뺑소니 사건을 예로 들었다. 당시 야간에는 해당 노선을 운영하는 버스 회사가 한 곳뿐이었다. 확률은 압도적으로 그 회사의 버스가 뺑소니 사건에 연루되었다고 암시했다. 이 확률이 그 회사를 재판에 회부하기에 충분한 증거인가요? 학생 중 몇몇이 고개를 끄덕이기 시작했다. 다른 학생들은 갈팡질팡했다.

　"절대 아닙니다!" 그가 소리쳤다. 책상을 너무 세게 친 나머지 몇몇 학생들이 화들짝 놀랐다.

　나는 파인버그가 성공하는 데 그의 힘있는 목소리가 큰 영향을 주었다고 확신한다. 그의 목소리는 굵직하고 크고 따뜻하다. 만약 지구상에 천둥과 대화를 할 수 있는 사람이 있다면, 바로 파인버그일 것이다. 그는 지붕에서 선언문을 읽으며 길가에 있는 사람들에게 멈춰 서서 이야기를 들어보라고 지시하듯 큰 소리로 이야기를 이어나갔다. 교실은 판결이 나오기 직전의 여느 법정처럼 넋이 나간 채 그의 말을 경청했고, 그가 다음에 무슨 말을 할지 기다렸다. 그의 말에 모든 것이 바뀔 수 있었기 때문이다.

"우리는 단순한 통계 수치가 아닌 목격자를 원합니다." 그는 청중처럼 계속 고조된 목소리로 이야기했다. "우리는 인간을 원합니다. 우리는 계산기가 아닙니다. 우리는 수학의 부품이 아닙니다." 그가 또 책상을 내리쳤다. 나는 그가 버스 사건에 대해 말하고 있었다고 생각하지 않는다.

어딘가 비슷비슷해져가는 세상

2019년 기술 분야를 집중적으로 다루는 작지만 우수한 잡지《로직 Logic》은 익명의 알고리즘 트레이더와의 인터뷰를 실었다.[5] 2008년 경제 붕괴 이후 책임져야 할 금융인들이 조금도 책임을 지지 않았지만, 그들이 이른바 개선한 점 중 하나는 우리의 거래를 담당하는 기계에 대한 의존도를 높인 것이었다. "변화의 일부로 인간의 의사 결정 과정을 제거하는 것이 포함되었습니다. 그것이 더는 가치가 없다고 인식되었기 때문이죠." 익명의 트레이더가 말했다. 시장을 더 효율적으로 만들기 위해 노력하는 것은 무섭도록 당연한 일이다. 만약 어떤 것이 가치를 가져다주지 않는다면 우주비행사의 발뒤꿈치 굳은살처럼 그것을 없애버린다. 하지만 나는 트레이더가 인식이라는 단어를 사용한 것에 흥미를 느꼈다. 데이터는 인식에 대한 의존도를 줄이고, 우리의 주관적 믿음을 객관적 사실로 대체하도록 돕기 위한 자료다. 그런데 여기 데이터 혁명의 로베스피에르 같은 존재인 알고리즘 트레이더는 관점에 따라 어떻게 극적인 변화가 일어나는지 이야기하고 있다.

금융시장은 잠재적 이익을 보고 애널리틱스의 광범위한 효과를 느끼는 경향이 매우 컸다. 블랙박스 중 가장 검은 블랙박스에서는 숫자가 그 어느 것보다 중요했기 때문이다. 하지만 흥미롭게도 많은 투자자들이 펀드 매니저들에게 숫자 이상의 것을 요구했다. 투자 수익은 분명한 승리를 의미하지만, 사람들은 여전히 돈의 흐름을 이해하고 싶어 하기에 펀드사들은 종종 자신의 전략에 이야기를 곁들여 설명한다(알고리즘 트레이딩 전략에는 소셜미디어를 샅샅이 훑으며 시장이나 특정 제품에 대한 '감정'을 예측하는 것이 포함된다. 사람들의 감정을 이해하려고 데이터를 사용하는 것이다. 감정은 여전히 영향력을 미치기 때문이다). 최근에는 더 많은 펀드사가 더 나은 알고리즘, 더 나은 컴퓨터, 더 나은 괴짜, 더 나은 데이터에 접근하는 더 나은 방법 등 다른 누구보다 더 나은 정량화 전략을 가지고 있다고 이야기한다. 통계가 이야기가 된 셈이다. 세계 최대의 "순수 데이터 분석 회사"인 뮤 시그마Mu Sigma와 같은 컨설팅사의 가치가 수십억 달러로 증가한 것을 예로 들 수 있다. 이 회사 사이트가 방문자들에게 묻는 첫 번째 질문은 다음과 같다. "데이터 홍수에 대응할 수 있는 인력, 프로세스 또는 플랫폼이 있습니까? 저희에게 있습니다." 이 회사는 다른 회사들이 더는 자체적으로 할 수 없는

○○○○○●○

계산을 할 수 있도록 돕기 위해 존재한다.

이 "데이터 홍수"는 몇 가지 심각한 문제를 일으킨다(렐러티비티의 라이언 카바노처럼 많은 사람들이 알고리즘의 수학적 능력에 대해 거짓말을 하는 문제, 적어도 알고리즘의 능력을 과장하고 있다는 사실은 보류하자). 우리가 보았듯 데이터 마이닝은 반복되는 기록에 크게 의존하는데, 항상 그렇지는 않다. 불행하게도 정량적 모델들은 믿으라고 입력된 값을 믿는다. "이러한 기술들이 점점 널리 퍼지면 세계는 앞으로 과거에 하던 대로 행동할 것이라는 가정이 금융 시스템 전체에서 기정사실화되고 있다." 익명의 트레이더가 말했다. 우리의 현실에 영향을 미치면서도 그 영향력을 무시하는 시스템을 만드는 건 좋은 생각 같지 않다.

알고리즘이 조정에 어려움을 겪은 예측 불가능한 반짝 이벤트였던 코로나19로 벌어진 흥미로운 결과 중 하나는 코로나19가 발생하자마자 인간이라는 종이 보여준 당혹스러운 구매 행동이었다. 날씨 모델과 마찬가지로 금융시장은 입력값(다른 말로는 "우리" 혹은 "우리의 삶"으로 알려져 있다)이 너무 빨리 또는 너무 급진적으로 변할 때 혼란스러워한다. 금융시장은 이 두 가지가 동시에 일어날 때 무너지는 경향이 있다. 팬데믹 초기에 나타난 패닉 바잉panic buying은 가장 강력한 인공지능조차 깜짝 놀라게 했다.[6] 어떤 인공지능 모델이 휴지에 대한 치솟는 수요를 예측할 수 있었을까? 냉동고를 향해 뛰어가는 불가사의한 경주는 또 어떤가? 샌드백은? 데이터를 과도하게 집단적으로 믿으면 전체 시장을 텅 빈 식료품 가게 선반처럼 보이게 할 수 있다.

나는 호수 근처에 살고 있는데, 우리 동네의 카누와 패들보드 공급업체는 팬데믹 기간 동안 물에 떠다니는 그 어떤 것도 재고가 없었다.

돌이켜 생각해보면 이는 당연한 일이다. 정규 스포츠 경기가 취소되고 전염병에 대한 공포 때문에 점점 많은 사람들이 건강을 유지하고 물 위에 고립되기를 선택했다. 하지만 2020년 2월, 나는 여러분이 카누에 돈을 몽땅 쏟아 부을 것을 예측 모델이 알고 있었다는 말을 믿지 않았다. 물론 이렇게 현명한 추측을 할 수 있는 사람도 많지 않았을 것이다. 이런 예측을 하려면 특별한 직관이나 적어도 빠른 반응이 필요했을 것이다. 이는 특별한 사람만이 이런 예측을 할 수 있다는 것을 의미한다. 바로 이 책이 찬양하는 창의적이고 상상력이 풍부한 자유로운 사상가들이다.

이 말은 현재 데이터 중심의 적응성과 관련된 또 다른 문제를 가져온다. 기계는 사람처럼 당황하지 않을 수 있지만, 그들의 행동은 점점 더 획일화된다. 뮤 시그마와 같은 컨설팅 회사가 각 고객에게 서로 모순되는 조언을 하지 않듯이 너무 많은 펀드사가 동일한 접근 방식을 따른다면, 양극단의 골은 더욱 깊어질 것이다. 시장이 행복하고 고요할 때는 모두를 하나로 묶는 것도 충분히 효과가 있다. 밀물은 모든 배를 들어 올린다. 하지만 피할 수 없는 폭풍이 오면 모두 함께 걷잡을 수 없이 떠내려간다.

우리는 구조적 취약성에 도달했는데, 이는 잘못된 숫자 하나가 전체 산업을 죽일 수 있음을 의미한다(또는 게임스탑 GameStop 사태가 증명했듯이 레딧Reddit 계정을 가진 소수의 불량 거래자들이 수십억 달러 상당의 헤지펀드를 폭파시킬 수도 있다). 2018년 페이스북을 상대로 벌어진 소송은 소셜미디어 대기업의 내부 회계 결함을 적나라하게 드러냈고, 원고가 주장한 바와 같이 사람들을 속이기 위한 사악한 음모가 있었다는 게 밝혀졌다. 페이스북은 사람들이 실제보다 더 오래 비디오를 시청하는 것처럼 보이게 만들어, '평균 영상 시청 시간'을 과장되게 측정했다(3초 미만으로 시청한 비디오는 데이터에 포함되지 않았다. 페이스북은 광고주들에게 시청 시간이 적은 영상을 삭제함으로써 광고 시청자 수가 약 80퍼센트 증가했다고 말했다. 반면 광고주들은 그 숫자가 150~900퍼센트 감소했다고 주장했다).[7] 이때는 이미 엎질러진 물이었다. 트래픽을 이미 페이스북에 크게 의존하고 있었던 미디어 회사들은 작가와 편집자를 해고하고 그 자리에 영상전문가와 제작자를 채용하면서 "영상이라는 축"을 향해 질주했다. MTV뉴스, 바이스Vice, 보카티브Vocativ는 뉴스를 전달하는 방법이 엄청나게 바뀐 회사들이었다. 기대했던 것만큼 시청자들이 영상을 많이 시청하지 않았을 때, 더 많은 해고 바람이 불었다. 예를 들어 2014년까지 거의 2,000만 명의 밀레니얼 세대 방문자 수를 기록한 뉴욕 미디어 회사 마이크Mic는 비디오에 승부수를 걸었는데, 트래픽과 평가액은 각각 수천만씩 폭락했고, 마침내 과거 평가액에도 못 미치는 가격에 매각되었다.[8]

이와 마찬가지로 주식 거래 역시 타당한 통계자료를 제공하더라도 모든 사람이 동시에 올바른 판단을 할 수 있는 건 아니다. 어디서 갑자기 나타난 돈은 다시 어디로 사라진다. 지금처럼 냉혹한 시장에서는 여러분이 남들과 똑같이 하긴 하는데 조금이라도 못하면 실패하게 될 것이다(그리고 다시 말하지만, 여러분이 모두 빗나가면 세계는 그 축으로 기울어질 것이다). 카지노가 고객에게 점하고 있는 약간의 우위가 그러하듯 이 사소한 약점이 발목을 잡게 된다. 이게 바로 야구계에 벌어진 일이다. 빌리 빈의 '비밀'이 밝혀지면서 야구계는 효율을 중시하는 방향으로 가게 되었으나 결국 예전처럼 돈을 많이 투자한 팀이 더 뛰어난 성적을 거두었다. 월드 시리즈에서 우승한 팀은 오클랜드 애슬레틱스가 아닌 레드 삭스와 컵스였고, 거대 구단들은 다시금 자신의 위치를 공고히 했다.

영화《머니볼》에서 빈 역을 맡은 브래드 피트는 혼란스러운 스카우터들의 방에서 같은 전제의 이면을 설명한다. "우리는 다르게 생각해야 합니다"라고 그는 말한다. "부자 구단인 양키스처럼 전략을 짰다간 경기장에서 양키스한테 지고 말 겁니다."

"오, 빌리, 마치 포춘 쿠키의 조언처럼 진부하게 들리는구먼." 그의 스카우트 책임자가 대꾸한다.

"아뇨." 피트 버전의 빈이 말한다. "이건… 논리적인 이야깁니다."

애널리틱스가 현실에 그대로 적용되지 않는 이유는 무엇인가? "사람들이 가지고 있는 오류 중 하나는 특정 회사에서 일하는 사람들은 똑똑하기 때문에 그들은 반드시 성공할 것이라고 가정하는 겁니다." 익명의 알고리즘 트레이더가 말했다. "하지만 그들이 인공지능이나 머신러닝, 빅데이터를 이해한다는 사실은 만약 다른 사람들도 이 개념을 모두 이해한다면 경쟁우위로서 가치가 없어진다는 것을 의미합니다." 금융뿐만 아니라 비즈니스, 야구 등 여러분이 상상할 수 있는 어떤 경쟁적인 상황에서든 우위는 다른 사람들보다 더 나은 무언가를 하거나 다른 사람들과 다른 무언가를 함으로써 얻을 수 있다.

'최고'는 오직 한 사람만 될 수 있다. 다행히도 다른 사람이 되는 방법은 무수히 많다.

○○○○○●○

규칙에서 벗어나는 순간 무한해지는 가능성

2018년 5월 미식축구 역사상 최고의 타이트엔드 중 한 명인 제이슨 위튼Jason Witten은 댈러스 카우보이스Dallas Cowboys에서 은퇴했다. 그가 파란 양복을 입고 텍사스의 프리스코에서 열린 감동적인 기자 회견장에 나타났을 때가 35살이었다. 15개 시즌을 마친 후 경기를 그만두기로 한 결정은 쉽지 않았다. 운명이 정해져 있는 대다수의 평범한 선수들과 달리 언제 떠날지 스스로 선택하는 소수의 선수들은 보통 이 선택을 선수 경력 통틀어 가장 어려운 결정이라고 생각한다. "떠나야 할 적절한 시기가 언제인지는 아무도 모릅니다." 위튼이 말했다. "저도 다르지 않습니다. 옳든 그르든 1분 늦는 것보다는 3시간 일찍 하는 게 낫다고 하더군요. 완벽하고 분명하게 모든 것을 지켜본 후 결정하려는 사람은 절대 결정하지 못합니다."**9**

다음에 무엇을 해야 할지 알고자 하는 위튼의 노력은 지금까지의 그와 다르게 보였다. 경기장에서 그는 투시력을 쓰는 것 같았다. 빌 브래들리Bill Bradley가 농구 코트에서 남긴 아름답고 유명한 표현인 "상대가 어디에 있는지 아는 감각"과 같은 느낌을 보여주었다.**10** 은퇴 회견 때 위튼이 존경하는 코치 제이슨 개릿Jason Garrett 역시 파란 양복을 입고 옆에 앉아 위튼이 타이트엔드를 자기만의 방식으로 어떻게 이해했는지 이야기를 들려주었다. 이야기는 위튼을 대표하는 플레이인 Y 옵션을 중심으로 전개되었다.

스포츠, 특히 미식축구는 복잡하게 느껴질 수 있다. 하지만 Y 옵션은 가장 단순한 루트다("단순하지만 쉽지 않습니다"라고 위튼은 말했다). 타깃은 보통 타이트엔드지만 때로는 전통을 따라 리시버가 되기도 한다. 줄리언 에델만Julian Edelman은 뉴잉글랜드 패트리어츠New England Patriots에서 종종 이 기술을 선보였다. 스크리미지에서 전방을 향해 5~10야드를 전력 질주한 다음 필드 안쪽으로 향할지 중앙 혹은 바깥쪽 사이드라인으로 향할지 선택한다. Y 옵션은 미식축구에서 상대적으로 희귀한 기술이다. 거의 완벽하게 양자택일이다. 안쪽으로 갈 것인가 바깥쪽으로 갈 것인가? 짧은 순간에 이에 대해 얼마나 깊게 생각할 수 있겠는가?

2015년 프리시즌 캠프에서 개릿은 위튼에게 야간 회의 때 팀원들 앞에서 그 질문에 대답해달라 요청했다. 개릿은 "제가 미식축구에서 본 가장 훌륭한 프레젠테이션이었습니다"라고 회상했다.

개릿은 지금까지 위튼의 리셉션 기록(당시 1,152개였다) 중 절반이 Y 옵션에서 비롯됐다고 추정했다. 위튼은 약 500개 정도로 추측했다. 실제 숫자가 무엇이든 위튼이 Y 옵션을 수행하는 방식은 수비를 거의 불가능하게 만들었다. 위튼의 우위는 선견지명이었다. 그는 어느 쪽으로 갈지 선택했고, 수비수(비즈니스 용어로 경쟁자)는 그의 선택에만 반응할 수 있었다. 각 Y 옵션은 따라가는 것보다 선행하는 것의 이점을 미시적으로 보여주었다. 위튼은 결코 따라가지 않았다.

첫째로 위튼은 팀에게 공이 스냅(센터가 쿼터백에게 공을 주는 행위 – 옮긴이)되기 전에 자세와 손의 위치, 그리고 무게 중심을 어디로 이동시켰는지 등 준비 자세에 관해 이야기했다. 그런 다음 그는 안쪽과 바깥쪽 중 어디로 달릴지 결정할 때 필요한 모든 것, 즉 선견지명이라는 환상을 심어준 수년간의 연습과 경험에 관해 말했다. 위튼은 넋을 잃은 팀 동료들에게 수비수 성향에 따라 어떻게 자신의 릴리즈 각도를 세웠는지, 어떻게 걸음걸이 수를 정확하게 결정할 수 있는지, 어떻게 상대 선수의 동선을 꿰뚫으며 어떻게 눈과 엉덩이, 발에서 나타나는 작은 정보를 바탕으로 이 불운한 선수(그는 위튼의 움직임에 반응할 때 반보씩 뒤지고 싶지 않을 것이다)가 몸을 기울일 방향을 파악하는지 설명했다.

개릿에 따르면, 위튼은 지난 시즌 디트로이트 라이온스Detroit Lions 와의 플레이오프 경기에서 보여준 플레이를 녹화한 동영상을 재생함으로써 프레젠테이션을 마쳤다. 6분 남짓 남은 상황에서 카우보이스는 3점 차로 뒤지고 있었고 디트로이트의 42야드 라인에서 4번째 공격에 6야드 전진으로 맞섰다. 개릿은 "그날 경기에서 최고의 플레이"라고 말했다. 그는 Y 옵션을 요구했다. 디트로이트의 커버 2 전략은 Y 옵션의 성공을 막는 데 최적화되어 있었는데, 디트로이트는 거의 항상 리시버에게 바깥쪽에서 공간을 확보하길 강력하게 요구했기 때문이다. 개릿은 리시버가 100번 중 95번은 사이드라인으로 밀렸다고 추정했다. 그 확률을 감안할 때 수비수는 상대 선수 혹은 공이 어디로 향할지 추측할 필요가 없을 것이다. 수비수는 위튼이 바깥쪽으로 향할 것이라고 거의 100퍼센트 확신했다.

공이 스냅됐을 때 위튼은 전방으로 12야드를 질주했다. 위튼은 속도를 냈다기보다는 신속히 움직였다. 수비수가 그에게 붙어 있었다. 개릿의 말에 따르면 "지구에서 그 누구보다 이 플레이를 잘 이해하고 있는" 위튼은 이후 수비수가 아래쪽으로 움직이는 것을 느꼈다. 위튼이 바깥쪽으로 플레이할 것이라 추측했기 때문이다. 훌륭한 추측이었다. 확률이 압도적으로 그렇게 말하고 있었다. 하지만 위튼은 프로 미식축구 경기가 내뿜는 광기의 한가운데에서 어떤 기계보다도 빠르게 그 모든 정보를 처리하고 그것을 예술로 승화시켰다. 그는 오른쪽 다리로 큰 발걸음을 내딛고 같은 방향으로 고개를 끄덕이면서 바깥으로 움직일 것처럼 가장했다. 수비수는 미끼를 물었고, 위튼은 안으로 돌아섰다. 그들 사이에는 이제 햇빛이 비췄다. 그는 토니 로모^{Tony Romo}로부터 완벽하게 패스를 받아 첫 번째 다운에서 21야드로 이동했다. 6번의 플레이 후, 카우보이스는 터치다운을 득점하고 경기에서 이겼다.

"이 플레이가 왜 효과적이었는지 설명해보겠습니다." 위튼이 팀에게 말했고, 이미 눈물을 글썽이는 청중 앞에서 이야기를 전하던 개릿은 이제 목소리까지 잠겼다. 정신을 가다듬은 다음 개릿은 위튼이 영상을 다시 틀었다고 말했다. 이때 위튼은 자신의 활약을 치켜세우기보다는 팀의 모든 선수가 경기 완성에 어떻게 기여했는지, 즉 카우보이스 선수들 각자 자신만의 역할을 맡고 있었으며 모두가 그것을 완벽하게 수행했는지 살펴보았다. 댈러스의 재능 있는 와이드 리시버 데즈 브라이언트^{Dez Bryant}는 더블 커버리지를 그렸고, 공격 라인은 토니 로모를 완벽하게 보호했다. 로모가 던진 공은 숫자 사이에 있었다.

위튼의 발표에 대한 개릿의 설명은 막바지에 달했다. 코치의 눈은 여전히 빛나고 있었다. "정말 대단했습니다." 그가 말했다. "이 플레이, 결정적인 순간에 해낸 그를 대표하는 플레이에 대해 특별히 언급하지 않았습니다. 그는 항상 하던 것을 했던 겁니다. 그는 다른 모든 사람에게 공을 돌렸습니다." 개릿은 다시 목이 메었고, 목소리를 되찾기 위해 물병을 잡으려 손을 뻗었다. "그는 팀에게 공을 돌렸습니다."

나는 그 기자 회견의 비디오를 대략 백 번 정도 봤는데, 볼 때마다

○○○○○●○

감동한다. 내가 목이 메었던 이유는 위튼에 대한 개릿의 명백한 사랑이나 누군가가 지금까지 해왔던 대로 무언가를 잘 해내는 모습을 볼 수 있다는 것 때문만은 아니었다. 마치 협곡 벽에 있는 암석층처럼 한 번의 플레이에서 볼 수 있는 경기 수준 때문이었다. Y 옵션은 간단하다. 세심하게 주의를 기울이지 않으면 이 전략은 평범해 보인다. 위튼은 "그것은 도발적이지 않습니다. 정말로요. 8~10야드 루트를 도발적으로 보이게 하는 건 어렵습니다"라고 말했다.[11]

하지만 이러한 단순함이 상상력의 훌륭한 출발점이 된다. 그 경기를 보면 여러분은 보고 싶은 것을 무엇이든 볼 수 있다. 여백이 많은 캔버스와 같다. 팀워크의 가치나 한 사람의 탁월함을 볼 수도 있다. 숫자의 명확성 혹은 선수들이 자신의 한계에 균열을 내는 모습을 감탄하며 볼 수도 있다. 패스만 따로 떼어서 보거나 패스를 둘러싼 난장판을 볼 수도 있다. 나는 스포츠가 인간의 존재에 대한 은유라는 생각에 동의하지 않는다. 스포츠는 우리가 하는 게임이고, 인생에서의 중대한 결정들은 공을 잡느냐 못 잡느냐보다 훨씬 영향력이 큰 결과를 초래한다. 그럼에도 위튼의 경기 영상은 지구에서의 삶이라는 소용돌이는 신경 쓰지 않은 채, 단 한 번의 경기에서 단 한 번의 플레이로 '기회'의 스펙트럼을 상기시켜준다. 여러분이 그 영상을 보는 방식, 즉 여러분만의 시각으로 무엇을 보는지는 곧 풍부한 가능성을 나타낸다. 같은 상황에서 같은 선수가 매번 같은 플레이를 펼치지만 볼 때마다 매번 새로운 것을 발견하게 된다.

내 생각에 제이슨 위튼의 Y 옵션은, 겉보기에 서로 다른 결과가 두 가지 길을 두고 내린 선택 그 이상일 수 있음을 증명한다. Y 옵션의 선택지가 내부나 외부만 있는 건 아니다. 그 영상을 보고 또 보고 몇 번이고 다시 보길 바란다. 공이 스냅될 때마다 위튼이 스크리미지 라인 너머로 폭발할 때마다 그에게 열린 가능성은 무궁무진하다. 열정적인 태도로 연습을 거듭하며 디테일에도 정확하게 주의를 기울인 덕분에 그는 제한도 제약도 많았을 현실에 유연하게 대처하고 통제할 수 있었다. 다른 모든 사람들이 따라야 하는 규칙들은 더 이상 그에게 적용되지 않는다. 그에게는 모든 가능성이 열려 있다. 규칙에서 벗어날 수 있는 수많은 방법을 스스로 찾았기 때문이다.

'평범하게 비범한' 픽사의 방법

'창의적'이라는 단어가 부정적으로 사용되는 극소수의 경우 중 하나가 돈과 연관되어 있음을 보여주는 단어가 있다. 바로 장부 조작을 의미하는 '창의적 회계'라는 말이다. 나보다 똑똑한 사람들은 빅데이터의 부상과 함께 STEM Science, Technology, Engineering, Math 교육의 '무용지물화' 현상을 비난했다. 빅테크 기업은 매우 높은 급여를 지급하기에, 젊은 지식인들은 전형적인 장소에서 전형적인 역할을 얻기 위해 교육과 경험을 빅테크 기업에 맞춤화한다. "영향력이 거의 없거나 진부한 롱테일 상품의 무의미한 기능, 혹은 이미 규모의 경제를 달성한 상품의 무의미한 기능에 공을 들이기 위해서"라고 소셜캐피탈 Social Capital 의 CEO이자 버진갤럭틱 Virgin Galactic 의 회장(2022년 2월 회장직에서 물러났다)인 동시에 극도로 분석적인 농구팀 골든 스테이트 워리어스 Golden

State Warriors의 지분을 일부 소유하고 있는 차마스 팔리하피티야Cha-math Palihapitiya가 썼다.**12** 그는 우주 탐사나 재료 과학 분야에서 일해야 할 물리학과 졸업생들이 똑같은 재앙적 거래 모델을 만들고 있는 사이, 2008년 금융위기를 초래한 것과 같은 "대뇌 전두엽 절제 수술"이 현재 기술 분야에서 일어나고 있다고 주장했다. 너무 많은 똑똑한 학생들이 똑같은 바보 같은 짓을 하고 있다는 것이다.

사람들은 생각을 하기 시작한 이래로 타인에게 좀 더 창의적으로 생각하라고 권해왔다. 이미 넘치는 말을 내가 더 보태는 것이 약간 부끄럽다. 1967년 에드워드 드 보노Edward de Bono는 사람들에게 비틀어서 생각하도록 장려했다. 2005년 말콤 글래드웰은 여러분이 생각 없이 생각하기를 원했다. 그 사이에 여러분은 애플에게서 다르게 생각하고, 마이클 J. 겔브Michael J. Gelb에게서는 레오나르도 다 빈치처럼 생각하고, 수천 명의 과대평가된 경영 컨설턴트들에게서는 틀에서 벗어나 생각하라는 말을 들었다. 다른 사람의 사고방식을 바꿀 수 있다고 가정하는 건 살짝 멍청한 짓이다. 누군가에게 우울증을 치료하려면 슬퍼하기를 멈춰야 한다고 말하는 것이나 다름없다.

나는 여러분이 이 책을 읽을 수 있을 만큼 충분히 나이가 들었다면, 여러분의 뇌는 여러분의 뇌이고, 지금까지 작동해왔던 방식으로 계속 작동할 것이라고 생각한다. 나는 여러분이 고등수학에 대해 아무것도 모르더라도 숫자의 횡포에 굴복하지 말고 여러분이 가진 능력에서 가치를 보도록 격려하는 일에 더 관심이 있다. 나는 특별히 창의적으로 생각을 하는 사람이 아니다. 내가 소설이 아닌 논픽션을 쓰는 이유가 여기에 있다. 나는 여전히 직장에서 창의적인 사람들을 관찰하는 일이 가치 있다고 믿는다. 여러분이 그들처럼, 정확히는 다른 누구처럼 생각하게 되기 때문이 아니라, 여러분 자신처럼 생각할 수 있도록 영감을 받을 수 있기 때문이다. 여러분만이 가진 고유한 시각으로 말이다.

창의성에 관한 책 중 가장 좋아하는 책은 에드 캣멀 **Ed Catmull**이 에이미 월러스**Amy Wallace**와 함께 쓴《창의성을 지휘하라 **Creativity, Inc.**》이다.[13] 에드는 픽사 애니메이션과 디즈니 애니메이션의 사장이다.《창의성을 지휘하라》는 자기계발서처럼 포장된 트로이 목마 같은 책이다. 하지만 이 책은 본질적으로 영감을 주는 사람들로 둘러싸인 한 남자의 회고록이며, 그들은 함께 믿을 수 없는 작품들을 만들었다.

픽사의 첫 장편 영화는 〈토이 스토리〉였다. 이 영화는 1995년 11월 22일 개봉되었고, 그해 최고의 수익을 올렸다. 또한 오직 컴퓨터로 만든 애니메이션 중 처음으로 제대로 된 영화이자 놀라운 작품이었다. 같은 이유로 나는 이 영화를 싫어하는 많은 애니메이터들이 있다고 확신한다. 그들은 크리스토퍼 놀란이 디지털 카메라 사용을 거부하거나 오디오 애호가들이 MP3를 비난하듯이 〈토이 스토리〉에서 차가움을 볼지도 모른다. 하지만 에드가 말한 것처럼 〈토이 스토리〉 제작은 일종의 플라톤적 창조 이상이었다. 픽사의 제작팀은 단지 사랑받기 원했던 우디라는 외로운 카우보이 장난감 이야기에 대한 집착을 공유했고, 그것을 함께 실현하기 위해 최고의 현대적 도구를 사용했다.

물론 쉽지 않았다. 〈토이 스토리〉 제작진은 약 100명으로 구성된 팀을 만드는 데 5년이 걸렸다. 픽사는 늘어나는 제작비로 거의 전복될 뻔했다. 에드와 그의 팀은 디즈니에 응답했고, 디즈니는 무엇이 좋은

○○○○○●○

이야기를 만드는지에 대한 자신만의 완고한 아이디어가 있었다. 나는 디즈니의 사업부에서 일한 적이 있었는데 다시 그 일을 할 수 있기를 바란다. 그들은 자신들이 잘하는 분야에서 최고다.[14] 또한 그들은 기계적이었고, 〈토이 스토리〉는 끊임없이 디즈니에 집어삼켜질 위험에 처했다. 디즈니는 뮤지컬로 큰 성공을 해왔기에 〈토이 스토리〉가 노래로 가득하기를 원했다(에드는 아니었다). 픽사의 직원들은 또한 제프리 캐천버그Jeffrey Katzenberg와 같이 중요한 사람들에게서 스토리 노트를 받았기 때문에 그것들을 반영해야 한다는 압박을 느꼈다. 캐천버그는 우디가 조금 더 날카로워져야 한다고 지적했다. 에드는 "몇 달이 지나면서 처음엔 상냥하고 털털한 성격이었던 우디의 캐릭터가 점점 어둡고 야비하고 전혀 매력적이지 않게 되었다"고 회상했다. "요컨대, 우디는 바보가 되었다." 1993년 11월 19일 에드와 그의 팀은 디즈니에게 버즈 라이트이어를 무자비하게 헐뜯는 장면을 포함해 맹렬한 우디가 등장하는 가짜 영화를 보여주었다. 디즈니는 자신들이 제작을 도왔던 괴물에 기겁하고 즉시 제작을 중단했다. 그날은 여전히 픽사의 벽에 "블랙 프라이데이"로 기록되어 있다.

그리고 2년이 조금 지난 후 〈토이 스토리〉, 즉 진짜 〈토이 스토리〉, 오리지널 〈토이 스토리〉, 기계에 복종하는 사람들이 아닌 기계를 사용하는 사람들이 만든 〈토이 스토리〉가 세상에 나왔고 자신만의 역사를 썼다. "엄청난 재정난에 처한 신생 스튜디오의 초보 영화 제작자임에도 우리는 단순한 아이디어를 믿었다. 우리가 보고 싶은 것을 만들면 다른 사람들도 보고 싶어 할 것이다." 에드는 이렇게 썼다. "갑자기 우리는 예술가들이 자신의 감을 믿었을 때 일어날 수 있는 사례의 본보기로 받아들여졌다."

　그 믿음은 픽사가 〈토이 스토리 2〉에서 불가피한 작업을 시작했을 때 흔들렸다. 전편은 전 세계적으로 3억 5천 8백만 달러를 벌어들였다. 물론 속편이 나올 예정이었다. 처음부터 속편은 획기적인 전작의 성공을 빠르게 활용하기 위해 비디오 가게용 영화로 성급하게 구성되었다. 다행히도 역사는 그렇게 흘러가지 않았다. 에드와 그의 팀원들은 위대한 작품을 대충 모방하는 건 영화를 대충 만들고 싶다는 마음을 인정하는 일과 같다는 사실을 깨달았다. 픽사는 새로운 모토를 채택했다. "품질은 최고의 사업 계획이다." 이 글을 쓰는 지금까지 픽사 스튜디오는 23편의 장편 애니메이션 영화를 제작했다. 〈니모를 찾아서〉(2003), 〈월-E〉(2008), 〈업〉(2008), 〈인사이드 아웃〉(2015), 〈코코〉(2017), 마지막으로 〈토이 스토리 4〉(2019) 등을 포함해 11개 작품이 최우수 장편 애니메이션 부문에서 오스카상을 수상했다. 그들의 평균 흥행 수입은 7억 달러에 육박한다(로버트 맥키에게 절을 해야 한다).

　하지만 에드 캣멀의 교훈에서 내가 가장 좋아하는 부분은 다음과 같다. 그는 자신이 하는 일에 대해 특별히 복잡한 척하지 않는다. 많은 사람들이 창의성을 신비롭고 쉽게 이룰 수 없는 과정으로 묘사하려 한다. 자신의 작품을 실제보다 더 통찰력 있고 중요하게 보이도록 하기 위해서다. 진짜 그렇다고? 여러분은 가능한 한 열심히 사랑하고, 식욕에 충실하며, 여유를 가지길 바란다. 좋은 취향이 있다면 믿어라. 과정에 대해 걱정하지 말고, 규율에 대해서도 걱정 말라. 여러분의 일이 여러분을 사랑하지 않을 때도 있을 것이고, 여러분이 성공을 추구하는 과정에서 외로움을 느낄 때도 있다는 것을 인지하라. 양보를 요청

○○○○○●○

하는 쪽이 기계라면 타협하고 싶은 충동을 참아라. 좋은 것을 만들기 위해 노력하고, 좋은 것을 더 좋게 만들기 위해 노력하라. 그리고 다른 사람들과 달리 그렇게 행동하도록 노력하라.

당신의 경험치를 신뢰하라

상상할 수 있는 가장 지루한 것을 가지고 다시 상상해보자. 콘크리트는 값싸고 내구성이 좋으며 만들고 붓기가 쉽기 때문에 세계에서 가장 인기 있는 건축 재료다. 콘크리트는 물, 모래, 자갈, 시멘트 이렇게 네 가지 성분으로 이뤄져 있으며 각각 나머지 다른 물질만큼 기본적이고 필수적이다. 시멘트는 벽돌 쌓기에 사용되는 회반죽과 같은 접착제로 가마에서 구워진 석회와 찰흙으로 만들어지는데, 두 개가 혼합물의 약 15퍼센트를 차지한다. 이는 수세기 동안 콘크리트 제조 방법이었으며, 그것은 로마의 콜로세움과 두바이의 부르즈 할리파를 포함한 수백만 개의 건물, 댐, 보도를 짓는 데 사용됐다. 콘크리트는 궁극적인 양적 사업이다. 우리는 매년 영국 땅 전체를 덮을 수 있는 콘크리트를 쏟아낸다.[15] 콘크리트 시장에서 우위를 점할 수 있는 유일하고도 확실한 방법은 다른 누구보다 콘크리트를 더 많이 생산하는 것이다. 그래야 여러분이 그것을 다른 누구보다 더 싸게 만들 수 있다.

콘크리트 생산량은 종종 그러하듯 몇 가지 중요한 문제를 초래했다. 콘크리트가 국가라면 중국과 미국에 이어 세계 오염 유발국 3위에 오를 것이다. 종합하면, 콘크리트 생산은 탄소 배출의 8퍼센트를 차지

돈

261

한다. 콘크리트 혼합기 또한 대기 오염의 주요 원인이다. 일례로 델리에서는 도시의 만성적인 대기 오염의 10분의 1이 건설 먼지로 발생한다. 콘크리트의 원료는 풍부해 보이지만, 역시나 유한한 자원이다. 게다가 우리는 매년 400억 톤의 콘크리트를 사용하고 있다. 콘크리트 사업은 공업용수 사용의 10퍼센트를 차지한다. 심지어 모래도 희소한 원자재가 되고 있다. 사막의 모래는 건설 현장에서 쓸 수 없는데, 물보다 바람에 의해 형성된 알갱이는 너무 매끄럽고 둥글어서 서로 결합할 수 없기 때문이다(호주가 중동에 모래를 수출하는 이유이기도 하다). 불법 모래 광산과 범죄 세력이 주도하는 암거래는 아주 흔한 일이 되었다. 모래 채굴은 인도네시아에서 수십 개의 섬을 사라지게 했고, 인도의 모래 잠수부들은 15미터 깊이의 새로운 강을 만들었다.[16]

어떻게 하면 좋을까? 콘크리트를 덜 사용하는 것이 분명한 해결책이며, 대나무와 같은 대체 건축 자재도 개발되고 있다. 이러한 시장이 존재해야 할 훌륭한 명분도 있다. 하지만 현실적으로 콘크리트는 기록적인 속도로 계속 쏟아질 것이며, 건설업계에는 변화를 촉진할 장려책이 매우 부족하다.

어떤 면에서, 콘크리트 시장은 캐나다의 유제품 생산자와 가공업자들의 방식과 비슷하며 동일한 제약이 있다. 1960년대 이후 캐나다의 농부들은 충족해야 할 지역 할당량을 받았고, 그 대가로 그들은 생산한 우유에 대해 정해진 가격을 부여받았으며, 덕분에 규모가 작은 시장을 부양하고 제품과 가격을 안정시킬 수 있었다. 제품의 안정성은 소비자들의 브랜드 충성도가 낮다는 것을 의미한다. 가격 안정성은 전국적으로 우유 가격이 리터당 1달러도 안 된다는 것을 의미한다.

가격에서 우위를 점하거나 우수한 제품으로 더 많은 시장을 사로잡는 방법은 없다. 콘크리트와 마찬가지로 우유는 뭘 해도 우유다.

즉 생산자들이 우유에 초콜릿이나 다른 맛을 조금 더 첨가하지 않는 한 말이다. 만약 초콜릿 우유가 브랜드화된다면 소비자들은 다른 제품보다 그 우유를 더 선호할 것이고, 그에 대한 프리미엄을 지불할 것이다. 네슬레는 자사의 인기 제품인 커피 크리스프[17], 캔디바 맛이 나는 1인용 '밀크쉐이크'를 만들면서 0.5리터 미만으로 2.50달러를 받는다. 우유에다 향과 색을 첨가하면, 소비자들이 우유를 살 확률을 높일 뿐만 아니라 가격을 두 배 이상 올릴 수 있다. 사실상 다른 우유와 똑같을지라도 말이다.

혁신이 불가능해 보이는 콘크리트 산업은 적어도 이득을 더 남기는 방향으로 창의력을 발휘했다. 몇몇 제조업체들은 이를 초콜릿 우유 간의 경쟁으로 만들기 위해 노력하고 있다. 이 과정은 수십 년 전 그들이 석탄과 철강 산업의 폐품인 비산회와 광재를 —불에 구울 때 필요한 열 때문에 가장 비싼 오염 물질이 된 시멘트 대신— 사용하면서 시작되었다. 이 혼합물에 새로 추가된 것은 재활용된 유리 조각인 일명 '가루 유리 포졸란'으로 물에 젖은 모래의 들쭉날쭉한 가장자리를 그대로 재현한다. 콘크리트가 오염 물질을 만드는 대신 그것을 가두어놓을 수 있다는 생각은 또 다른 대체 콘크리트 성분의 탄생으로 이어졌다. 바로 탄소 그 자체다. 일부 제조업체들은 액체 탄소를 콘크리트에 주입하면 콘크리트가 더 단단해지고, 필요한 시멘트의 양을 줄이며, 탄소가 대기 밖으로 나가지 않도록 할 수 있다는 것을 발견했다. 다른 제조업체들은 공장 굴뚝 연기를 모아 인공 석회암으로 바꾸기 시작했다.[18] 인공 석회암은 시멘트를 만드는 데 사용될 수 있다.

기회를 알아보는 눈을 대신할 수 있는 기계는 없다. 알고리즘은 실험을 하지 않는다. 우리는 알고리즘 규칙을 따르지 않음으로써 알고리즘을 이겼다. 우리 중 가장 진취적인 사람들은 겉모습을 보고 어떤 것의 용도를 판단하지 않는다. 그들은 그것이 왜 그렇게 작용하는지 묻고 콘크리트처럼 외관상 바꿀 수 없어 보이는 것도 어떻게 바뀔 수 있는지 궁리한다. 고혈압, 당뇨병, 삐걱거리는 관절 등 노화의 일반적인 증상들을 보이는 환자의 치아 사이의 간격이 넓어지는 것을 보고 말단비대증을 의심한 의사도 그런 사람에 속한다.[19] 이렇게 평범하면서도 창의적인 사람들이 거인의 가능성을 본다.

주간지《스포츠 일러스트레이티드Sports Illustrated》의 수영복 모델로서 정제의 본질을 잘 알고 있었던 크리시 티건Chrissy Teigen은 건축자재로 가끔 혼동될 수 있는 제품인 바나나빵에 눈을 돌렸다. 그녀는 초콜릿, 코코넛, 그리고 바닐라 푸딩 믹스 한 상자를 이용한 특별한 요리법을 완성하는 데 1년이 걸렸다. 그 요리법을 담은 요리책《크레이빙스Cravings》가 출간되자 베스트셀러가 되고 번트팬 구매붐이 일었다. 캣 보디Cat Bordhi는 매우 혁신적인 뜨개질로 자신만의 제국을 건설했다.[20] 그녀는 양말(일반적인 경우처럼 발가락 부분이나 커프가 아닌 발뒤꿈치에서 시작한다)과 물리 법칙을 거스르는 '뫼비우스' 두건(끝이 없이 비틀어진 스카프)을 뜨개질하는 새로운 방법을 발견했다. 그녀는 유방암과 자궁내막암과의 오랜 투병 끝에 2020년 사망하기 직전, 다음과 같이 썼다. "뜨개질은 단순해보이지만 뜨개질 하는 사람을 인간으로 해방시켜주는 놀라운 능력을 가지고 있다."[21] 그녀는 끝내 암으로 사망했

○○○○○●○

지만 UCLA의 데니스 슬라몬Dennis Slamon 박사는 과학계의 거센 회의
론에도 불구하고 항체 허셉틴Herceptin을 주입해 유방암에 걸린 수백만
명의 여성들을 구했다.《애틀랜틱》소속의 치열하고 유머러스한 작가
이자 쌍둥이 남자아이들의 어머니인 케이틀린 플래너건Caitlin Flanagan
은 슬라몬 박사의 결단 덕분에 11년간 유방암에 차도를 보여왔다. 그
녀는 "학령기 아이들의 엄마에게 11년이 더 주어진 것이 어떤 기분인
지 아시나요?"라고 썼다. "절대 포기하지 않았던 UCLA 과학자가 직
접 이룬 결과였습니다."**22**

나는 여러분에게 "동물적 감각을 신뢰하라"고 주장하는 게 아니
다. 동물적 감각은 도박의 속어로 흔히 사용되고 여러분의 편견을 탐
닉하는 것에 불과하다. 우리는 맹목적인 믿음, 멍청한 행운, 날짐승 본
능에 대해 말하는 게 아니다(신체적으로 위험에 처했을 때는 그 감각을 믿어
야 한다). 나의 동물적 감각은 마치 한 번도 본 적 없는 스포츠 경기에서
심판을 맡으려는 것처럼 많은 분야에서 무용지물일 것이다. 왜냐하면
내게 미지의 영역으로 느껴지는 일들이 아직 많기 때문이다. 나는 여
러분이 얻은 의미 있는 경험에 대해 믿음을 가지길 바란다. 순응해야
한다는 압력은 현실적이며, 애널리틱스의 절대적 확실성을 거부하기
는 어렵다. 하지만 특히나 여러분이 공부하고 연습하고 실험하고 관
찰하며, 특별한 전문지식을 가지고 있다면, 여러분이 우위에 있는 것
이다. 이건 동물적 감각이 아니다. 구체화된 분석이다. 이를 사용하여
뭔가 색다르고 아름답고 인간적인 것을 만들자. 그리고 오래 지속할
수 있는 무언가를 만들려고 노력해보자.

분석적 사고를 넘어선 영역에서 벌어지는 일

1979년, 피터 굿 **Peter Good**은 38살이었고 그래픽 디자이너로 일한 지 얼마 되지 않았을 때("전 뛰어난 사람이 아닙니다." 그가 말했다) 광고대행 사에 있는 친구에게서 전화 한 통을 받았다. "하키 팀 로고 디자인을 해보고 싶다고 하지 않았어?" **23** 월드하키협회 소속의 팀인 뉴잉글랜 드 웨일러스 **New England Whalers**는 내셔널하키리그 소속의 하트퍼드 웨 일러스 **Hartford Whalers**가 될 준비를 마친 상태였기에 그들에게는 새로 운 정체성이 필요했다. 피터와 아내 잰 커밍스 **Jan Cummings**는 코네티컷 주 체스터에 자신들의 회사를 열었고, 포스터와 책 표지뿐 아니라 많 은 회사의 로고를 함께 디자인했다. 둘 다 스포츠 분야에서는 일한 적 이 없었다. 피터는 하키 팬도 아니었다. "저는 연못에서 하키를 하곤 했습니다." 그가 말했다. "제가 아는 유일한 규칙은 퍽을 한쪽 혹은 다 른 쪽 네트에 넣어야 한다는 것이었습니다."

피터는 친구에게 대답했다. "물론이지."

웨일러스는 그에게 디자인 브리핑을 해주지 않았다. 구체적으로 요구하는 것도 없었다. 피터의 유일한 안내자는 녹색과 흰색으로 구 성된 팀의 옛 로고였다. 그것은 작살로 이등분된 커다란 'W'로 그려져 있었다. 나머지는 전부 그가 알아서 해야 했다.

피터는 "다시는 그런 일이 일어나지 않을 것"이라고 말했다. 누군 가 어딘가에서 같은 선택을 했다면 같은 일이 다시 일어날 수 있겠지 만. 그렇지 않은가? "메이저 스포츠 팀이 디자이너 한 명에게 로고를 의뢰한다고요?" 피터가 되물었다. "지금이라면 그들은 나이키나 스포츠 마케팅 회사에 가서 10명의 디자이너를 고용할 겁니다."

많은 다른 영역들과 마찬가지로 그래픽 디자인도 지금처럼 복잡한 산업은 아니었다. 1960년대까지만 해도 로고는 상징적인 표현의 수단이라기보다는 주로 기능적인 역할을 했다. 1965년 피터 굿은 코네티컷대학교를 졸업한 최초의 그래픽 디자인 전공자였다. 그는 뉴욕의 전설적인 체르마예프&게이스마 협회 Chermayeff&Geismar Associates에서 귀중한 세월을 보냈고 일을 하면서 더 많을 것을 배울 수 있었다. 체르마예프&게이스마 협회는 미국 최초로 추상적인 기업 로고 중 하나를 만들었다. 바로 체이스 은행이 여전히 사용하고 있는 체이스 맨해튼 옥타곤 Chase Manhattan octagon이다. 피터는 타이포그래피에 집착하게 되었고 그가 찾을 수 있는 모든 디자인 잡지와 정기간행물을 읽었다. 그는 눈을 뜰 때마다 영감이 떠올랐다. 그는 자신이 소명을 찾았는지 한 번도 궁금한 적이 없었다. 그는 '운명적인' 일을 하게 된 운이 좋은 사람들 중 한 명이었다.

웨일러스에게서 시안을 건네받지 못한 피터는 그가 배운 대로 했다. 그는 종이 한 장과 펜을 꺼내 스케치를 시작했다. 그것이 그의 멘토들이 일하는 방식이었으며, 손으로 쓰임받는 이 간단한 도구들은 그들에게 은혜를 베풀었다. "기본적으로 디자인은 마음이 손과 눈과 조화를 이루는 것으로 시작합니다." 피터가 말했다. 2020년 가을 피터와 통화했을 때 그는 78세였고 여전히 일하고 있었다. 잰과 맷은 인생 및 사업 파트너십은 55년 동안 지속되었으며 그에게 매우 중요했다. 컴퓨터가 그들의 작업에 필수가 되면서 두 사람 중 잰이 기술자가 되고 더 분석적인 마인드를 갖게 됐다. 피터는 직관주의자로 남았

고, 여전히 종이와 펜으로 일을 시작했다. 머리에 떠오른 아이디어가 있다면 비록 끔찍할지라도, 그것이 쓸모없다는 것을 알더라도 피터는 스케치를 할 것이다. 그는 어떤 가능성에도 문을 닫고 싶지 않았다.

그는 수백 가지의 아이디어를 9가지로 줄여서 웨일러스에게 자신의 첫 프레젠테이션을 선보였다. 시안에는 하트퍼드의 H 또는 웨일러스의 W를 형상화하기 위해 짝을 이룬 고래들을 비롯해 고래 꼬리의 두 가지 버전, 작살의 끝, 그리고 삼지창으로 바뀐 W의 위에 세 개의 점이 있는 시안 등도 포함되었다. 음각으로 H가 보였다.

피터는 운이 좋게도 많은 결정자를 상대해야 하진 않았다. 그의 경험으로 볼 때, 위원회에서 정한 디자인은 종종 엎어지곤 했다. 회의 테이블에 로고 디자인을 올리면 모든 사람이 그것에 대해 한마디씩 해야 한다고 느꼈다. "제가 보기엔 좋습니다"라는 말은 그들이 일을 하지 않는 것처럼 들리기 때문이다. 그들의 코멘트를 모두 취합하면 결국 평범하고 타협적인 디자인으로 바뀌게 된다. 지난 40년 동안 피터는 시장 조사와 포커스 그룹의 어설픈 영향력을 점점 더 경계하게 되었다. 그는 "반영해야 할 요소가 많을수록 결과는 점점 희미해집니다"라고 말했다. 사람들은 낯선 것에 거부감을 느끼는 경향이 있다. 따라서 여러 사람을 통해 걸러진 그래픽 디자인은 사람들이 이전에 본 것과 비슷해지기에 보통 친숙하게 느껴진다. 사람들은 직관적으로 그런 디자인을 더 마음에 들어 한다. 피터는 "익숙한 일을 하면 편할 수 있지만 금방 잊힐 것입니다. 많은 좋은 아이디어들이 포커스 그룹을 절대 통과하지 못할 거예요." 포커스 그룹은 우리가 텔레비전을 보는 방법을 바꾼 시리즈인 〈힐 스트리트 블루스Hill Street Blues〉의 첫 번째 에피소드를 싫어한 걸로 유명하다.[24] 포커스 그룹은 용기에 맞서는 백신이다.

웨일러스의 경우 구단주 하워드 볼드윈Howard Baldwin이 처음이자 마지막 발언권을 가졌다. 그는 피터의 아홉 가지 시안 중 삼지창을 골랐다. "이게 좋네요." 그가 말했다. "이걸로 합시다." 피터는 그에게 왜 그 시안이 맘에 들었는지 물었고, 볼드윈은 H를 좋아한다고 답했다. 부분적으로나마 가이드를 얻은 피터가 로고 작업을 조금 더 해도 괜찮은지 물었다. 그는 삼지창의 꼭대기가 약간 무겁다고 생각했고, 자신의 디자인에 작살을 넣는 아이디어를 좋아하지 않았다고 말했다. 그 팀의 마스코트는 결국 고래였다. 피터는 이렇게 생각한 것을 기억했다. "왜 마스코트를 죽이는 심벌을 가지고 있습니까?" 볼드윈은 동의했고, 피터는 작업실로 돌아왔다.

기계와 감각의 끝없는 전쟁 속에서 또 다른 작은 전투가 시작되었다. 첫 장에서 시나리오 작성에 대해 논의했던 것을 기억한다면, 전문가의 정확한 지시에 따르는 것은 꽤 괜찮은 결과를 가져다준다. 당신은 이 책을 여기까지 읽었으니 천재들의 수준에 더 가깝다고 생각하겠다. 골프 선수 로리 매킬로이Rory McIlroy도 천재들 중 한 명이다. 2018년 그는 세계 랭킹에서 13위로 떨어졌고 걱정을 덜기 위해 전설적인 퍼터 브래드 팩슨Brad Faxon에게 도움을 요청했다. 매킬로이가 연습 그린에서 8피트짜리 퍼트 3개 중 하나를 성공시키자 팩슨은 그에게 5번 우드로 퍼트를 시도해보라고 요청했다. "당신에게 무언가를 증명하고 싶었습니다"라고 팩슨이 말했다. "요즘 퍼팅은 대개 굉장히 기술적이고 기계적입니다. 본능적으로 행동해야 합니다." 매킬로이는 그의 말마따나 지금까지 보여준 것중 최고의 퍼팅을 주간 동안 펼친 뒤 나간 베이힐 경기에서 이겼다.[25] 또 다른 예로 기타리스트 에디 반 헤일런Eddie Van Halen은 그가 "갈색"이라고 부르는 이해하기 어려운 완벽한 음색을 추구하는 것에 집착한 나머지 자신의 장비에 미친 짓을 한 것으로 유명하다. 그는 자신의 픽업(전류 신호를 소리로, 소리를 전류 신호로 바꾸는 부분)들을 파라핀 왁스에 적신 후 기타 본체에 직접 구멍을 뚫어 연결했다. 전류와 소리의 직접적인 연결의 힘을 믿었던 그는 대담하게 자신의 앰프를 최댓값으로 출력했고, 잡지《기타 플레이어 Guitar Player》의 편집자들은 독자들에게 헤일런처럼 장비를 수정하려면 앰프와 콘센트에 연결된 사람 모두가 튀겨질 위험을 무릅써야 한다고 경고할 수밖에 없었다. 반 헤일런은 이 같은 치명적인 조합을 통해 〈Ain't Talkin' 'Bout Love〉를 썼다.

○○○○○●○

피터 굿은 자신이 두 개의 대칭적인 글자(W와 H)를 활용하는 데 큰 재능이 있다는 것을 깨달았고, 항상 디자인에 음각이 돋보이도록 신경을 썼다(현대 디자인에서 가장 유명한 예는 상징적인 페덱스 **FedEx** 로고의 화살표일 것이다. 화살표를 보지 못했다면 E와 X 사이를 유심히 보라. 앞으로 화살표가 가장 먼저 눈에 띌 것이다). "음각은 눈을 감질나게 한다"고 피터가 내게 말했다. 그것은 정적인 이미지에 잠재의식적인 에너지, 즉 우리가 그것을 보지 않더라도 정확히 인지할 수 있는 움직임의 감각을 선사한다. 하지만 그의 로고에 있는 H는 좀 더 이해하기 어렵고 발견에 가까워야 할 필요가 있었다. 그는 작살이나 삼지창보다는 고래의 꼬리와 관련된 아이디어를 가지고 놀기 시작했다. "꼬리가 고래를 움직입니다." 피터가 말했다. "꼬리는 힘, 방향, 추진력 등 스포츠 팀에 필요한 훌륭한 은유를 모두 가지고 있습니다."

1979년에 로고를 만드는 일은 귀찮은 작업이었다.[26] 종이가 곧 그의 사무실 벽과 바닥을 어지럽혔다. 그는 래피도그라피 펜을 모조 피지로, 사포를 아세테이트로 가져갔다. "본질적으로 시행착오입니다." 피터는 말했다. "계속해서 노력합니다. 빠트린 해법을 찾으려고 노력하는 거죠. 이것은 의식적인 분석적 사고에서 일어나는 일이 아닙니다. 무언가를 해야 하고, 그 다음에는 그것을 치워야 합니다. 길을 걷고 있을 때 내가 찾던 일이 일어날 수도 있어요. 이 디자인을 바꿀 수 있는 무언가를 촉발하는 말을 들을 수도 있습니다. 열린 마음으로 받아들이는 것이 중요합니다. 그게 바로 과정입니다."

피터 굿의 과정은 이렇게 끝났다.

웨일러스가 대단한 하키 팀은 아니었지만, 타협하지 않고 고유한

디자인에 손으로 직접 작업한 그들의 로고는 거의 모든 사람에게 박
수갈채를 받았다. 웨일러스의 로고는 단순하고, 아름답고, 어떤 규모
에서도 재현 가능하며, 즉시 알아볼 수 있다.

　안타깝게도 웨일러스는 1997년에 하트퍼드에서 마지막 경기를
치렀다. 구단주 피터 카르마노스 주니어Peter Karmanos Jr.가 팀을 노스
캐롤라이나 롤리로 옮겼고, 그곳에서 그들은 캐롤라이나 허리케인
스Carolina Hurricanes가 되었다. 피터 굿의 디자인은 빙판에서 사라졌고,
겉보기엔 영원히 사라진 듯하다. 그러나 웨일러스가 하트퍼드를 떠난
후 13개 시즌이 지난 2010년에도 그들의 영원한 로고는 내셔널하키
리그에서 잘 팔리는 5대 상품 중 하나로 꼽혔다. 캐롤라이나가 훨씬
더 세심하게 제작한 로고는《하키 뉴스Hockey News》가 꼽은 리그 최악
의 순위에 올랐고, 팬들은 마치 다른 도시의 다른 팀 서포터인 것처럼

예전 스웨터를 입고 일상적으로 나타났다. "캐롤라이나, 무슨 짓을 한 겁니까?" 뉴스가 물었다. 허리케인스의 문장紋章은 태풍의 눈처럼 보이도록 의도되었지만, 종종 수세식 변기에 비유된다. 한때 예술이 자리했던 곳에 이제는 친숙하고 잊히기 쉬운 기계가 있다.

7장

의학

MEDICINE

모든 병은 질문을 던지며,
치료만이 그 대답이다

Every Sickness Asks a Question,
The Only Answer Is a Cure

우리는 병을 치료하는 것조차 기계적이고 감정을 배제하는 과정으로 만들었으며, 이는 환자와 의사 모두에게 상처를 입혔다. 도대체 우리는 왜 세상을 차갑고 어두운 곳으로 만들려고 하는가? 의학뿐 아니라 남은 삶을 바라볼 때 임상적 접근을 조금 내려놓을 필요가 있다. 스스로에게 질문해보자. 무엇이 나에게 위안을 가져다주는가? 무엇이 나를 행복하게 하는가? 나는 무엇을 만들고 싶은가? 나는 어떻게 기억되고 싶은가? 추측건대 여러분은 새로운 안목 테스트를 통과할 수 있는 사람이 되고 싶을 것이다. 상상력이 풍부하고 창의적이며 전문 지식을 갖춘 그런 사람 말이다. 그렇다면 여러분에게 행운을 가져다줄 네잎클로버는 무엇인가?

손끝 감각으로 위조지폐를 구별한 은행원

미국의 100달러짜리 지폐는 우리가 가진 물건 중 국제 통화에 가장 가깝다. UN은 180여 개의 통화를 법정 통화로 인정하고 있지만, 미국의 지폐만큼 인정받는 통화는 없다(그중에서도 입을 꼭 다문 벤자민 프랭클린의 얼굴이 그려진 지폐라면 더더욱 그렇다). 미국의 100달러짜리 지폐 수백억 개가 (달러가 아닌 수십억 개의 물건으로) 유통되고 있으며, 그중 60퍼센트는 미국 영토 밖에서 매 순간 주인이 바뀌고 있다. 놀랄 것도 없이 벤자민이 그려진 지폐는 세계에서 가장 많이 위조되는데, 덕분에 가장 신뢰할 만하면서 동시에 가장 의심스러운 지폐라는 모순적 특징을 갖게 되었다. 그 익숙하고 확고한 얼굴 뒤에는 엄청난 아이러니가 숨어 있다. 우리를 배신할 가능성이 가장 큰 하나의 화폐 단위에

라스베이거스의 도박꾼부터 타이페이의 택시운전사까지 절대적인 신뢰를 보내고 있다는 것이다.[1]

교만하고 패권적인 몇 가지 이유로 미국 정부는 지금의 빈약해 보이는 신뢰도를 유지하고 싶어 하며, 미국의 화폐 생산을 감독하는 세 기관인 재무부, 연방준비제도이사회, 비밀경호국에 화폐의 위조 방지 장치를 강화해달라 거듭 요청했다. 2013년에 처음 선보인 100달러 신권은 복제가 불가능하도록 최첨단 기술이 모두 동원되었다(비밀경호국의 한 고위 인사는 내게 "그렇게 단언할 수는 없습니다. 하지만 복제가 매우 매우 어려울 것입니다"라고 말했는데, 웬만한 기술들은 위조범들이 뚫을 수 있다는 것이 드러났기 때문이다).

신권 지폐는 지폐라기보단 작고 복잡한 기계, 즉 제조 및 설계에서 컴퓨터 기술이 이뤄낸 발전의 산물이라 할 수 있다. 신권에는 워터마크와 은선, 양각 인쇄, 광가변 잉크, 적외선과 자외선으로만 볼 수 있는 특징들, 복사기가 복제하지 못하게 하는 내부 비밀 장치 등이 포함돼 있다. 하지만 그중 가장 선도적인 방어책은 지폐에 모양이 변하는 청색 띠를 수직으로 인쇄한 것이다. 각 띠의 두께는 5,000분의 1인치 미만이며, 87만 5,000개의 현미경 렌즈가 포함돼 있다. 이 현미경 렌즈들은 렌즈 뒤에 인쇄된 자유의 종과 숫자 100의 도안을 특수 현미경 기술로 확대해주는데, 이 정도의 글자라면 성경의 모든 단어가 10센트 동전의 한 면에 두 번이나 들어갈 수 있다.

인간 지식을 총체적으로 모아둔 스마트폰처럼 위 기술들은 대단히 놀라우며 우리는 아무 생각 없이 이를 주머니에 넣고 다닌다.[2] 그런데 미국 100달러 지폐의 모습은 우리의 잠재의식 깊숙한 곳에 한 자리를 차지할 만큼 친숙하다. 다른 미국 통화는 점점 매끈하고 반짝거리는 폴리머로 만들어지고 있는 반면, 우리가 쫓아다니는 100달러 지폐는 1879년 이후로 바뀌지 않았다. 플라스틱 지폐는 위조지폐 방지책이자 종이보다 내구성이 뛰어나다는 이유로 1988년 호주에서 처음 도입되었다. 미국 정부는 주기적으로 지폐 교체를 고려해왔으나 세계에서 유일하게 리넨과 면 혼방으로 만들어진 독특한 제지 원료를 고수하고 있다. 만약 지폐가 바뀐다면 사람들이 이를 꽤 빠르게 알아차릴 것이라는 생각에는 그만한 이유가 있다. 손이 움직이면 생각의 속도가 그만큼 빨라지기 때문이다.

크레인앤코Crane&Co는 매사추세츠주 달튼에 있는 소규모 가족 경영 회사로, 5대에 걸쳐 화폐로 쓰일 종이를 생산하고 있다. 현재 인쇄된 달러는 모두 동일한 회전 보일러에서 탄생했다. 이 주전자 괴물은 마치 행성처럼 회전한 다음 가공되지 않은 뜨거운 셀룰로스 한 무더기를 바닥에 토해낸다(가끔 청바지 공장에서 쓰고 남은 자투리 면이 오기도 하는데, 이는 미국 지폐가 청바지와 비슷한 모습으로 낡아가는 이유를 설명해준다). 보일러 그늘에서 땀범벅이 된 노동자들의 넓은 등짝처럼 이 보일러는 기계들이 연기를 내뿜었던 산업 시대를 상징하는 어떤 유물같이 보인다. 하지만 노동자들과 끽끽거리는 기계는 가장 현대적이라 부를 수 있는 여러 가지 과정의 뒤편에서 여전히 활기를 유지하고 있다. 그들의 오래된 방식은 흔히 그렇듯 계속 진화하는 우리의 새로운 삶의 토대가 된다. 100달러 지폐의 최첨단 현미경 기술과 예술적인 차폐 기술은 잠시 제쳐놓자. 지폐의 생명은 여전히 목화와 아마 밭에서 시작되며, 그다음에는 불꽃이 된다.

1980년대 후반 들어서 전문가들도 분간하기 어려운 위조지폐가 유통되기 시작했다. 위조지폐는 진짜와 똑같이 보였으며, 가장 엄격한 포렌식 검사도 소용없었다. 가짜 지폐를 대량으로 복사한 후 형사들이 지폐에 새겨진 판화에서 몇 가지 사소한 결함을 찾았으나 나머지가 너무 흠잡을 데 없이 완벽해서 그들은 이 결함이 고의적이라고 판단했다. 위조지폐 제작자들도 본인이 만든 지폐에 속고 싶지 않았기 때문이다. 그 후 1996년 첫 발행한 새로운 디자인의 100달러 지폐인 '빅헤드 Big Head' 버전을 모방하는 것을 포함해 새롭게 변형된 100달러 위조지폐들이 통화시장에 흘러들어왔다.

첫 번째 위조지폐는 중국 갱들의 보트를 타고 미국으로 들어왔다. 추적 결과 해당 위조지폐의 생산지가 북한으로 밝혀졌고, 북한 정부가 자체적으로 인쇄기를 돌려 제작해온 것으로 추정되었으나 여기에는 한 가지 의심할 부분이 있다. 영국의 한 범죄 조직 역시 약 3,500만 달러를 고품질로 찍어냈기 때문이다. 날조와 조작의 유전자가 내려오는 김씨 가문은 그 전설적인 위상에 걸맞게 '슈퍼노트 supernote'라는 독자적인 타이틀을 부여받았다.

비밀경호국은 슈퍼노트의 존재를 인정하지 않을 것이다(내 정보원에게 물어봤는데, 그는 단 한마디도 대답하지 않았다. 그는 다른 질문을 할 때까지 나를 쳐다볼 뿐이었다). 슈퍼노트에 관한 소문들은 이 위조지폐가 엄청나게 정밀할 것이라고 단정 짓는데, 실제로 확인할 길이 없다. 슈퍼노트가 마카오의 한 은행에서 처음 세탁되었다는 보도가 있긴 했다. 그 보도에 따르면 그중 일부가 하룻밤 새 리마로 흘러 들어가 페루 경제를 완전히 뒤엎을 수 있었다고 한다. 하지만 미국 정부와 정부 기관이 슈퍼노트에 관해 결코 잊지 못한 진실이 하나 있다. 바로 컴퓨터나 여타 포렌식 기계가 아닌 필리핀중앙은행에서 근무하는 평범한 창구 직원이 손으로 지폐 뭉치를 세면서 슈퍼노트를 처음 발견했다는 것이다. 슈퍼노트가 완벽하게 보였을 수 있지만, 위조지폐 제작자들은 매사추세츠주 달튼에 있는 아주 특별한 회전식 보일러에 접근할 수 없었다. 이는 그들이 크레인앤코의 부드러우면서 튼튼한 지폐를 완벽하게 복제하기란 불가능하다는 사실을 의미했다. 그 창구 직원이 지폐를 세다가 멈춘 건 손끝에 낯선 감각이 느껴졌기 때문이다.

그냥 느낌이 이상했던 것이다.

코로나19, 분석보다 대응이 중요한 위기 상황

2019년 말에서 2020년 초, 코로나19 바이러스가 무섭게 퍼져나가기 시작했을 때 기술적 혹은 통계적 예측이라는 명목으로 수백만 명이 사망하고 수천만 명이 감염되었다는 식의 악몽처럼 끔찍한 부분을 강조하는 경고가 쏟아져 나왔다. 이러한 예측이 궁극적으로 정확한지 아닌지 증명하기란 불가능하다. 입력값이 바뀌면 결과값도 바뀌기 때문이다. 기하급수적인 증가를 예측하는 것은 어려우며, 초기에 작은 개입이 결과를 크게 바꿔놓을 수 있다. 미국에서 바이러스와의 싸움을 대표하는 앤서니 파우치Anthony Fauci 박사는 처음부터 이러한 모델들의 효과에 대해 주의를 주었다. "저는 시시각각 변하는 대상을 굳이 예측할 필요가 없다고 생각합니다. 그 예측은 너무 쉽게 빗나갈 수 있기 때문입니다."**3** 앤드루 쿠오모Andrew Cuomo 뉴욕 주지사 역시 비슷한 의구심을 표명했다. "예측 모델에는 무수한 대안이 있으며, 이중 어떤 모델이 맞을지는 아무도 모릅니다."**4**

게다가 예측 모델이 인간 행동의 변화를 자극하는 데 얼마나 도움이 되었는지도 알 수 없다(미국에서는 이에 대한 대답이 아주 명확하게 드러난다. 별 도움 안 된다. 영화배우 톰 행크스가 코로나19에 걸린 사실이 훨씬 중요한 이유는 대부분의 사람들이 그래프 상의 곡선보다 톰 행크스에게 공감하기가 더 쉽기 때문이다). 인간이 매수할 수 없는 청렴결백한 것으로만 여겨지던 데이터를 오염시키는 일반적인 방식으로, 코로나19 바이러스 데이터는 손상되었고 별 도움이 되지 않았다. 사판 데사이Sapan Desai 박사가 "과학적 지침에 대한 혼란을 가중시키고 대중의 신뢰를 약화시키는" 데 도움이 되는 의심스러운 출처를 입증했을 때, 그가 공동 저자로 있던 두 개의 연구 자료가 철회되었다.**5** 미국의 몇몇 주에서는 도시와 시골의 병원 데이터를 합친 값을 주 전체 병원 데이터로 사용했고, 이로 인해 도시의 일부 병원이 붕괴 직전인 상황인데도 실제보다 낙관적인 것처럼 비춰지기도 했다.**6** 플로리다에서는 코로나19 바이러스 데이터 과학자가 해고되었다. 당사자의 말에 따르면 연방정부의 지침에 따라 주정부가 봉쇄조치를 해제할 수 있도록 확진율을 조작하는 일을 그가 거부했기 때문이다.**7**

데이터와 응용 방식이 더 정교해져도 결코 완벽한 그림을 제시하지 못했다. 구글과 페이스북의 분석가 군단을 비롯해 빅데이터는 사람들의 휴대폰 사용을 통해 바이러스 확산 정도를 관찰하려 했으나 코로나19 바이러스는 가난하고 모바일 네트워크에 접근이 어려운 사람들에겐 불균형적으로 영향을 미쳤다. 다시 말해 바이러스에 감염될 위험이 가장 큰 사람들은 정작 추적 대상자에 포함되지 않았다는 뜻이다.[8] 한 분석가는 이렇게 썼다. "팬데믹이라는 안개 속에서 모든 통계 데이터가 각자 이야기를 전달하고 있지만, 어느 것도 있는 그대로의 사실을 말하지 않는다."[9] 왜냐하면 전염병은 완벽하게 정해진 행보를 보이지 않기 때문이다. 대개 패턴을 따르지만 항상 그렇지는 않으며, 바이러스 경로는 내부적인 변이와 외부적인 힘과 방해 요인으로 바뀔 수밖에 없다. 바이러스는 일종의 생물이다. 모든 생물과 마찬가지로 바이러스가 충실히 따르는 최초이자 때론 유일한 수학적 계산은 바로 번식을 위해서라면 필요한 무엇이든 한다는 것이다.

2020년 3월, 세계보건기구WHO의 건강비상프로그램health emergencies program 총책임자인 마이클 J. 라이언Michael J. Ryan 박사는 콩고에서 에볼라 퇴치를 위해 무엇을 배웠으며 그때 배운 것들이 전 세계가 코로나19를 상대로 벌이고 있는 싸움에 어떻게 적용될 수 있는지에 관한 질문을 받았다. 라이언은 아일랜드 사람이기에 복잡한 상황을 파악하는 이해력을 타고났을지도 모른다. 하지만 그는 다음과 같이 모호하게 대답했다. "가끔 우리는 교훈을 가슴에 너무 깊이 새긴 나머지 어떤 미래가 닥치더라도 그것이 우리를 지켜줄 것이라 믿으며, 최근에 겪은 일을 너무 쉽게 잊어버리곤 합니다."

그리고 나서 그의 목소리는 한층 심각해졌고, 불확실성이라는 위험에 너무 가까이 서 있는 사람처럼 확신에 차서 이야기했다. 그는 세상을 우리가 바라는 대로 질서정연하고 예측 가능한 시스템이 아닌 혼돈, 무작위, 극단 그 자체로 묘사했다. 수학적 계산을 할 시간이 없을 때도 있고, 수학이 정답을 제시하지 못할 때도 있다. 우리는 스스로의 경험과 지혜를 믿어야 하며 컴퓨터보다 빠를 수도 있는 어떤 내적 결론에 도달해야 한다. "신속하게 대응해야 합니다." 그는 이렇게 말했다. "꾸물거려선 안 됩니다. 후회하지도 말고요. 제일 앞장서서 움직여야 합니다. 신속하게 움직이지 않으면 반드시 바이러스는 당신을 감염시킬 겁니다. 속도보다 정확성을 우선시하면 당신은 결코 이길 수 없습니다. 비상 경영체제에서 완벽함은 선의 적이에요. 속도가 완벽함을 이깁니다. 그리고 지금 우리 사회에 닥친 문제는 모든 사람이 실수할까 두려워한다는 것입니다. 모두가 실수로 발생할 결과를 두려워합니다. 하지만 가장 치명적인 실수는 움직이지 않는 거예요. 가장 큰 실수는 실패에 대한 두려움으로 꼼짝도 하지 않는 것입니다."**10** 마찬가지로 최악의 답은 답을 하지 않는 것이다.

물론 과학 부정론은 그 자체로 전염병이다. 두말하면 잔소리다. 하지만 다른 분야와 달리 의료 분야에서는 의사들이 불완전한 상황과 그로 인해 생기는 의구심에도 불구하고 중대한 결정을 내려야 한다. "과학적 증거가 부족하더라도 우리는 무엇이 최선이고 무엇이 위협인지 판단하고 분별할 수 있어야 합니다." 홍콩 대학의 벤자민 카울링 **Benjamin Cowling** 역학 및 생물통계학 교수가 말했다.**11** 놀랍게도 의사들은 평소에도 최선의 추측을 하도록 강요받는다. 환자가 급사할 수도 있는 긴박함은 그들에게 상황을 완벽하게 이해할 여유를 허락하지 않는다. 천문학자인 사라 시거 박사는 우리의 삶을 바꾸고 때로는 우리의 삶을 구하기도 하는 과학이 상당 부분 직감 혹은 느낌, 다시 말해 현 상황의 긍정적·부정적 측면을 모두 꿰뚫고 있는 더 크고 정교한 앎에서 파생된 '육감'에서 비롯된다는 사실을 알면 깜짝 놀랄 것이라고 말했다.

아이슬란드나 뉴질랜드와 같이 최고의 코로나19 바이러스 대응 조치를 보여주었던 국가들에서 바이러스에 대한 사례별 접근 모델링을 기피했다는 사실은 우연의 일치일 수도 있다. 어쩌면 이 국가들이 섬나라이고 인구가 적으며 여성이 주도한다는 사실이 더 중요했을지도 모른다. 파우치 박사뿐 아니라 국립보건원 연구소장인 프랜시스 콜린스Francis Collins 박사와 같이 미국의 주요 전염병 추격자들은 신앙심이 깊고 연구소에서나 교회에서나 똑같이 겸손하다는 사실 또한 우연의 일치일 수 있다. 두 사람 모두 자신들의 이해력에는 한계가 있을 것이라는 신앙이 주는 겸손을 겸비했을 뿐만 아니라 사람들의 삶을 개선하고자 하는 필사적인 노력을 기울였는데, 실은 이 노력이 자신들의 도덕적 의무라고 이야기했다. 하지만 부인할 수 없는 사실은 어떤 문제를 해결할 수 있는 가능한 모든 방법을 찾는 것과도 유사한 그들의 과학이 원치 않는 무언가에 대해 보이는 타고난 동물적 반응에서 시작된다는 것이다. 바로 '지금 일어나는 상황이 마음에 들지 않아'라는 감각이다. 그래서 다음으로 무엇을 어떻게 할 것인지 생각하게 된다. 분석을 통해 해결책을 찾는 것도 하나의 방법이다. 어쩌면 여러분은 더 뛰어난 기계를 만들고 싶어 할지도 모른다. 아니면 사람들에게서 적어도 해답의 일부를 찾고 싶어 할 수도 있다. 고통받고 있는 사람들과 그런 그들을 치료할 수 있는 사람들에게서 말이다.

기계와 인간의 이분법에서 벗어나기

2016년 마이클 루이스는《생각에 관한 생각 프로젝트The Undoing Proj-ect》를 출간했다.[12] 이는 그에게 일종의 일탈과도 같았는데, 이 책 역시 베스트셀러가 되었다(이 말은 내 의도보다 더 씁쓸하게 들린다. 물론 나는 그가 매우 좋은 사람이라고 확신한다).《머니볼》과 마찬가지로 이 책은 이성의 한계와 우리의 무한한 자기기만 욕구를 이야기한다. 하지만《생각에 관한 생각 프로젝트》는 외로운 남성을 바보들과 홀로 싸워야 하는 상황에 던져놓기보다, 즉 갈등이라는 렌즈를 통해 변화를 바라보기보다 러브스토리에 가깝게 읽힌다.

이 책의 중심에는 두 명의 존경받는 심리학자가 있다. 한 명은 끔찍한 홀로코스트 생존자이자 과묵한 성격의 대니얼 카너먼Danny Kahneman으로 그는 자기 불신감을 깨부수는 데 열중했다. 나머지 한 명은 아모스 트버스키Amos Tversky로 그는 대담했고 카너먼과는 정반대였다. 이들은 1960년대 말 이스라엘의 히브리 대학에서 만났는데, 처음에는 서로 잘 어울리지 않았다. 두 사람은 성격뿐 아니라 인간 행동을 연구하는 방식도 충돌했다. 트버스키는 수학적인 성향이 더 강했으며, 그의 접근 방식은 통계학에 기반을 두고 있었다. 카너먼은 덜 독단적이고 확신적이었다. 하지만 두 사람은 곧 떼려야 뗄 수 없는 사이가 되었고, 동시에 굉장히 신기한 인간 행위에 빠져들었다. 바로 의사결정이다.

그들의 기초 연구는 의사를 비롯한 전문가들에게 조금씩 의혹이 제기되는 시기에 시작되었다. 오리건연구소Oregon Research Institute의 심리학자인 루이스 골드버그Lewis Goldberg 박사는 방사선 전문의들이 위암을 진단하기 위해 고안된 알고리즘에 반대했을 때 그들의 상대적인 자질에 대해 비판하는 논문을《아메리칸 사이콜로지스트American Psychologist》에 발표했다. 이 알고리즘은 궤양의 형태와 그로 인해 움푹 팬 구멍의 크기 등을 포함해 의사들이 동의한 7가지 주요 증상의 징후에 기초하여 만들어졌다. 연구자들은 의사들(그리고 알고리즘)에게 100개 달하는 궤양 사진을 주고 이것이 명백하게 양성인지 악성인지 혹은 그 중간인지 판별하도록 요청했다. 일부 사진은 중복되어 있었는데, 이는 의사와 알고리즘의 판단이 일관되는지 확인하기 위함이었다.

이 모델은 의사들의 진단만큼 어느 정도 효과가 있는 것으로 입증되었다. 왜냐하면 모든 의사가 적어도 한 번은 같은 궤양을 두고 다른 의견을 제시했기 때문이다. 후속 연구에서 골드버그는 의사들이 알고리즘보다 능률이 더 낮다는 것을 발견했는데, 이는 알고리즘이 의사보다 지침을 더 잘 따르기 때문이었다. 다시 말해 의사들은 지침을 따르지 않을 때 실수를 저질렀다. 하지만 의사들과 달리 기계는 흔들리지 않았다. 프리랜서 선언을 하거나 휴가를 내지도 않았다. 지치지도 서두르지도 지루해하지도 않았다. 완벽한 판단을 내리지 않으면 일관적으로 결함이 나타났다.

심리학과 행동경제학에서 수십 년간 연구한 끝에 카너먼과 트버스키는 인간이 지겹도록 저지르는 실수이자 인간이 기계보다 불규칙하게 행동하는 모든 이유에 이름을 붙였다. 그중 하나가 최신 편향recency bias으로, 이는 과거 사건보다 최근에 일어난 사건을 더 중요하게 여기는 경향인데, 특히 미래를 예측할 때 더 두드러진다. 선택적 매칭selective matching도 있다. 이는 우리가 개별적인 두 현상(예를 들어 악천후와 관절통)을 연관 지을 때 나타난다. 두 사건은 우연히 동시에 일어났을 뿐이지만 우리에겐 너무 인상적이라 그렇다. 그리고 잠행적 결정론creeping determinism도 있다. 이는 실제로 무작위적이고 서로 무관한 사건들에서 무언가 큰 의미를 찾고 연결 지으려는 역사학자들을 주로 괴롭힌다. 이 모든 현상은 우리가 뛰어나다고 생각했던 분야에서 실은 서툴렀다는 증거였다. 트버스키는 자신들의 연구가 급성장하고 있는 인공지능 분야에 적용될 수도 있느냐는 질문에 고개를 저었다. "아시다시피, 그렇지 않을 겁니다. 저희는 인공지능이 아닌 인간의 타고난 어리석음을 연구하기 때문이죠."

흥미롭게도 두 사람의 연구 방법은 결코 기계가 똑같이 따라 할 수 없었다. 카너먼과 트버스키 박사는 많은 시간을 방에 틀어박혀 흠잡을 데 없는 결론에 도달할 때까지 히브리어와 영어로 서로에게 핏대를 세워가며 주장과 반론을 펼쳤다. 루이스는 자신의 책에서 두 사람의 존경을 받는 동료인 폴 슬로빅Paul Slovic의 말을 인용했다. "두 사람은 확실히 그들만의 연구 스타일이 있었죠. 바로 몇 시간이고 계속해서 이야기를 나눴다는 것입니다." 그들은 서로를 웃게 만들기도 했다. 그리고 항상 생각하게 했다. 두 사람의 의견 충돌이 적어도 처음에는 도움이 되었다.

인간 행동에 대한 지식이 카너먼과 트버스키가 다른 사람들과 비슷하게 행동하는 것 자체를 막지는 못했다. 이상은 그것을 만들어낸 사람조차 지키기 어려운 법이다. 그들은 로봇 사상가가 아니었으며, 서로에 대한 감정을 포함한 자신들의 느낌을 기계처럼 다룰 수 없었

○○○○○○●

다. 카너먼의 2002년 노벨 경제학상 수상 등 눈부신 성과에도 그들은 한때 우리 모두가 그랬듯 성격상의 약점을 똑같이 드러내고 말았다. 바로 후회와 분노, 자만, 질투였다. 1996년 트버스키가 59세에 암으로 사망할 때까지 두 사람은 사이가 완전히 틀어졌었다.

알고리즘은 사랑에 빠지거나 사랑을 저버리지는 않을 것이다. 하지만 카너먼과 트버스키가 믿었던 것처럼 적어도 현 시점에서 알고리즘이 인간보다 우월하다고 확신할 수는 없다.[13] 2017년 한 연구에서는 피부과 전문의 21명과 사전 분류된 가장 흔하고 치명적인 피부암 이미지 13만여 개를 학습한 알고리즘의 진단 능력을 비교했다. 이 연구자들에 따르면, 알고리즘과 의사들은 "비슷한" 수준의 능력을 발휘했다.[14] 2019년 빈 의과대학 연구진은 수천 개의 양성 및 악성 피부질환 이미지를 사용해 다른 알고리즘을 훈련시켰다. 그들의 인공지능은 색소성 광선각화증, 태양광 손상으로 발생하는 딱지 같은 반점 등 특정 몇몇 질병에서 인간 의사보다 조금 더 나은 진단 능력을 보여주었는데, 알고리즘이 손상된 피부 주변에 더 많은 주의를 기울였기 때문이다.[15] 하지만 대부분 둘의 차이는 크게 두드러지지 않았다.

그렇다고 해서 둘 중 하나가 실패했다고 말할 순 없다. 둘 다 효과적인 진단을 보여주었다. 빈의 연구진은 범위를 넓혀 알고리즘과 인간을 선택하는 접근법이 아닌 둘이 협력하는 진단법을 시도했다. 정확한 진단이 어려운 병변들을 여러 가지 방법으로 검사해보는 건 어떨까? 이 말도 안 되는 생각에 용기를 얻어 연구진은 의사 300명에게 알고리즘이 줄 수 있는 도움을 다음 3가지 형태로 제공했다. 첫 번째는 확률에 따라 순위가 매겨진 진단 목록, 두 번째는 해당 병변이 악성이 될 구체적인 확률, 세 번째는 인공지능이 비슷하다고 생각한 질병 이미지였다. 두 번째와 세 번째 자료는 의사들에게 도움이 되지 않았다. 의사들의 진단 정확도가 변하지 않았기 때문이다. 그런데 첫 번째 자료, 즉 확률 순위는 일부 의사들의 진단 정확도를 상당히 개선시켰다. 그 결과 인간 의사팀의 전체 정확도가 13퍼센트 증가했다.[16]

여기에는 단서가 있다. 당연한 사실이지만, 알고리즘은 경험이 부족한 젊은 의사들에게 특히 도움이 되었다. 시각 테스트를 통과한 숙련된 의사들은 적어도 인공지능의 수준만큼은 알고 있었다. 오히려 뛰어난 신입 피부과 의사들이 알고리즘에 의해 잘못된 길로 이끌리기 쉬웠고, 기계가 다른 진단을 제시하자 처음부터 옳았던 자신의 진단을 바꿨다. 그들은 전문가로서의 자신의 안목을 신뢰하지 않았는데, 이는 현대의 병폐다(연구진은 일부러 인공지능이 틀린 확률값을 도출해내도록 시스템을 변경했고, 몇몇 의사들이 이 함정에 걸려 넘어졌다. 그들은 자동화된 기계 조수에게 성급한 믿음을 주었던 셈이다). 그리고 맞춤형 치료를 계획하거나 걱정하는 환자에게 다 잘 될 것이라는 위로를 건네는 등 여전히 기계는 할 수 없고 인간 의사만 할 수 있는 것들이 너무 많다.

그러나 비전문가나 연수 중인 의사들에게는 인공지능이 힘을 실어주었다. 피부암은 일반적이고 치료 가능한 병이기 때문에 진단 정확도에서 13퍼센트 향상은 상당한 수치다. 시간이 지날수록 이렇게 향상된 진단 정확도가 수천 명의 생명을 구하고 수천 건의 불필요한 수술을 막을 것이다. 정확도가 떨어지는 의사들을 누가 선택할 것인가? 오리건 보건과학 대학의 피부과 교수 샌시 리치먼Sancy Leachman 박사는 이 연구에 대해 이렇게 말했다. "이 연구는 누가 진단을 내리는

지, 사람인지 기계인지에 관한 게 아닙니다. 문제는 어떻게 하면 서로 다른 두 세계를 잘 활용해 최선의 결과를 얻을 수 있는가입니다."**17** 오스트리아에서도 같은 결론에 도달했다. "협력은 앞으로 나아갈 유일한 길입니다."

카너먼과 트버스키는 사이가 틀어지기 전에 '프레이밍 framing'에 관해서 연구했다. 프레이밍은 두 선택지가 똑같아도 표현되는 방식으로 인해 우리가 하나를 다른 하나보다 선호하는 경향이 있다는 개념이다. 많은 사람이 사망 확률이 10퍼센트인 수술보다 자신을 살릴 확률이 90퍼센트인 수술을 선택할 것이다. 이는 내가 처음에 제기한 문제인 데이터 분석 혁명이 어떻게 프레이밍을 해왔는지로 돌아가게 한다. 즉 여러분은 데이터 분석에 찬성하거나 반대하거나 둘 중 하나며, 무엇을 선택하든 반대편은 절망적이고 맹목적이라는 생각이다. 우리는 모든 것을 프레이밍하는데, 여기에는 우리 자신과 타인에 대한 인식도 포함된다. 사람들이 알고리즘의 예측대로 행동하지 않을 때 우리는 인간의 행동이 잘못되었다고 생각하도록 배웠다. '이성'의 반대는 '비이성'이고, 비이성은 거의 언제나 부정적인 개념(혹은 '인간의 어리석음')으로 표현된다.

나는 극단주의의 매력을 이해한다. 극단주의는 칼같이 명확하다. 100퍼센트 명확한 신념은 위험한 착각일 뿐인데도 말이다. 우리 삶은 대개 우발적이라는 사실을 받아들이기가 힘들 수 있다. 혼돈의 세계는 가만히 앉아 있기 불편한 대성당과 같으며, 우리는 실제와 다르게 미래를 통제할 수 있다는 상상에 끌린다. 하지만 지구에서의 삶은 시계처럼 돌아가지 않는다. 만약 그렇다면 지표면이 허리케인에 휩쓸

리진 않을 것이다. 가끔 발밑에서 땅이 움직이지도 않을 것이다. 그럼에도 기발한 상상력을 보이는 사람들에게 비이성적이라고 훈계하는 일부 사람들은 왜 그런지 모르겠지만 우리가 운명을 거의 완벽하게 통제할 수 있다고 믿는다. 우리는 수학을 할 수 있을 만큼 똑똑하다면서 말이다. 뭐라고? 이건 정신 나간 소리다. 게다가 비논리적(인간의 또 다른 죄악이다)일 뿐 아니라 우리가 로봇처럼 되기를 원한다고 가정한다. 마치 사람이 아닌 물건이 되기를 원하는 것처럼. 케네스 파인버그가 옳다. "우리는 수학의 조립 라인이 아니다." 만약 인간이 타고나길 비이성적이라면 스스로를 불신한 행동을 하는 인간이 아닌, 믿음직한 행동을 하는 인간으로 생각하는 게 훨씬 합리적이다. 우리가 저지르는 사소한 실수는 결함이 아니다. 오히려 우리가 누구인지 그리고 우리가 살고 있는 세상을 보여주는 함수다. 카너먼조차 자신의 법칙이 가진 한계를 알고 있었다. "누구도 숫자로 결정을 내리지 않습니다. 사람들에겐 이야기가 필요합니다."

서사의학, 환자와 의사를 바라보는 새로운 시각

리타 샤론 Rita Charon 박사는 현대 서양의학이 환자와 의사를 바라보는 (더 정확하게는 객관화하는) 방식에 대해 고민하다 2000년 서사의학 narrative medicine 이라는 학문을 설립하는 데 기여했다.[18] 서양의학의 신체 기반 접근법은 현실에서 일어나는 실제 생물학적 작용이 자신과 거의 관련 없다는 방관자적 태도로 관련된 모든 사람을 기계의 ─작동하는 혹은 작동하지 않는— 부품으로 취급하려 한다. 이는 샤론에게 질병 그 자체만이 가장 중요하고 실질적인 특징이며 '최고의' 치료법은 유일하고 절대적인 것처럼 느껴지게 했다. 마치 암이 스스로 발생하고 당뇨병이 우리와 떨어진 세상에 존재하는 것처럼 말이다. 병원은 공장과 다를 바 없었다. 수술은 계단식으로 된 원형극장에서 이뤄지곤 했다. 지금은 병원에서 임상의가 수술을 수행한다.

1970년대 샤론은 스스로를 주연배우에 더 가깝다고 생각하기 시작했다. 그녀가 담당하던 한 남성 암 환자가 옷깃에 쓰인 그녀의 성을 보고 눈이 휘둥그레지며 말했다. "그런 거군요." 그리스 신화에서 샤론(카론)은 망령들을 스틱스 강으로 안내하는 저승의 뱃사공이다. 이 환자는 이틀 뒤 사망했다. 죽음을 앞둔 마지막 순간에 그에게 평온이 아닌 공포감을 심어주었다는 괴로움에 샤론은 시청으로 달려가 이름을 바꾸려고 했다.[19] 하지만 그렇게 하는 대신 그녀는 영문학 박사 학위를 따기 위해 컬럼비아대학으로 돌아갔다. 질병과 치료를 이해하는 새로운 방식을 찾고 싶다면 먼저 기존 체계를 배울 필요가 있었다. 그녀는 특히 소설가 헨리 제임스Henry James에 대한 애정을 키워나갔다. "아무것도 잃을 게 없는 사람이 되려 하십시오."

현재 대니엘 스펜서Danielle Spencer 박사는 컬럼비아 대학 서사의학 석사 과정의 학과장이다. 서사의학은 임상의들이 인문학적 관점과 기법을 실습에 적용할 수 있게 교육하고, 간병인과 환자들이 자신들의 경험에 대해 더 큰 목소리를 낼 수 있게 장려한다. 세계에서 유일하게 컬럼비아대학이 2009년 석사 학위 과정을 제공하기 시작했으며, 이후 서던캘리포니아대학교에서도 석사 학위 과정이 개발되었다. 샤론과 달리 스펜서는 의학박사가 아니다. 그녀의 다양한 경력에는 유명 예술가이자 음악가인 동시에 밴드 토킹 헤즈Talking Heads의 창립 멤버인 데이비드 번David Byrne의 아트디렉터로 10년간 일한 것도 포함된다. 두 사람은 그래픽 디자인과 순수 미술, 공공 미술 프로젝트를 함께 수행했다. 스펜서는 장르 파괴적이고 예상을 뒤엎는 번의 작업 방식을 좋아하게 되었다. "흥미로운 점은 어떤 프로젝트건 그것이 무엇인지 한마디로 요약하는 게 항상 어려웠습니다." 그녀가 서사의학에 매료된 이유 중 하나는 학제적 특성 때문이었다. "서로 다른 분야를 예상치 못한 방법으로 통합하면 어떻게 될까요? 흥미로운 일이 일어날지도 모릅니다." [20]

스펜서가 진단과 치료에 대한 다면적 접근법을 믿는 데에는 개인적인 이유가 있다. 많은 부모들이 자녀가 자폐증, 난독증, 주의력결핍 과잉행동장애ADHD를 진단받을 때 자신 역시 그러한 병을 안고 평생을 살아왔다는 사실을 깨닫는 것처럼, 그녀는 오랫동안 존재했지만 발견되지 않은 질병이 드러나는 것을 설명하기 위해 '메타그노시스metagnosis'라는 용어를 만들었다. 어떤 사람들은 깨달음을 통해 본인의 삶과 그 안에서의 역할이 완전히 바뀐다. 깨달음을 통해 상황을 재정립하는 것이다. 그로 인해 어떤 것은 명확해지고 어떤 것은 뒤틀린다. 스펜서는 시야 결손 진단을 받았는데, 그녀는 자신에게 이 장애가 있는지도 몰랐으며 누구도 발견하지 못했다. 자신이 다른 사람들과 세상을 다르게 본다는 사실을 어떻게 알 수 있었겠는가? 다른 사람의 눈을 통해서 세상을 본 적도 없었고 다른 사람들 역시 그녀의 눈을 통해 세상을 본 적이 없으니 말이다.

미국의 의학 교육은 1910년 에이브러햄 플렉스너Abraham Flexner라는 교육자이자 비평가가 제안한 광범위한 개혁안들이 담긴 《플렉스너 보고서Flexner Report》를 발행한 이후 거의 바뀌지 않았다. 조금 더 구조화된 유럽 의학계와 달리 북미 의사들은 표준화된 교육을 받지 못했고, 이로 인해 의사들의 역량이 극명하게 갈렸다. 플렉스너는 기존 의과대학의 약 80퍼센트를 폐교하고 남은 학생들이 자연과학 연구에 집중하길 바랐다. '플렉스너 생물의학'은 현대의학의 근간이다. 다시 말해 질병과 질환을 치료하기 위해 깊이 있는 생리학 및 생화학적 지식을 활용한다. 플렉스너는 알고리즘이 진단 도구로 사용되리라고 전혀 예상하지 못했겠지만, 알고리즘은 플렉스너가 보고서를 작성한 후 1세기가 넘어서야 나타난 논리적 결과물이다.

플렉스너 접근법과 그의 제자들이 수행한 연구는 무수한 의학적 발전을 가져왔다. 일례로 플렉스너는 열렬한 백신 신봉자였고, 덕분에 과거에는 생물학적 사형 선고나 마찬가지였던 질병의 숫자가 일일이 나열할 수 없을 만큼 크게 줄어들었다. 이렇게 자연과학에 치중한 연구는 불행히도 의료행위의 비인간화 현상을 수반했다. 의사들뿐 아니라 환자들까지 표준화된 도구가 돼버렸다. 플렉스너는 의사들이 윤리적으로 행동해야 한다고 썼으나 최근 혹독해진 미국의 의학 교육 안에 윤리 교육이 항상 포함되진 않았다. 그 개념이 너무 모호하고 주관적으로 느껴졌기 때문이다. 타인에게 선을 어떻게 가르칠 수 있겠는가? 조금만 잘못해도 사망으로 이어질 수 있는데 어떻게 차이를 받아들일 수 있겠는가? 의학계에서 사기꾼과 돌팔이를 제거하려는 플렉스너의 고귀한 노력은 그가 개성 비슷한 건 무엇이든 비판적으로 본다는 것을 의미했다. 15분 단위로 쪼개진 진료 시간과 효율성에 대한 갈망은 우리의 개성을 서둘러 병원 문밖으로 내보냈다.

　서사의학은 의학에서 자연과학의 중요성을 간과하지 않는다. 스펜서는 "서사의학이란 인문학적 가치를 희생시키면서까지 생물의학이 우월하다는 잘못된 인식을 교정합니다"라고 말했다. 즉 서사의학은 샤론이라는 이름의 의사를 만났을 때 환자가 어떻게 반응할 수 있는가와 같이 플렉스너의 개혁이 놓친 주관적이고 개인적인 고찰에 관한 학문이다.

질병에 담긴 이야기를 듣고 희망을 이야기하다

많은 의사에게 환자의 질병 경험은 환자가 불안한 상태로 증상을 호소하며 병원에 도착할 때 시작된다. 서사의학 전문가들은 누가 봐도 명백해 보이는 '사건 event'이라는 말을 쓰지 말라고 경고한다. 그런 건 없다. 환자가 도착하는 순간은 환자가 전달하는 특정 경험의 시작일 뿐이지, 결코 질병 경험의 진정한 시작점이 될 수 없다(이전 장에서 예를 든 말단비대증은 실제 사례에 바탕을 두고 있다. 이 병을 진단받기까지의 긴 여정은 고관절 이상에서 비롯되지만, 사실 그 환자의 질병 이야기는 뇌하수체에 침투한 어떤 불청객 세포에서 처음 시작되었다). 시작점이 여러 개 있기에 끝 지점도 여러 개일 수밖에 없으며, 따라서 환자마다 두 지점 사이의 여정은 지금까지 전해진 모든 이야기의 제2막만큼 굉장히 다양하다. 마이클 루이스가 우리 삶에서 운의 역할을 인정했듯이 두 환자가 동일한 증상의 질병을 똑같이 호소하고 동시에 치료를 받아도 서로 결과가 다를 수 있다. 지그문트 프로이트 이후 심리학자들은 치료 과정에서의 서사가 중요하다는 것을 오래전부터 알고 있었다. 신체 질병이라고 달라야 할 이유가 있을까? 모든 질병은 그 자체로 드라마다.

환자의 반응 스펙트럼, 보이지 않는 초능력 혹은 유전적 결함이라는 생물학적 원인이 있을 수 있다(코로나19가 어떤 사람들에겐 무증상으로 나타난 반면 어떤 사람들에게는 아주 치명적인 영향을 미쳤다는 것을 기억하자). 게다가 질병이라는 공통 요인 외에 사회경제적 지위나 사랑을 받고 사랑하고 있는지와 같은 기타 요인이 앞으로 환자들의 삶에 막연한 차이를 가져올 수 있다. 서사의학은 의사와 환자 모두 이야기를 하는 사람과 듣는 사람의 역할을 수행하며 의사는 환자의 회복을 돕고 환자는 병을 극복하는 공통 경험을 바탕으로 상호 파트너가 될 것을 요구한다. 핵심은 질병과 마찬가지로 환자와도 직접적인 관계를 맺는 것이다. 애초에 환자는 어떻게 병을 앓게 되었을까? 만약 환자가 처방받은 치료법을 '지지'하지 않는다면, 그 이유는 무엇일까? 알고리즘이 이 이야기의 일부분을 말해줄 수도 있으며, 그것은 귀중한 해석 자료가 될 수 있다. "대체로 저는 알고리즘의 해석을 받아들일 것입니다." 스펜서가 말했다. 하지만 알고리즘의 해석만이 유일하거나 유의미한 이야기는 아니다.

오늘날 임상의학에서는 치료의 바람직한 결과를 포함해 수단과 목표에 대해 집단적으로 합의되었다고 가정하는 경우가 너무 많다. '회복'이란 여러 양상으로 정의될 수 있지만(건강한 상태는 의학적으로든 아니든 절대적인 기준이 있는 게 아니다), 우리는 의사와 환자가 모두 똑같이 생각한다고 가정한 채 치료 관계를 맺는다. 사실 삶의 다른 어떤 측면에서도 우리는 모든 사람이 똑같은 욕망을 갖고 있다고 생각하지 않는다. 기저질환이 우리 중 일부의 삶의 공식을 바꿀 수도 있다. 모두가 100세까지 살기를 원하는 건 아니며, 3년 더 건강하게 살겠다고 베이컨을 포기하지 않을 것이다. 서사의학은 우리에게 건강과 질병에서조차 한 사람의 축복이 다른 사람에게는 저주일 수 있다는 것을 명심하라고 말한다. "확실히 시한부 환자 치료에는 적용되는 말입니다." 스펜서가 말했다. "그런데 이것이 치료 전반에 걸쳐 적용되지 말라는 법이 있을까요?"

의사들도 사람들의 편협한 사고방식으로 고통받는다. 플렉스너의 교육 개혁은 의대생들에게 생소하고 불쾌한 경험을 일부 없애주었다. 많은 연구에 따르면 그들은 대개 사람들에게 봉사하는 마음으로 수련을 시작하지만, 수련을 마칠 때는 차갑고 거칠게 바뀐다. 환자를 보기 시작하는 바로 그 시점에, 즉 우리를 가장 많이 신경 써줬으면 하고 바라는 바로 그때 의사들은 평범한 사람보다 공감 능력이 떨어지는 일종의 '공감 능력 붕괴' 상태를 경험한다. 의사들의 자살률이 급등하고 있으며, 이 과정에서 살아남았다 해도 그들의 영혼은 결코 회복되지 않을 수도 있다.

이렇게 감정적으로 무뎌지는 것이 어쩌면 거북이가 자신의 등껍질 속에서 살아가는 것처럼 자연스러운 방어기제일지도 모른다. 의사들은 고통을 겪지 않기 위해 자기 자신과 고통 사이에 감정의 벽을 세워야 한다. 하지만 이는 그들이 여태껏 잠잘 시간도 없는 혹독한 교육 (과도한 경쟁으로 이미 인간성을 잃었다)과 데이터만 좇으라는 냉철한 지시를 받아온 결과이기도 하다. 사람을 보고 세포의 집합체라고 여기게 될 때 우리의 인간성은 결여된다. 스펜서는 뻔한 수사적 질문을 던졌다. "의료 서비스에 종사하는 사람들이 건강하지 않다면 어떻게 그들이 우리가 원하는 공감 능력과 배려심을 갖출 수 있겠습니까?"

2020년 봄, 코로나19 바이러스는 뉴욕시에서 확산하는 동안 수천 개의 이야기를 쓰고 다시 썼다. 그 끔찍한 시기를 담아낸 유능한 기록자 중 한 사람이 바로 컬럼비아대학교의 외과대학 학장이자 뉴욕 프레스비테리언 앨런 병원의 외과과장 크레이그 스미스Craig Smith 박사였다. 뛰어난 심장 전문의인 스미스는 글쓰기 실력 또한 탁월했다. 그는 팬데믹의 진행 상황과 사태 완화에 관해 편지 형식으로 트위터에 글을 쓰기 시작했다. 그는 가끔씩 숫자를 포함시켰다. 그리고 우리가 의사들에게 거의 한 번도 기대하지 않았던 언어를 사용했다. 그의 글은 감정을 자아냈으며 시적이고 명료했다. 3월 27일 동료 의사가 삽관을 했을 때 그는 이렇게 썼다. "적은 이 관 안에 있습니다." 3월 30일에 그는 다시 이렇게 썼다. "이제 전장에 나가야 할 시간입니다. 여러분이 전전긍긍하는 리더든, 주변 상황 때문에 마지못해 리더를 맡았든, 지금은 여러분의 시간입니다. 바람이 없으면 민들레 씨앗은 아무데도 가지 못합니다." 3월 31일, 그의 메시지는 더 분명해졌다. "우리가 할 수 있습니다."

스미스가 글로 사람들을 구했는가? 전통적인 관점에서는 아닐 수 있다. 그의 글은 망가진 폐에 정확히 아무런 공기도 넣지 못했다. 하지만 그의 글은 영웅들에게 행동할 것을 촉구했다. 그의 글은 고통받는 사람들에게 희망을 주었다. 이게 의학 아니던가? 나는 의심할 여지없이 그렇게 느꼈다.

스미스는 모두를 구할 수 없었다. 코로나19 희생자 중에는 앨런 병원의 동료 의사들도 많았다. 헌신적이고 지나칠 정도로 의욕적이었던 응급실 의사 로나 브린Lorna Breen 박사는 4월 26일 스스로 목숨을 끊었다.[21] 그녀는 친구들에게 팬데믹 경험에 "속수무책으로 휘말렸으며 압도당했다"라고 털어놓았다. 그녀는 의사로 근무하는 동안 규칙적인 수면 습관을 들이고 등산으로 기분 전환을 하는 등 자기 관리에 상당한 노력을 기울였으나 팬데믹으로 인해 자기 자신은커녕 환자를 돌볼 시간과 에너지조차 부족했다. 앨런 병원에 입원한 코로나19 환자 중 4분의 1이 사망했다. 그녀는 친구에게 "아무런 도움이 되지 못했어"라고 고백했다. "더는 할 수 있는 일이 없어. 사람들을 돕고 싶을 뿐인데, 할 수 있는 게 없어." 처음으로 그녀는 상황이 더 나아질 수 없을 거라 확신했고, 마지막 결정을 내렸다.

가장 냉철하고 엄격한 정의를 따르면 그녀의 사망 원인은 자살이었다. 알고리즘 계정에 그녀의 죽음은 이렇게 기록될 것이다. 하지만 그 기록이 그녀가 겪은 모든 일을 말해줄 수 있는가? 그것이 그녀의 삶이라는 소설의 결말이라 할 수 있는가? 나는 우리가 만약 희생자들의 얼굴을 봤다면, 그들의 죽음을 봤다면, 그 사람들의 삶의 마지막이 차트에 측정값으로 기록되는 것을 지켜보는 대신 하나의 공동체로서 코로나19 확산에 다르게 대처했을 것으로 생각한다. 의사들이 보는 것을 우리도 봤다면 아마 더 신중하고 배려심 있게 행동했을 것이다. 우리가 멀리 떨어졌기에 볼 수 있었던 것, 즉 분석 데이터에서 느껴지는 거리감이 이번에는 안전지대로 작용했음을 의사들도 느꼈다. 우리

○○○○○○●

300

가 외면한 것들을 의사들은 감내해야만 했다. 로나 브린의 이야기를 들으면 그녀가 얼마나 괴로움에 발버둥쳤을지 쉽게 떠올릴 수 있다.

헬리콥터 실종 사건의 재구성

2009년 3월 12일 캐나다 뉴펀들랜드 세인트루이스 남동쪽에 있는 석유 굴착대로 노동자들을 옮기고 있던 시코르스키 S-92 헬리콥터가 대서양에 불시착하게 되었다.[22] 레이더 스크린에서 점들이 사라지면 전화가 울리기 시작한다. 쿠거라는 회사에서 소유하고 운영한 이 실종 헬기의 경우, 롭 마누엘Rob Manuel이 가장 먼저 전화를 받았다. 경찰인 그는 큰 키에 부드러운 말투를 갖고 있었고 당시 캐나다 왕립기마경찰의 주요범죄수사과 소속이었다. 그가 호출된 이유는 사고가 항상 우연히 일어나는 건 아니기에 이 비극이 불운의 결과인지 더 심각한 원인이 있는지 경찰이 판단해야 하기 때문이었다. 경찰 업무를 수행하면서 마누엘은 꼼꼼하게 메모하는 법을 배웠기에 그날 아침에도 바로 노트 필기를 시작했다. 그는 오전 10시 18분에 처음으로 헬기에 관한 전화를 받았다. 그의 메모장에 이렇게 적혀 있었고 그의 노트는 의심의 여지가 전혀 없는 자료 중 하나였다.

첫 번째 전화는 지나고 봤을 때 사실이 아닌 것으로 판명되는 정보를 전달하곤 한다(총기난사 사건에서도 같은 현상이 나타나는데, 여러 명의 총격범에 대한 최초 보고는 거의 항상 같은 총격범을 여러 번 목격한 것으로 밝혀진다). 마누엘은 일전에 구조대원들이 헬리콥터가 불시착한 바다에 도착했을 때 바닷물 위에 떠 있는 헬기를 발견했다고 들었다. 그는 자신의 노트를 찾아봤다. "지나고 나서 보니 그 보고는 잘못된 것이었습니다." 그가 말했다.

그가 받은 보고서의 다른 부분은 오히려 정확했다. 사실 물 위에 구명뗏목이 떠 있는 게 발견되었으나 뗏목은 비어 있었다. 생존자인 27살 로버트 데커Robert Decker는 유빙을 목격한 사람으로서 수면에서 구조되었다. 시신 한 구도 발견되었는데, 카페테리아 직원인 26살 앨리슨 마허Allison Maher의 것이었다. 얼마 후 마누엘은 헬리콥터가 승객 16명과 승무원 2명을 태우고 있었다는 사실을 겨우 알아냈다. 빠르게 계산하면 헬기와 더불어 승객 14명과 승무원 2명이 여전히 실종 상태인 셈이었다.

얼마 전까지만 해도 16명이 바다에서 실종되었다고 발표될 예정이었다. 뉴펀들랜드는 '바다에서 실종'이라는 표현과 그것이 나타내는 슬픈 미스터리에 너무도 익숙하다. 수세기 동안 어부들이 지금은 석유를 채굴하는 바다의 대구를 몽땅 잡아갔고, 그 대가로 바다는 뉴펀들랜드의 어부 수백 수천 명을 데려갔다. 이는 북대서양과의 교전 규칙이었다. 뉴펀들랜드뿐 아니라 매사추세츠 전함에서도 수많은 해군을 잃었으며, 아일랜드와 프랑스도 마찬가지였다. 생존자들은 사랑하는 사람들이 집에 올 수 없는 이유를 설명하려 애를 썼다. 슬픔은 (지금도 그렇지만) 상상의 폭을 한층 넓혀주는데, 그 상상의 대상이 죽은 남편과 바다일 땐 특히 더 그렇다. 인어들이 선원들을 데려갔다. 사이렌이 노래를 불러 그들의 마음을 훔쳤다. 그들은 아틀란티스의 문을 통과했고 왕으로 추대되었다. 혹은 복수심에 불타는 흰고래와 대왕오징

어에게 통째로 잡아먹혔다.

그땐 죽음이 신비로운 대상일 수 있었다. 하지만 오늘날 죽음은 대체로 해결할 수 있으며 충분히 알 수 있는 대상이다. 어떤 이들은 사람들이 왜 죽었는지 설명하기 위해 평생을 보낸다. 롭 마누엘 외에도 캐나다 교통안전위원회의 사고조사관 마이크 커닝햄Mike Cunningham이 세인트존스로 호출되었다. 그는 기계에 대해 잘 아는 동료 앨런 척 Allan Chaulk에게 함께 가자고 제안했다.

바닷가에서 자란 조종사 커닝햄은 아버지가 자가 비행기를 몰다 바다에 추락하는 사고를 겪은 적이 있는데, 그 영향으로 사고조사관이 되었다. 그는 문제의 인간적 측면에 집중했다. 한편 척은 기계의 결함에 주의를 기울일 것이다. 그들은 서로의 존재 없이 직무를 완수할 수 없었다. 두 사람은 먼저 헬리콥터와 탑승자를 수습한 뒤 헬리콥터와 탑승자들이 공중이 아닌 해저에 있는 이유를 파악하고 다시는 같은 사고가 일어나지 않도록 보고서를 쓸 것이다. 그들의 임무는 일종의 의료행위이자 해독제였다. 하지만 일반적인 의사들과 달리 그들은 자신들이 구한 사람들의 이름과 얼굴을 결코 알 수 없으며, 희생자들 역시 자신들이 구조되었다는 사실을 알지 못할 것이다. 커닝햄과 척은 추락한 헬리콥터 안에서 시간을 보낸 경험이 있었기 때문에 어딘가에 추락하지 않은 다른 헬리콥터가 있다고 생각할 수밖에 없었다.

척은 쿠거의 실종된 시코르스키 헬기를 찾기 위해 카메라가 잔뜩 달린 원격조작차량ROV을 사용해 팀을 이끌었다. 그는 수색에 과학적으로 접근했다. 대서양이라는 어마어마한 크기의 바다가 그를 체계적으로 만든 셈이다. 척은 헬기의 폭파된 문과 펠리칸 케이스, 마찬가지로 바다 표면에서 건져 올린 군용 잡낭과 함께 로버트 데커와 앨리슨 마허를 데이터 포인트로 치환했다. 그는 헬리콥터의 항로를 지도에 표시하고 해류를 측정했다. 이윽고 몇 시간 만에 파도 아래 약 165미터 지점에서 구겨지고 찢긴 비행 교범 페이지가 진흙에 파묻혀 있는 것을 발견했다. ROV는 더 깊은 어둠 속으로 천천히 움직였고, 척은 모니터에 더 가까이 다가갔다. 마침내 두 사람은 오른쪽으로 고꾸라져 거의 뒤집혀 있는 헬리콥터를 찾아냈다. 또한 주황색 구명복과 녹색 고무 부츠가 반짝거리는 것을 포착했는데, 대략 16쌍이었다.

일반적으로 항공기 사고는 치명적인 결함 하나로만 발생하지 않는다. 수사관들은 이렇게 신화에서나 나올 법한 유일무이한 사고 원인을 '황금 BB'라고 부른다. 완벽한 설명을 원하는 인간의 욕망 때문에 경험이 부족한 수사관들은 복잡한 원인을 보지 못하는데, 베테랑 수사관들도 같은 충동에 맞서 싸운다. 경험은 그들에게 사고란 대개 조종사의 실수와 여러 가지 기계적 결함이 연속적으로 발생한 결과라는 것을 가르쳐준다. 보통 6, 7가지 일들이 정확하면서도 끔찍하게 잘못되는데, 각 고장이 서로 영향을 주고받는다. 이를 전문가들은 '연쇄사건'이라 부른다. 비행기가 하늘에서 추락하려면 안 좋은 일들이 멈추지 않고 연결되어 일어나야 한다. 이렇게 보면 사고는 끔찍한 기적이라 할 수 있다.

한 가지 원인만 있어 보이는 비극도 대개 여러 가지 원인이 있다. 2014년 우크라이나 상공에서 격추된 말레이시아 항공 MH17편은 지대공 미사일에 맞아 탑승객의 대다수를 차지한 네덜란드인들과 말레이시아인 승무원을 포함해 298명의 목숨을 앗아간 것으로 보인다. 하지만 해당 미사일은 지상에서 벌어진 전쟁 때문에 발사되었고, 해당 비행기는 나쁜 선택들과 나쁜 날씨로 전쟁터 위를 날고 있었다. 이 연쇄사건의 요인 중에서 한 개만 빠져도 비행기는 쿠알라룸푸르에 착륙한다. 하지만 수많은 가족을 태운 비행기는 결국 우크라이나 동부의 농장에서 산산조각이 났다.

이런 식의 구분은 법의병리학자들이 사망 원인과 방식을 구별 짓는 것과 비슷하다. 사망 원인은 숨을 멈추게 하는 직접적인 원인을 가리킨다. 총으로 살해된 사람의 경우 사망 원인은 그의 몸 안에 있는 총탄이다. 사망 방식은 총탄이 사망자의 몸 안으로 어떻게 도달했는지를 말해주는 더 큰 설명이다. 원인은 대체로 명확하며 과학의 기능이다. 연쇄사건을 다양한 요소들이 서로 연결되는 것처럼 구성하고 설명하는 건 일종의 예술이다. 상상으로 지어낸 이야기가 아니라 상상으로만 드러낼 수 있는 사실이다.

헬기를 수면으로 끌어올리기 전 앨런 척은 먼저 승객과 승무원들의 시신을 수습해 해안가로 운반한 후 세인트존스에 있는 병원 헬스 사이언스 센터의 지하 부검실로 보냈다. 갸름한 얼굴의 사이먼 에이비스Simon Avis 박사가 그들을 기다리고 있었다. 그는 지금까지 부검한 시신이 몇 구인지 세고 있진 않았다. 추측하기로 "2,000 아니면 3,000"에 가까웠다. 그는 부검실에 있는 모든 금속 테이블을 깨끗이 치운 다음 박박 문질러 닦았다. 그리고 자신의 경험과 수술 도구를 만나게 될 시신 16구를 기다리며 부검실에 서 있었다.

보통 부검에서 알기 어려운 사실이 이번에는 쉽게 드러나 있었다. 그는 단번에 사망 방식이 헬리콥터 추락 사고임을 알았다. 파악하기 어려운 것은 사망 원인이었다.

"전 상상력이 뛰어납니다." 에이비스가 말했다. "그런데 제 상상력은 다른 쪽으로 뛰어나죠. 전 현실을 기반으로 상상력을 펼칠 수 있습니다. 법의병리학 역시 여타 의학과 똑같습니다. 법의병리학은 논리가 뚜렷한 과학이 아니죠. 적어도 항상 그렇진 않습니다. 답이 분명하지 않을 때도 있고, 사건이 일어난 후에야 답을 알게 될 때도 있습니다. 의식적으로 이런 생각을 하는 건 아니지만, 가끔 침대에 누워 반쯤 잠들었다 깬 상태에서 그게 원인이라고 말한 적 있다는 걸 알고 있습니다." 피터 굿이 유행 타지 않는 로고를 디자인하는 데 도움을 주었던 방식이 똑같이 에이비스가 비극을 설명하는 데에도 도움을 주었다.

에이비스는 시신의 피부 검사부터 시작했다. 일부 시신은 엑스레이 사진을 찍었고, 일부는 완전히 부검했다. 그는 외상의 증거를 거의 찾지 못했다. 충격의 흔적은 드물었고, 뼈가 부러지거나 압착 부상도 없었다. 화재나 폭발의 흔적도 없었고, 연기 흡입도 없었다. 그는 부검실 한가운데에 서서 만약 시체가 아니었다면 완벽하게 건강한 사람의 신체로 보였을 시신 16구를 살폈다.

익사, 그는 이렇게 적었다. 병리학자들에게 익사는 특정한 믿음이 필요한 결단이다. 우리의 과학과 기술이 이만큼 발전했는데도 누군가 익사했다는 사실을 증명할 진단 테스트는 존재하지 않는다. 입안에 분홍색 거품이 있거나 부비강이나 폐, 배에 물이 차 있었다는 물리적 증거가 있을 수 있지만, 그렇다고 항상 증거가 남아 있는 건 아니다. 익사한 시신이 건조할 때도 있다. 어떠한 해부학적 증거도 남기지 않는 것이다. 물속에서 시신이 발견되고 다른 명백한 사인이 없을 때, 희생자는 익사로 추정된다. 추정 가능한 유일한 원인일 때 익사가 사망 원인이 되는 셈이다.

유족들이 에이비스를 찾아왔고, 그는 그들에게 희생자들의 시신이 자신에게 전하는 이야기를 믿는다고 말했다. 헬리콥터는 굉장히 빠른 속도로 급격하게 추락했고, 따라서 희생자들은 충돌이 발생하기 전에 의식을 잃었다. 그들은 좌석에 묶여 있다 바다 밑으로 가라앉았고, 익사했다. 그들 중 누구도 발버둥치지 않았다. 그들은 고통을 느끼지 않았다.

"제가 의사긴 하지만" 그가 내게 말했다. "치유가 필요한 건 환자 뿐만이 아닙니다."

한편 부서진 헬리콥터가 회수되어 해안으로 옮겨진 후 마이크 커닝햄과 앨런 척은 격납고에서 훼손된 기체의 잔해를 응시했다. 그들은 이미 블랙박스를 냉각수와 함께 오타와로 보냈고, 그곳에서 테드 기빈스**Ted Givins**라는 사람이 데이터와 음성 기록을 추출하기 시작했다. 최초의 블랙박스는 (오늘날 블랙박스는 사실 주황색이다) 1950년대 개발되어 비행 속도, 방향, 고도, 수직 방향 가속도, 비행시간 이렇게 5개 요소만 기록했다. 시코르스키 S-92의 비행 데이터 기록기는 500개나 되는 요소들을 관측한다. 일반적으로 음성 녹음기가 더 끔찍한데, 때로는 전문가의 귀에 놀라운 단서를 들려준다. 기빈스는 조종사의 클립보드가 벽에 부딪혀 내는 덜컹거리는 소리로 비행기 추락을 밝혀낸 적이 있다. 하지만 보통은 데이터가 더 가치 있는 정보의 원천이며, 사고의 재구성에 있어서는 특히 더 그렇다.

이 헬기 사고의 경우 기빈스는 비행 27분 만에 조종사들이 갑자기 극적인 유압 손실을 경험했다고 판단했다. 그들은 방향을 바꿔 빠르게 하강했으나 바다 위 약 244미터 상공까지는 통제권을 잃지 않았다. 여전히 주 회전 날개가 돌아가고 있었다. 그런데 헬리콥터가 바다로 추락하기 43초 전 아주 끔찍한 일이 일어났다. 음성 녹음기는 이때부터 조용했다. 사실 공포스러운 상황임을 고려하면 이 침묵은 자연스럽지 않았다. 기빈스는 헬리콥터가 전력을 잃었고 그로 인해 시스템이 정지됐기 때문에 조종사들은 바다에 불시착할 수밖에 없었다고 추정했다.

격납고로 돌아온 척은 무엇이 유압의 파괴적 손실을 초래했는지 궁금했다. 그는 꽃병만 한 기름 여과기 통을 분리했다. 다른 시코르스키 S-92 헬기 역시 유압 손실로 호주에 비상착륙했는데, 회전 날개에 동력을 공급하는 메인 기어박스에 오일 필터 통을 고정하는 티타늄 스터드 볼트 3개가 문제였던 것으로 밝혀졌다. 척은 쿠거사 헬기에서 똑같은 스터드 볼트 3개를 발견했다. 하나는 완전히 부서졌고, 다른 하나는 손으로 돌릴 수 있었다. 전자 현미경을 이용한 추가 조사 결과 금속 피로가 상당히 진행되었음이 드러났다. 첫 번째 볼트가 끊어져서 유압 손실을 초래했고, 결국 치명적인 시스템 고장으로 이어진 것이었다. 충돌 15초 전 꼬리 회전날개 기어가 기름이 없는 상태로 부서져 회전을 멈췄다. 적어도 기계만 놓고 봤을 때 척은 자신의 황금 BB를 찾았다. 부서진 스터드 볼트 하나로 다른 모든 것들이 무너진 것이었다.

한편 휴머니스트 커닝햄은 조종석에 몸을 실었다. 그는 엄격하고 체계적인 사람이지만 놀라운 상상력의 소유자이기도 하다. 그는 이 일을 하면서 모든 종류의 비행기를 추락시키는 자신을 상상해왔다. 눈을 감은 뒤 엔진이 고장난 파이퍼 나바호를 뉴브런즈윅주 프레더릭턴에 있는 강으로 이끌었다. 또한 MK 항공 747 화물기를 노바스코샤주 헬리팩스 공항의 활주로 끝에 있는 나무로 인도했고, 곧 화염에 휩싸였다. 이제 그는 뉴펀들랜드 앞바다에서 걷잡을 수 없이 휘몰아치며 흔들리는 시코르스키 S-92의 조종석에 몸을 실었다.

"개인적으로 위험한 일에 휘말릴 수도 있습니다." 그가 말했다. "하지만 진정으로 이해하고 싶다면… 끝까지 가보지 않으면 그곳에 도착하는 게 어떤 의미인지 결코 이해할 수 없을 것입니다."

위기상황에 처한 조종사는 대부분 비행모드를 수동으로 바꾸고 직감으로 움직인다. 계기가 없었기에 시코르스키의 조종사들은 다른 선택의 여지가 없었다. 기회는 단 한 번뿐이었고 성공 가능성도 희박했다. 오토로테이션이라 불리는 복잡한 비상착륙이 그들의 유일한 희망이었다. 바람을 동력원으로 활용하기 위해 헬기를 바람에 맡겨 꼬리 회전날개가 회전하지 않는다고 해도 주 회전날개를 계속 회전하게끔 할 수 있었다. 그리고 가능한 마지막 순간에 헬리콥터의 코를 들어올려 최악의 물리적 충격을 꼬리 쪽으로 이동하게 해 기체의 충격을 완화할 수 있었다. 이렇게 하려면 가능한 마지막 순간이 언제인지 직관적으로 알 수 있어야 했다.

커닝햄은 상상했다. 그는 헬리콥터의 창밖으로 도움이 되지 않는 바다를 바라보았다. 별다른 특징이 없는 평평한 푸른 바다가 갑자기 빠르게 솟아올랐다. 그때 그는 끔찍한 소리를 들었다. 금속을 깎고 기어를 가는 날카로운 소리였다. 불가피하게 하강하는 동안 그는 의식을 잃지 않으려 애썼다. 주 회전날개에 긁힌 자국이 있었으니 적어도 조종사는 자신에게 요구되는 영웅적 행동 중 절반은 실행에 옮겼을 것이다. 헬리콥터는 여전히 충격으로 회전하고 있었다. 하지만 그가 지금까지 받아온 훈련에도 불구하고, 그가 조치할 수 있는 모든 기술에도 불구하고 그의 생존과 부조종사의 생존, 그리고 그가 탑승을 환영했던 남자 15명과 여자 1명의 생존 여부는 궁극적으로 운과 그가 하는 최선의 추측에 달려 있었다.

그는 얼마나 빠른 속도로 하강 중이었나? 바다 표면과는 얼마나 가까웠나? 언제 헬기의 코를 들어 올리려고 해야 하나? 자기 자신 이외의 어떤 것도 단서를 제공하지 않았다. 그는 자신의 속도를 추측했다. 그는 자신의 고도와 각도를 추측했다. 그리고 헬기의 코를 들어 올렸다. 다만 0.5초 늦게 오른쪽으로 살짝 치우쳤을 뿐이었다. 그리고 그의 헬리콥터는 추락해 바다 밑으로 가라앉았다. 그건 그의 잘못이 아니었다.

불확실한 세상을 건너는 창의적인 방법

"이 사고는 모든 질문의 답을 얻을 수 있는 사고일지도 모릅니다." 마이크 커닝햄은 수습 작업이 거의 끝나갈 무렵 말했다. 수수께끼가 아직 남아 있지만, 그와 동료들은 예전보다 더 자주 완전한 그림을 그린다. 여전히 비행기가 통째로 사라지거나 단 한 개의 질문조차 답을 얻지 못할 때도 있다. 그 끔찍한 예가 말레이시아 항공 370편 실종 사건이다. 그러나 실종된 헬리콥터 사건의 경우 마이크와 동료 수사관들은 정확한 데이터 분석과 인간의 상상력으로 만들 수 있는 완벽한 조합이자 현대의 이상적인 문제 해결 방식을 발견했으며, 덕분에 그들은 병을 진단하고 치료할 수 있었다. 전 세계의 모든 시코르스키 S-92에 있는 오일 필터 통 고정용 티타늄 볼트 3개는 곧 교체되었다.

　이러한 변화가 내가 생각하는 시각 테스트의 본질이다. 나는 내가 어떤 혁명적인 것을 제안하고 있다고 생각하지 않는다. 단지 분석 혁명이 우리에게 무엇을 제공하며 우리가 치러야 하는 대가는 무엇인지, 또 우리에게 어떤 기회를 남겨주며 우리만이 할 수 있는 것은 무엇인지에 대해 잠시 멈춰서서 생각해보자고 제안하는 것뿐이다. 이 세상은 실험실이 아니다. 모든 것을 정량화할 순 없다. 여전히 예상치 못한 일들이 발생하며, 우리는 그것을 사고라고 부른다. 사고가 행복을 가져다줄 때는 그것을 활용할 줄 알아야 한다. 사고가 비극을 가져다줄 때는 최대한 막을 수 있어야 한다. 어떻게? 사고 전문 수사관처럼.

　데이터만으로는 다른 헬리콥터의 추락을 막을 수 없다. 물론 데이터가 도움을 주었다. 하지만 그 일을 완성한 것은 인간의 창의성과 상상력이다. 이 책에서 만난 사람들을 떠올려보자. 나는 여러분이 그들 모두와 그들의 일하는 방식에서 존경할 만한 무언가를 보았길 바란다. 엔터테인먼트 장에서 나는 좋은 취향에 관해 이야기하고 싶었다. 스포츠에서는 열정을, 날씨에서는 적응력을, 정치에서는 호기심을, 범죄에서는 인류애를, 돈에서는 독창성을 말하고 싶었다. 그리고 여기 의학에서는 경외심, 즉 우리의 기적인 기계들을 생각할 때와 같은 경외심을 가지고 자기 자신과 서로를 바라보자고 말하고 싶었다. 여러분은 자기 자신에게 이러한 자질이 있다고 보는가? 그렇다면 여러분은 놀라운 일들을 할 수 있다. 그렇지 않다면 여러분이 스스로 이러한 자질을 기를 수 있다고 생각하며, 여러분은 지구상의 모든 기계보다 뛰어난 창의력을 보일 것이다.

물론 여러분은 실수를 저지를 것이다. 그리고 현실 세계가 제기하는 모든 질문에 답을 할 수도 없을 것이다. 사실 마이크 커닝햄조차 풀지 못한 수수께끼 하나가 있는데, 이 수수께끼는 로버트 데커라는 이름을 갖고 있다. 그는 자신을 제외한 모든 사람의 목숨을 앗아간 충돌 사고 후 거의 한 달이 지난 4월 8일, 세인트루이스에 있는 캐나다 왕립기마경찰 본부로 유유히 걸어 들어갔다. 데커는 귓속말과 의심의 눈초리를 받으며 작은 인터뷰실로 안내받았다. 그는 마누엘 순경과 함께 자리에 앉았고, 순경은 자신의 메모장을 꺼냈다. 그들이 서로에게 한 말은 대부분 비밀로 유지되었지만, 마누엘은 데커를 인터뷰한 것이 세상이 돌아가는 방식에 대한 자신의 생각을 바꾸었다고 털어놓았다. "저는 쉽게 감동하는 성격이 아닙니다. 하지만 데커를 보고 정말 많이 감탄했습니다. 그가 침착함을 유지하는 방식에 말이죠."

데커가 살아남은 이유에 대한 여러 이론이 있었다. 사고에 대한 그의 기억이 불완전하여서 이론은 어디까지나 이론으로 남을 것이다. "모든 게 정상이었습니다." 그는 해상 헬리콥터 안전에 대한 연방정부 조사 기간에 사고 당시의 기억을 떠올리며 이야기했다. 그가 사고에 대해 공개적으로 말한 것은 그때가 처음이었다. "소리도 정상이었고 진동도 정상이었습니다." 육지로 되돌아가는 동안 그는 잠들어 있었고 개방 구역이 항해에 큰 도움을 주지 않았기 때문에 헬기가 석유 굴착대로 계속 가고 있다고 생각했다.

조종사들은 승객들에게 대비하라는 신호를 보냈다. 데커는 훈련받은 대로 대처했느냐는 질문을 받았다. "아니요. 저는 앞 좌석을 꽉 붙잡았습니다." 양팔로? "네, 양팔로요."

그는 증언을 이어나갔다. "다음 기억은 정신을 차렸을 때 헬리콥터가 물에 잠겨 있었다는 겁니다. 순식간에 물이 차올랐어요." 그는 어떻게 헬기에서 탈출했는지, 어떻게 수면 위로 올라왔는지 확실하게 기억하지 못했다. 그의 기억은 곧장 그를 구하러 온 헬리콥터의 하강과 소금을 머금은 물보라, 수영하는 구조 요원의 목소리로 넘어갔다.

데커는 앨리슨 마허에 이어 탑승한 두 번째 최연소 승객이었다. 이 사실이 두 사람의 탈출에 도움이 되었을지도 모른다(에이비스는 다른 사람과 마찬가지로 마허 역시 익사했다고 판단했지만, 정확한 사망 시점은 말할 수 없었다). 아마도 두 사람은 하강하는 동안 의식을 잃지 않았을 것이다. 혹은 의식을 잃었으나 나머지 사람들과 달리 곧 정신을 차렸을 수도 있다. 데커는 깨진 창문을 통해 탈출했다고 믿었다. 생존했는지 사망했는지 알 수 없으나 좌석에 묶여 있지 않았기 때문에 살아 있을 수도 있는 마허는 문이 있던 구멍으로 빠져나갔을지 모른다. 데커는 틀림없이 수면을 향해 발길질을 했을 것이다. 마허 역시 그랬을 테지만, 올라오다가 어느 지점에서 산소가 다 떨어졌을 것이다. 데커가 폐가 조금 더 컸을 수도 있고, 충격을 받기 전에 크게 숨을 들이마셨을 수도 있다. 그의 구명복에 공기가 더 많이 주입돼 있어 수면으로 더 빠르게 올라갔을지도 모른다. 어쩌면 우연히 그가 좋은 자리, 즉 생존할 수 있는 유일한 좌석을 선택한 것일 수도 있다.

"가끔은 누구는 헬기에서 빠져나왔고 누구는 그렇지 못했는지를 알아내는 게 흥미로운 물리학 방정식처럼 느껴질 것입니다." 앨런 척이 진짜 엔지니어처럼 말했다. 그 헬리콥터가 바다에 착륙한 사실이 차이를 만들었다. 육지에 충돌하는 항공기는 찌그러지지만, 물에서는 팽창한다. 급류 때문에 기체에 균열이 생기고, 물은 창문과 문을 안이 아닌 바깥으로 날려 버린다. 그런데 지상에 추락하거나 공중에서 부서지는 비행기도 일시적으로 팽창할 수 있으며, 이 때문에 승객 한두 명이 불덩이에서 튕겨 나와 아이오와주 수시티의 옥수수밭에 떨어지거나 9,000미터가 넘는 상공에서 떨어져도, 체코에 있는 산비탈에서 깨어나거나 디트로이트 외곽에 흩어진 비행기 잔해 속에서 들릴락 말락 하는 울음소리를 내며 엄마나 아빠 혹은 오빠의 시신 옆에서 발견되기도 한다.

마이크 커닝햄의 아버지는 자가 비행기가 바다에 추락했을 때 살아남았다. 그의 어린 아들도 살아남았다. 마이크의 새어머니이자 그의 새 아내는 그러지 못했고, 부부의 세 살배기 딸이자 마이크의 이복여동생도 그러지 못했다. 모녀는 같은 관에 묻혔다. 비행기에 타지 않았던 마이크가 관을 옮겼고, 그는 커다란 부담감에 짓눌렸다. 닫힌 화장실 문 뒤에서 자신을 부르던 어린 이복여동생의 마지막 목소리를 떠올리자 다시 눈가에 눈물이 맺혔다. 그는 자신이 겪은 파멸의 경험을 다른 가족들은 겪지 않게 하자고 결심했다.

그의 어린 이복남동생 역시 환영에 시달렸다. 그는 꿈을 꾸지 않는다기보다는 호기심이 없는 사람으로 자랐다. 어머니와 누나는 살지 못했는데 왜 그는 살았을까? 만족스럽지 않은 과학적 대답은 아기들은 떠다닌다는 사실이다. 그는 비행하는 동안 어머니 품에 안겨 있었다. 어쩌면 비행기가 추락할 때 그를 비행기의 구멍 난 곳으로 밀어 넣었거나 그쪽으로 던져졌을 것이다. 어느 쪽이든 그는 비행기에서 빠져나와 위아래로 흔들리며 물 위에 떠 있었고, 남은 삶을 살아갈 목숨과 함께 건져 올려졌다.

커닝햄은 생명처럼 신성한 가치가 이런 무작위성, 운, 통제할 수 없고 알 수 없는 요소, 바보 같은 상황에 좌지우지될 수 있다고 인정하는 게 힘들었다. 생존자들은 똑같은 내용의 고통스러운 생각을 자주 한다. 그 생각의 합은 대개 죄책감이다. 왜 그들은 살지 못했을까? 왜 나만 살았을까? 아무도 진짜 이유를 모른다. 어쩌면 누구도 알려 하지 않는 걸지도 모른다.

인간은 믿을 수 없이 놀라운 것들에 대해 배웠다. 우리는 중력, 무지개, 내연 기관, 정전기, 유리 불기, 제지, 위성통신, 광합성, 주사위 놀이, 글자로 적힌 단어 등을 이해한다. 때로 우리는 살짝 거만할 정도로 자기 확신이 강하다. 스스로의 능력을 너무 확신한 나머지 논쟁을 끝낼 수 있다고 생각한다. 우리는 숫자를 만들었다. 우리는 언제든지 계산할 수 있다.

아니, 항상 그런 건 아니다. 여전히 수수께끼는 남았고, 우리의 겸손함도 그래야 한다. 우리는 애벌레가 어떻게 나비가 되는지, 또는 나비가 날개가 없던 시절을 기억하는지 잘 모른다. 우리는 연어가 어떻게 태어난 곳으로 돌아가 알을 낳는지 알지 못한다. 우리는 인간 비장의 정확한 기능이 무엇인지 합의하지 못했다. 우리는 자폐증이 있는 사람들이 주변 물건들을 볼 수 있는지 없는지 알지 못한다(일부 사람들은 볼 수 있는 듯하다). 우리는 아직 화성을 정복하지 못했다. 우리는 우주에 다른 생명체가 있다고 증명하지 못했다. 우리는 기계를 만들지 못했다. 우리처럼 공감을 표현하거나 공정함을 이해하고 사랑을 느끼는 기계를 만들 수 없었다.

우리는 좋아하는 노래나 영화가 우리의 목을 메이게 하는 이유, 혹은 어떤 팔이 시속 161킬로미터 속도로 야구공을 던질 수 있는 이유를 설명하지 못한다. 우리는 도시 한 블록에 그날 하루 어느 정도의 비가 내릴지 정확하게 예측할 수 없다. 우리는 사람들이 왜 자신의 이익에 반하는 투표를 하는지, 누가 지미 호파Jimmy Hoffa를 죽였으며 D. B. 쿠퍼D. B. Cooper의 정체가 무엇인지, 애플이나 맥도날드 혹은 내셔널 풋볼 리그가 5년, 10년, 25년 후에도 존재할 것인지 알 수 없다. 우리는 코로나19가 왜 어떤 사람들은 죽이고 어떤 사람들은 그것에 걸렸는지도 모른 채 지나가는지 알지 못한다. 우리는 로버트 데커가 여기 있고 앨리슨 마허는 없는 이유를 알 수 없다.

케네스 파인버그가 자신의 원래 임무를 달성한 뒤 매년 9월 11일이 되면 작은 사탕 상자나 꽃다발이 그의 사무실에 도착한다. 그는 누가 그것들을 보내는지 모른다. 남편을 잃은 여성이 보냈을 거라 추측하지만, 추측일 뿐이다. 그는 정말 모른다. 바로 이것이 케네스 파인버그가 가장 많이 바뀐 지점이다. 그는 한때 확신에 찬 사람이자 세상을 흑과 백 이분법으로 보는 사람이었고, 모든 걸 마서즈 빈야드 섬과 낸터킷 섬 중 하나를 고르듯 선택했다. 그런데 그는 지금 의심으로 가득 차 있다. 그는 삶이 직선적이지 않다는 사실을 우리보다 더 잘 이해하고 있다. 우리는 미래가 어떤 결과를 가져올지 알 수 없다. 현재는 우리 이해력의 한계, 즉 사실 세계의 외적인 한계를 나타낸다.

하지만 우리 내면에는 내일의 불확실성을 대비하는 힘이 있다. 파인버그는 100퍼센트 확신하는 진실 하나를 품고 있다. 상상할 수도 없는 비극적 사건의 기념일에 소중한 사람을 잃은 누군가는 그의 인간성과 전문성, 헤쳐 나갈 수 없을 것만 같던 혼란을 뚫고 나가는 지도력에 감사할 것이다. 아무리 인공지능이라도 그런 상황을 중재할 수 없었을 것이다. 특정 사람들만 가능했고 가능한 일이다. 바로 취향이 확고한 사람, 열정적인 사람, 적응력이 있는 사람, 호기심이 많은 사람, 사려 깊은 사람, 창의적인 사람, 신중한 사람이다. 나는 이런 사람이 되고 싶다. 그리고 이런 사람들을 보고 싶다. 이 책이 여러분에게도 같은 욕망을 불러일으켰길 바란다. 나는 그런 사람들, 즉 여러분들 옆에서 천천히 해안가로 나아가 끝없이 펼쳐진 바다를 바라보고 싶다. 바다 너머 우리를 기다리고 있는 모든 것을 결코 알 수 없다. 하지만 눈을 감고 그곳에서 우리가 찾고자 하는 삶을 상상할 순 있다. 그러고 나서 눈을 떴을 때 우리는 자신만의 길을 만들어나갈 수 있다.

감사의 글

먼저 독자 여러분에게 감사하다. 여러분이 이 책을 즐겼기를 바라며, 또한 이 책을 통해 여러분이 과거 이 책을 읽기 전보다 세상에 대해 더 좋게 느낄 수 있길 바란다. 우리의 삶은 도전과 경이로움으로 가득 차 있다. 이 책의 재고를 어떻게 관리할지는 우리 자신에게 달려 있다.

이 책은 두 사람의 창의적 사고로 가능했다. 트웰브 출판사 대표 션 데즈먼드와 영원한 에이전트 데이비드 블랙 덕분이다. 이 책은 션의 아이디어였다. 그는 세상을 보고 이유를 묻는 사람이기 때문이다. 그런 다음 데이비드에게 이야기했다. 그는 세상을 보고 방법을 묻는 사람이다. 나는 이유도 방법도 모르지만, 두 사람은 내가 방정식의 일부라고 판단했다. 당시 나는《에스콰이어》를 떠난 지 얼마 되지 않은 데다 이혼을 겪고 있었다. 나는 자주 이렇게 반문하곤 했다. "도대체 무슨 일이 일어난 거지?" 데이비드가 전화했을 때 나는 위로를 받기 위해 조지아에 있는 친구들을 만나러 먼 길을 떠나고 있었다. 점심도 해결하고 그와 이야기할 시간과 공간도 마련할 겸 길가에 있는 빵집 파네라에 차를 세웠다. 그는 나에게 이 책의 계약이 마무리되었고 모든 게 잘 될 것이라고 말했다. 나는 쿠키를 사 먹으려 했을 뿐인 아무 죄 없는 사람들 앞에서 작게 울음을 터뜨렸다. 운 좋게도, 내 앞에 거대한 빵 그릇이 있어서 행복의 눈물을 멈출 수 있었다.

여러분이 지금 보고 있는 책을 만들 수 있도록 도와준 출판사 관계자분들께 감사드린다(물론 여러분이 디지털 버전이나 오디오 버전을 선택하지 않았다면 말이다. 만약 그렇다면 여러분은 종이 위에 잉크를 인쇄하는 이 놀라운 새 트렌드를 놓친 셈이다. 정말 멋진데 말이다). 레이첼 캠버리는 부편집자고, 앤줄리 존슨이 제작과 편집을 맡았다. 엘리사 리블린에게 법적 자문을 구했으며, 재로드 테일러가 표지를 디자인했는데, 그는 적어도 공개적으로 내가 까다롭다고 싫어하지는 않았다. 마리 문다카는 내지 디자인을 담당했다(팀 제라먼드 파이팅!). 베키 메인즈가 카피를 편집했다. 메간 페리트 제이콥슨은 여러분이 이 책을 손에 넣도록 도왔다. 우리 모두 최선을 다해서 완벽하게 하려고 노력했다. 부족한 부분이 있다면 그건 내 것이며, 이에 대해 부끄럽게 생각한다.

여러분이 읽은 이야기 중 일부는 《에스콰이어》의 기사에서 시작되었다. 나는 전 직장의 친구들에게 감사해야 한다. 특히 나의 편집장 데이비드 그레인저는 14년 동안 나의 방황하는 호기심을 충족시켜주었다. 나의 직속 편집장인 피터 그리핀은 나의 모든 아이디어를 빛나게 해주었고(더 많은 아이디어는 거절했으며), 모든 이야기를 발전시켜주었고, 모든 문장을 다듬어주었다. 밥 셰플러와 케빈 맥도넬은 모든 사실 관계를 정확하게 체크했다. 피터는 또한 이 원고에 전문가의 손길을 더해주었는데, 나는 이에 대해 감사하게 생각한다. 다른 이야기들의 주제는《뉴욕타임스 매거진 The New York Times Magazine》,《와이어드 WIRED》, 그리고《ESPN 더 매거진》에 처음 등장했다. 그곳에서 나를 도와준 편집자들과 팩트체커들에게도 많은 신세를 졌다.

나의 저널리즘은 재능 있는 낯선 사람들이 그들의 소중한 시간의 일부를 나와 함께 보내는 것에 동의해야만 가능하다. 지난 몇 년간 나에게 시간을 허락해준 모든 사람들에게 (왜 그러셨는지는 모르겠지만) 감사 인사를 전한다. 만약 당신이 잡지에 실린 후 이 책에 나왔다면, 당신이 내게 좋은 인상을 남긴 덕분이고, 나는 당신을 알게 되어 기쁘다. 만약 우리가 이 책 때문에 만났다면, 내가 잘 이해하지 못하는 것을 이해하도록 도와줘서 고맙다. 내 질문은 진심이었고, 내가 당신의 대답을 제대로 전달했길 바란다.

또한 이 책에 자신의 연구와 조사를 수록할 수 있게 해준 모든 기자와 작가 분들에게도 감사드리고 싶다. 우리가 알고 있듯이 2차 자료가 다루기 까다로울 수 있지만, 나는 그들과 그들의 훌륭한 작업물들을 신뢰하며, 그러한 연구를 수행해준 것에 대해 감사하다. 내가 제대로 이해하고 요약해 인용했다고 느끼길 바란다. 특히《뉴욕타임스》를 제작하는 수백 명의 사람들에게 감사드리고 싶다.《뉴욕타임스》는 언제나 유용한 자료로 자신의 역할을 다해왔다. 여러분은 매일매일의 기적을 만들고 있다.

아버지 존과 어머니 마릴린, 그리고 내 아이들 찰리와 샘에게도 사랑과 감사를 전한다. 내 삶의 시작과 끝에 너희들이 있어 행복하다.

그리고 애나, 당신을 정말 사랑한다. 나는 결코 당신의 믿음을 당연하게 여기지 않을 것이다. 매일 영광스러운 날을 보내고 행복을 느끼게 해줘서 고맙다.

주석

들어가기에 앞서

1   David E. Bock, Paul F. Velleman, Richard D. De Veaux,《Stats: Modeling the World》(Boston: Addison-Wesley, 2004).

❶장 엔터테인먼트
: 취향은 계산될 수 없다

1   처음 라이언 카바노에 관한 기사를 썼을 때 나는 《에스콰이어》에 다니고 있었고, 2002년부터 2016년까지 그곳에서 근무했다. 계속해서 말하지만 당시 내가 만났던 사람들이 이 책에 다시 등장하는데, 대부분 그들과 대화를 나눈 후 뒤늦게 깨달음을 얻어서 그렇다. 충분히 예상할 수 있듯 카바노에 관한 기사는 2009년 12월호에 〈라이언 카바노〉라는 제목으로 실렸다. 업계 사정을 더 잘 알고 있는 할리우드 친구들의 경고에도 나는 그에게 응당 품었어야 할 의구심을 품지 않았다. 카바노의 계획은 그 실체가 밝혀지기까지 수년이 걸렸으며, 그들이 왜 그랬는지 내가 이해하기까지 또 수년이 걸렸다.

2 이때는 하비 와인스타인Harvey Weinstein이 강간으로 유죄 판결을 받기 전이었고, 그에 대한 소문만 떠돌던 시기였다.

3 William Goldman,《Adventures in the Screen Trade: A Personal View of Hollywood and Screenwriting》(New York: Warner Books, Inc., 1983). 아직 골드먼의 이야기가 더 남았다. 그는 참 멋진 사람이다.

4 물론 다른 예술도 마찬가지다. 2021년 1월 11일, 가수 빌리 아일리시의 오빠이자 그녀와 많은 노래를 함께 작업한 작곡가 피니즈 오코넬Finneas O'Connell은 트위터에 다음과 같이 적었다. "어떤 게 '히트곡'이 될지 안다고 말하는 사람은 그가 누구든 절대 믿지 마세요." 그의 트위터 계정은 @FINNEAS이다.

5 몬테카를로 방법은 간단히 말해 사용자가 원하는 결과를 얻을 수 있는 유의미한 확률에 도달할 때까지 컴퓨터 알고리즘에 의존해 무작위로 입력된 값의 다양한 조합을 실험하는 통계학적 방법이다. 렐러티비티의 경우 출연 배우, 감독, 개봉 날짜 등을 입력값으로 넣었다. 이 입력값을 여러 형태로 조합해 상업적 성공으로 향하는 다양한 확률값을 얻었다. 예를 들어 7월 주말에 개봉하는 스티븐 스필버그 영화에 톰 크루즈를 출연시키면 영화판을 장악하게 된다는 식이다.

6 모든 박스오피스 데이터는 BoxOfficeMojo.com에서 가져왔다.

7 Benjamin Wallace, 〈할리우드에서 가장 잘나가는 알고리즘의 장대한 실패The Epic Fail of Hollywood's Hottest Algorithm〉, 《Vulture》, 2016년 1월 24일.

8 Alex Ben Block, 〈트릴러는 어떻게 라이언 카바노의 화려한 복귀를 도왔나How Triller Became Ryan Kavanaugh's Big Comeback〉, 《Los Angeles Magazine》, 2021년 4월 16일.

9 Eriq Gardner, 〈라이언 카바노, 렐러티비티 투자자의 사기죄 소송 진행 중 풍자의 대상이 되다Ryan Kavanaugh Is Lampooned as Relativity Investor Seeks to Keep Fraud Lawsuit Alive〉, 《Hollywood Reporter》, 2018년 4월 11일.

10 David Lieberman, 〈렐러티비티, 파산 법원에 14편의 개봉작 중 13편이 수익을 올릴 것이라 이야기하다Relativity Tells Bankruptcy Court It Will Make Money on 13 of 14 Upcoming Films〉, Deadline.com, 2015년 12월 14일.

11 제이슨의 2017년 앨범 《더 내슈빌 사운드The Nashville Sound》의 수록곡 〈If We

Were Vampires〉는 매우 아름답고 슬픈 사랑 노래다. 그의 밴드 이름은 더 400 유닛 The 400 Unit이며, 트위터 계정은 @JasonIsbell이다.

12 이 숫자는 맥키의 웹사이트인 mckeestory.com에서 가져왔다.

13 위 문구들은《시나리오 어떻게 쓸 것인가》의 원서 138, 101, 140쪽에 나온다.

14 나는 이 인터뷰를 유튜브에서 봤다. 〈찰리 카우프만의 최신작& '영화가 죽은' 이유에 대하여〉라는 제목의 영상이었다. 이 영상은 2008년 찰리 카우프만의 신작 〈시네도키, 뉴욕〉의 개봉일에 맞춰 미국서부작가조합의 공식 계정에 올라왔다.

15 Peter Debruge, 〈단 한 줄로, 윌리엄 골드먼은 할리우드가 알아야 할 모든 것을 알려주었다With One Line, William Goldman Taught Hollywood Everything It Needed to Know〉,《Variety》, 2018년 11월 16일.

16 롭 라이너Rob Reiner가 감독을 맡았다. 1985년에서 1992년까지 라이너 감독은 〈스탠 바이 미〉, 〈프린세스 브라이드〉, 〈해리가 샐리를 만났을 때〉, 〈미저리〉, 〈어 퓨 굿 맨〉을 잇달아 연출했다. 정말 대단한 능력자다. 골드먼은 이 중 두 편의 각본을 썼으며 아론 소킨Aaron Sorkin이 〈어 퓨 굿 맨〉을 집필할 때 멘토 역할을 하기도 했다.

17 John Seabrook, 〈Blank Space: 맥스 마틴은 어떤 천재인가? Blank Space: What Kind of Genius Is Max Martin?〉,《The New Yorker》, 2015년 9월 30일.

18 Jeff Chu, 〈뮤직맨The Music Man〉,《TIME》, 2001년 3월 19일.

19 John Seabrook, 〈닥터가 왔다The Doctor Is In〉,《New Yorker》, 2013년 10월 7일.

20 닥터 루크는 〈Tik Tok〉과 같은 히트곡도 써주고 프로듀싱까지 한 가수 케샤Kesha와의 오랜 법적 분쟁으로 자신의 멘토보다 더 큰 명성을 얻었다고 볼 수 있다. 2014년 케샤는 신체적·성적·정서적 학대를 주장하며 닥터 루크와의 음반 계약을 무효로 해달라고 고소했고, 그는 명예훼손과 계약 위반으로 맞고소했다. 이 책을 쓰고 있는 지금도 소송은 진행 중이다.

21 극성스러운 〈스타워즈〉 팬들은 예외일 수 있다. 그들의 우주는 변화를 수용할 만큼 광활하지 않다. 〈스타워즈: 라스트 제다이〉를 연출한 라이언 존슨Rian Johnson에게 물어보라.

22 알고리즘 그 자체는 다른 지적 재산과 마찬가지로 가치를 지니며, 도난당하지 않도록 대개 기밀 사항으로 소유자의 보호를 받는다. 이해는 된다. 앞으로 알게 되겠지만

알고리즘의 불투명성은 그것의 어두운 목적을 숨기는 도구가 될 수도 있다.

23 Kevin Roose, 수잔 워치츠키와의 인터뷰, 〈래빗 홀 Rabbit Hole〉, 《Episode Four: Headquarters》, 팟캐스트 오디오. 2020년 5월 7일.

24 영국 왕립조사위원회는 2020년 12월 8일 뉴질랜드 의회에 2019년 3월 15일 발생한 크라이스트처치 모스크 테러에 관한 최종 보고서를 발표했다.

25 Michael Rundle, 〈애플 뮤직의 지미 아이오빈: '아무도 우리를 따라잡지 못할 것이다' Apple Music's Jimmy Iovine: 'No One Will Be Able to Catch Us'〉, wired.co.uk, 2015년 8월 7일.

26 Dr. Lara K. Ronan, 〈당신은 왜 그 노래를 좋아하나요? Why Is That Your Favorite Song?〉, 《Psychology Today》, 2019년 1월 1일.

27 Roger Ebert, 〈여러분이 가장 좋아하는 영화는 무엇인가요? What's Your Favorite Movie?〉, RogerEbert.com, 2008년 9월 4일.

28 나는 《에스콰이어》에 텔러와 마술에 관한 글을 썼다. 기사 제목은 〈명예 제도 The Honor System〉였고, 2012년 12월호에 실렸다. 이후로 나는 텔러와 그의 경력을 집요하게 쫓았다. 그가 미국의 위대한 예술가 중 한 명이라 믿는데, 마술을 이야기로 생각하면 이는 더 분명해진다.

29 내가 《에스콰이어》에 썼던 원 기사에서 이런 식의 결론을 내렸을 때, 텔러는 내게 이 문장을 훔칠 수도 있다고 썼다. 이때만큼 어깨가 한껏 올라간 적은 없었던 것 같다.

30 《에쿠스》는 피터 섀퍼 Peter Shaffer가 1973년 발표한 작품으로 1975년 토니상 연극상을 수상했다. 섀퍼는 영국 동부 서퍽에 사는 열일곱 살의 마구간 소년이 말 여섯 마리의 눈을 멀게 한 실제 사건에서 영감을 받았다. 섀퍼는 어떻게 그런 일이 일어날 수 있었는지를 상상했다. 사랑이 모든 걸 설명하긴 어렵지만, 어쩌면 사랑만이 이런 끔찍한 일을 설명할 수 있을 것이다.

31 Elyse Roth, 〈캐스팅 디렉터 앨리슨 존스는 어떻게 미래의 코미디 및 드라마 스타를 발굴하는가 How CD Allison Jones Discovers the Comedy—and Now Drama—Stars of Tomorrow〉, 《Backstage》, 2020 1월 24일.

32 Peter Stanford, 〈데이 루이스의 수수께끼 The Enigma of Day-Lewis〉, 《Guardian》, 2008년 1월 13일.

33 Rebecca Mead, 〈해밀턴의 모든 것 All About the Hamiltons〉, 《New Yorker》, 2015
년 2월 2일.

❷장 스포츠
: 열정은 데이터를 이긴다

1 루이스는 2012년 6월 3일에 한 자신의 연설 제목을 〈포춘 쿠키를 먹지 마세요 Don't
Eat Fortune's Cookie〉라고 지었다. 그의 연설은 프린스턴 대학 웹사이트와 유튜브 채
널에서 온라인으로 볼 수 있다. 나는 2020년 6월 24일 친구 세스 위커샴 Seth Wicker-
sham을 통해 그의 연설을 알게 되었는데, 마침 그동안 일하면서 얼마나 내가 운이 좋
았는지 깨달았다는 감성적이고 실없는 소리를 트위터에 늘어놓은 다음이었다. 나는
곧장 그의 연설문을 읽었고, 그의 글이 이 책에 완벽하게 들어맞는다고 생각했다. 정
말 운이 좋았다.

2 Simon Kuper, 〈야구 속으로: 마이클 루이스와 빌리 빈이 머니볼을 이야기하다 In-
side Baseball: Michael Lewis and Billy Beane Talk Moneyball〉, Slate.com, 2011년 11월
13일.

3 근거 없는 말이 아니다. 〈카포티〉는 리뷰 집계 사이트인 로튼 토마토 Rotten Tomatoes
에서 90퍼센트의 점수를 기록했다. 〈머니볼〉은 94퍼센트를 기록했으며, 〈폭스캐처〉
는 87퍼센트로 여전히 추천할 만한 작품이다. 베넷 밀러 감독 영화를 향한 나의 애정
은 과학적으로 입증되었다.

4 Josh Lewin and Jon Heyman, 빌리 빈과의 인터뷰, 〈빅 타임 베이스볼 Big Time
Baseball〉, 팟캐스트 오디오, 2019년 7월 19일.

5 Michael Silverman, 〈슬론 스포츠 분석 컨퍼런스는 어떻게 한물간 MIT 수업에서 거
대 컨퍼런스로 거듭날 수 있었는가 How the Sloan Sports Analytics Conference Grew
from a Defunct MIT Class to a Really Big Deal〉, 《Boston Globe》, 2020년 3월 5일.

6 Jared Dubin, 〈거의 모든 팀이 로키츠처럼 경기를 하고 있다. 바로 이 때문에 로키
츠가 망가지고 있다 Nearly Every Team Is Playing Like the Rockets. And That's Hurting
the Rockets〉, FiveThirtyEight.com, 2018년 12월 20일.

7 Bruce Schoenfeld, 〈어떻게 데이터(그리고 숨이 멎을 듯한 축구)가 리버풀을 영광의 정점에 데려가 주었는가 How Data (and Some Breathtaking Soccer) Brought Liverpool to the Cusp of Glory〉, 《New York Times Magazine》, 2019년 5월 22일.

8 Jim Gorant, 〈골프계의 매드 사이언티스트 브라이슨 디섐보 Bryson DeChambeau, the Mad Scientist of Golf〉, 《Popular Mechanics》, 2019년 4월 23일.

9 이 영화에서 해티버그는 유명해지기 전의 크리스 프랫 Chris Pratt이 연기했다. 포수였던 그는 더는 홈에서 2루로 공을 던질 수 없었기에 1루수로서의 역할을 배워야 했다.

10 이 책에 쓰인 모든 야구 통계와 연봉 정보는 baseball-reference.com에서 가져왔다.

11 《에스콰이어》 2002년 6월호 중 〈그는 우주에서 왔다 He Came from Outer Space〉에서 내가 쓴 글이다.

12 당시 위니펙 제츠 Winnipeg Jets의 감독이었던 모리스는 2021년 2월 3일 경기장에서 저지른 치명적인 실수로 비난 받고 있던 주장 블레이크 휠러 Blake Wheeler를 감싸기 위해 이렇게 말했다. 통계자료에 따르면 그건 휠러의 잘못이었다. 경기를 끝까지 보고 난 모리스는 책임을 다른 곳으로 돌렸다. "휠러는 다른 선수의 바보 같은 백체크로 정말 곤란한 상황이었다"라는 게 모리스의 견해였다.

13 Ben Shpigel, 〈이글스는 어떻게 숫자들을 따라 슈퍼볼에 진출했는가 How the Eagles Followed the Numbers to the Super Bowl〉, 《New York Times》, 2018년 2월 2일.

14 아칸소주 풀라스키 아카데미 Pulaski Academy의 수석 코치인 케빈 켈리 Kevin Kelley는 2015년까지 한 번도 펀트를 하지 않은 것으로 전국 방송에 보도되기 시작했다.

15 이글스는 2020년 4승 11패 1무를 기록한 후 점점 전통적인 사고방식을 취하기 시작했고 2021년 1월 11일에는 더그 페더슨을 해고했다. 이글스와 함께한 5개 시즌에서 페더슨의 기록은 46승 39패 1무였고, 그는 리그에서 벌어진 최악의 경기 논란을 끝으로 감독 임기를 마쳤다. 필라델피아에서 기적의 암호 해독이란 없었다. 슈퍼볼 우승은 새로운 성공 규범이 아니라 이상이었다.

16 Joe Posnanski, 〈호스머와 트라우트, 그리고 방어 지표의 딜레마 Hosmer, Trout and Defensive-Metric Dilemmas〉, MLB.com, 2018년 2월 22일.

17 예를 들어 팬들은 2011년과 2017년 사이에 유격수 안드렐톤 시몬스 Andrelton Simmons가 96점을 방어했다고 추측했다. UZR에 따르면 그는 99점을 방어했다. 내야

수 매니 마차도Manny Machado는 앞선 수비 지표에 따르면 81점을 방어했다. 팬들은 80점이라고 예상했다.

18 나는 사라 시거 박사에 관한 글을 《뉴욕타임스 매거진》에 기고했다. 〈또 다른 지구를 찾아줄 여성The Woman Who Might Find Us Another Earth〉이라는 제목의 글로 2016년 12월 7일에 실렸다.

19 나는 《ESPN 더 매거진》(〈봄을 향한 긴 여정A Long Journey into Spring〉, 2014년 3월 19일 발행)에 마이크의 캔자스시티 입성에 관한 기사를 썼을 때 저럴 부부를 처음 만났다. 그들은 한 번 만난 사람에게도 영원히 크리스마스 카드를 보낼 사람들이다. 다음에는 《뉴욕타임스 매거진》에 저스틴의 감독으로서의 여정에 관해 썼다(〈야구가 27세의 젊은이를 완벽한 감독으로 바꿀 수 있을까? Can Baseball Turn a 27-Year-Old into the Perfect Manager?〉, 2017년 9월 14일 발행). 우리는 만날 때마다 서로에게 꽤 자주 "사랑한다"고 말한다. 그에 관해 쓴 글은 전적으로 진실하지만 객관적이지는 않다.

20 키퍼는 버펄로 빌스Buffalo Bills의 2020~2021 시즌 쿼터백 조시 앨런Josh Allen에 대해 논의할 때 ESPN의 케빈 반 발켄버그Kevin Van Valkenburg에게 이렇게 말했다. 많은 사람들은 앨런이 NFL에서 큰 성취를 이루지 못할 것으로 생각했다. 그의 통계 수치는 평균이었고, 특히 그는 투구 정확도에서 뛰어난 능력을 보이지 않았다. 하지만 키퍼는 앨런에게서 다른 것을 보았고 항상 그를 높게 평가했다. 〈어떻게 버팔로 빌스의 쿼터백 조시 앨런은 평범한 선수에서 NFL MVP 선수가 되었는가〉는 2021년 1월 6일 ESPN.com에 올라왔다.

21 Tim Keown, 〈조던 러브의 NFL 드래프트 전망은 쿼터백 드래프트의 미스터리를 설명한다Jordan Love's NFL Draft Prospects Illustrate the Mystery of Drafting a Quarterback〉, ESPN.com, 2020년 4월 8일.

22 렌테리아와 화이트삭스는 탑 아메리칸 리그American League 시드로 플레이오프에 입성한 후 빌리 빈이 이끄는 오클랜드 애슬레틱스를 상대로 비틀거리자 2020년 10월 12일 "각자의 길을 가기로 합의했다". 렌테리아는 효율적인 클럽하우스 문화 구축으로 찬사를 받았으나 경기 중 의사 결정력이 세심하지 못하고 특히 불펜 관리가 부족하다는 비판을 받았다.

23 이 글을 쓰고 있을 때 마이크 저럴은 젊은 선수들을 지도하기 위해 로열스로 다시 돌

아왔다. 현재 그는 마이너리그의 하이-A 쿼드 시티즈 리버 밴디츠High-A Quad Cities River Bandits에서 수석 코치를 맡고 있다.

24   Burkhard Bilger, 〈불가능한 것을 만드는 기술The Art of Building the Impossible〉, 《New Yorker》, 2020년 11월 23일. 이 기사를 읽어보길 바란다. 그의 글은 훌륭한 작품이자 아름다운 예술 그 자체다.

8장 날씨
: 단 하나의 100%, 불확실성

1   2010년 8월 처음으로《에스콰이어》에 테리에 관한 글을 썼다. 기사 제목은 〈TV에서 최고로 멋진 순간TV's Crowning Moment of Awesome〉이었다. 테리 역시 그의 경험담을 담은 책《원인과 결과Cause and Effects》를 썼다. 우리는 몇 년 동안 계속 연락하며 지냈고, 나는 그를 알게 되어 매우 기뻤다. 그의 이야기는 영화 제작으로도 이어졌는데, 아직 완성되지는 않았다. 앞에서 이야기했듯 할리우드에서 영화를 만드는 일은 매우 까다롭다.

2   블랙잭 딜러는 두 장의 카드를 갖는데, 첫 번째 카드는 얼굴이 보이게 위로, 두 번째 카드는 얼굴이 안 보이게 아래로 둔다. 딜러가 얼굴이 아래쪽을 향한 카드를 손끝으로 지면에서 들어 올리면, 즉 손가락으로 카드를 집으면 손을 방패처럼 사용해 손바닥으로 카드를 집어 올리는 경우보다 바로 오른쪽에 있는 한 사람에게 패가 노출될 확률이 높다. 가장 단순해 보이는 기술조차 미묘하게 개선 혹은 악용될 여지가 있다.

3   무작위로 "내려오라고" 불리는 일은 절대 없다. 제작진들은 방청객들이 작은 그룹을 지어 스튜디오로 입장할 때 모든 사람과 이야기를 나눈다. 방청객들은 자신이 언제 카메라에 찍히는지 모르기 때문에 제작진들은 그들이 항상 웃고 있기를 원하고, 자연스럽게 얼굴에서 긍정적인 분위기를 풍기는 사람들을 뽑는다. 인상을 찌푸린 사람들은 확실히 배제한다.

4   Eric Berger, 〈현대 기상학은 60년 전 오늘 탄생했다Modern Meteorology Was Born 60 Years Ago Today〉, 《Ars Technica》, 2020년 4월 1일.

5   2020년 캐나다 주택보험사는 다음과 같이 보험료 인상을 설명하는 고지서를 보냈

다. "2013년 이후 화재·홍수·폭풍 등 자연재해로 인한 피해에 대한 보험금 청구가 지난 6년 대비 2배로 늘었습니다." 일례로 앨버타주 포트맥머리 지역은 2016년에 발생한 산불로 초토화되었는데, 당시 무려 2,579채에 달하는 집들이 전소했다.

6   펜실베이니아주립대학교, 〈새로운 날씨 모델이 토네이도 경보 리드 타임을 증가시킬 수 있다New Weather Model Could Increase Tornado-Warning Times〉, 《ScienceDaily》, 2018년 10월 1일.

7   여기서는 이 문제에 관해 이야기하지 않을 것이다. 수치에 기반한 산더미 같은 증거와 과학적 합의를 참고하시길.

8   Madison Park and Emily Smith, 〈동남부의 토네이도는 점점 더 악화되고 있으며 대개 아주 치명적이다Tornadoes in the Southeast Are Getting Worse—and They're Often the Deadliest〉, CNN.com, 2020년 3월 4일.

9   Nassim Nicholas Taleb, 《The Black Swan: The Impact of the Highly Improbable》(New York: Random House, 2007)(나심 니콜라스 탈레브, 차익종·김현구 역, 《블랙 스완: 위험 가득한 세상에서 안전하게 살아남기》, 동녘사이언스, 2018).

10 《워싱턴 포스트》의 기후 담당 기자 사라 카플란Sarah Kaplan은 트위터(@sarahkaplan48)에 "'우리 모델이 측정할 수 있는 범위를 벗어났다'라는 말이 2020년을 압축해서 보여준다"고 썼다. 진짜 그렇다.

11 Daniel Duane, 〈서부의 화재는 불에 관한 우리의 이해를 녹이고 있다The West's Infernos Are Melting Our Sense of How Fire Works〉, 《WIRED》, 2020년 9월 30일.

12 이때 발생한 폭풍으로 체로키 카운티에 있는 고센연합감리교회에서 신도 20명이 사망했다. 스팬은 특별 프로그램에서 이로 인해 충격을 받은 전 목사와 그녀의 남편을 인터뷰했다.

13 스팬은 '지구온난화에 관한 복음주의 선언An Evangelical Declaration on Global Warming'의 가장 유명한 서명자 중 한 명이다. 그 내용을 조금 살펴보면 다음과 같다. "우리는 하나님의 지혜와 무한한 권능으로 창조되며, 하나님의 섭리로 유지되는 지구와 그 생태계는 굳건하고 탄력적이며 자기 통제와 수정이 가능한 데다 놀라울 정도로 인간의 번영과 하나님의 영광을 보여주는 데에 적합하다. 지구의 기후도 예외는 아니다."

14 Annie Blanks, 〈'와플 하우스 지수'는 재난 상황에서 진짜 힘을 발휘한다. 레스토랑 체인은 이를 어떻게 반영하는가?'Waffle House Index' Is a Real Thing during Disasters. How Does the Restaurant Chain Do It?〉, 《Pensacola News Journal》, 2019년 9월 1일.

15 Bob Carlton, 〈제임스 스팬이 눈 속을 걸으며 2014년 눈폭풍 '오보'를 사과하다 Watch James Spann Walk a Mile in the Snow and Apologize for His Snowpocalypse 2014 Forecast 'Bust'〉, al.com, 2015년 1월 28일.

16 Kim Severson, 〈애틀랜타 공무원들이 폭풍과 사고를 운에 맡기고 사람들은 그 대가를 치르다 Atlanta Officials Gamble on Storm and Lose, and Others Pay the Price〉, 《New York Times》, 2014년 1월 29일.

17 이 글을 쓰는 현재 그의 트위터 팔로워 수는 43만 명이다.

18 나는 책《우리는 고향에서 너무 멀리 왔다: 우주에서의 삶과 죽음에 관한 이야기 Too Far From Home: A Story of Life and Death in Space》(New York: Doubleday, 2007), 수많은《에스콰이어》기사, 그리고 넷플릭스 시리즈〈어웨이Away〉등 지난 몇 년간 우주에 관해 글을 써왔다. 〈어웨이〉는 한 시즌 후 알고리즘에 의해 제작이 중단되었다. 사실 이 책은 나의 복수다.

19 Erik Larson, 《Isaac's Storm: A Man, a Time, and the Deadliest Hurricane in History》(New York: Vintage Books, 1999). 정말 좋은 책이다.

20 에릭은 내 친구다. 우리는 카자흐스탄에서 같이 로켓 발사를 취재하던 중 만났다. 이후 나는 2018년 1월호《와이어드》에 에릭의 일기예보에 관해 썼다. 그 기사의 제목은〈허리케인 하비의 홍수를 예측한 예상 밖의 영웅을 만나다 Meet the Unlikely Hero Who Predicted Hurricane Harvey's Floods〉였다. 우리는 정기적으로 연락하며 지낸다. 그는 내 기사에 약간 당황했지만, 나는 그를 축하할 수 있어서 기뻤다. 에릭의 목소리는 우리가 귀담아들어야 할 종류의 목소리, 즉 전문가 중에서도 전문가다운 목소리다.

21 2020년 2월, 미국 국립해양대기청은 슈퍼컴퓨팅 능력을 크게 개선해 용량을 3배 늘리고 저장 및 처리 속도를 2배 높였다고 발표했다. 뉴스에 따르면 "더 높은 해상도와 더 포괄적인 기후 시스템 모델을 통해 해양대기청에 더 나은 예측 모델 구축 가능성을 열어줄" 하드웨어가 2022년 초 온라인으로 공개된다.

22 Tom Nichols, 《The Death of Expertise: The Campaign Against Established

Knowledge and Why It Matters》(New York: Oxford University Press, 2017)(톰 니콜스, 정혜윤 역,《전문가와 강적들: 나도 너만큼 알아》, 오르마, 2017).

23 사회심리학자 데이비드 더닝David Dunning과 저스틴 크루거Justin Kruger는 우리 대부분이 이미 의심하고 있는 내용을 과학적으로 증명했다. 가장 무능한 사람들이 대개 스스로를 매우 유능하다고 여기며, 실제로 능력이 있는 사람들은 "자신이 모른다는 것을 알 만큼 충분히 똑똑하기" 때문에 자신을 과소평가하는 경향이 있다.

❹장 정치
: 거짓말, 뭐 같은 거짓말, 그리고 통계

1 나는《에스콰이어》에 코너 맥그리거에 관한 기사를 여러 번 썼다. 뉴욕 기사는 〈코너 맥그리거는 죽음을 믿지 않는다Conor McGregor Doesn't Believe in Death〉라는 제목으로 2015년 4월호에 실렸다.

2 플로이드 메이웨더와의 경기가 이뤄지게 된 씨앗은 사실 뉴욕에 있던 그날에 심어졌다. 나는 천진난만한 표정으로 코너에게 둘이 싸우면 누가 이길지 물었다. 그는 "플로이드와 내가 붙는다면 30초도 안 돼서 그를 죽일 것"이라고 말했다. "보아뱀처럼 플로이드의 목을 감싸고 조르는 데 30초도 안 걸립니다." 이 말이 너무 와닿아서 나는 그의 말을 기사에서 꽤 비중 있게 다뤘다. 그런데 코너의 말이 퍼져나가기 시작했고, 결국 메이웨더가 봤으며, 그렇게 여러분이 아는 일이 벌어졌다. 난 억 단위의 핸드백은 일절 받지 않았다.

3 나는 이 책도 비슷한 비판을 받을 거라 생각한다. 나는 그런 비판을 받아들일 수 없다. 실제 이야기는 1차 증거 그 자체다.

4 Andrew Ferguson, 〈말콤 글래드웰, 그의 티핑 포인트에 도달하다Malcolm Gladwell Reaches His Tipping Point〉,《Atlantic》, 2019년 9월 10일.

5 존 파프는 2019년 9월 10일 자신의 트위터 계정 @JohnFPfaff에 이렇게 썼다.

6 나는 괴짜 반정부주의자가 아니다. 정부를 믿기 때문에 더 나은 정부를 원한다.

7 규칙은 임의로 혹은 정치적 이유로 바뀌어선 안 된다. 합법적 도전이라는 위험에서 벗어나기 위해 새로운 규칙은 오래된 규칙의 효과에 의문을 제기하는 연구를 토대로

타당성을 인정받아야 한다.

8   Nicholas Confessore and Stacy Cowley, 〈"트럼프쪽 사람이 기관의 급여대출연구를 조작했다"고 전 직원이 주장하다Trump Appointees Manipulated Agency's Payday Lending Research, Ex-Staffer Claims〉, 《New York Times》, 2020년 4월 29일.

9   Debbie Nathan, 〈국경 순찰대가 요원들을 향한 공격률이 73% 증가했다고 보여주는 통계를 조작한 방법How the Border Patrol Faked Statistics Showing a 73 Percent Rise in Assaults Against Agents〉, 《Intercept》, 2018년 4월 23일.

10   Stephanie Wood, 〈브리티시 컬럼비아주에 남아 있는 고대 숲에 대해 '오해의 소지가 있는' 자료 공개: 독립 보고서B.C. Old-Growth Data 'Misleading' Public on Remaining Ancient Forest: Independent Report〉, 《Narwhal》, 2020년 6월 4일.

11   데이비드는 훌륭하고 인기 있는 두 권의 책을 쓴 저자이다. 《The Sports Gene: Inside the Science of Extraordinary Athletic Performance》(New York: Penguin Group, 2013)(데이비드 엡스타인, 이한음 역, 《스포츠 유전자》, 열린책들, 2015)와 《Range: Why Generalists Triumph in a Specialized World》(New York: Riverhead Books, 2019)(데이비드 엡스타인, 이한음 역, 《늦깎이 천재들의 비밀》, 열린책들, 2020) 둘 다 강력 추천한다.

12   Ed Pilkington, 〈드론 오퍼레이터로서의 삶: '개미를 밟고 다시 생각하지 않는가?' Life as a Drone Operator: 'Ever Step on Ants and Never Give It Another Thought?'〉, 《Guardian》, 2015년 11월 19일.

13   Whitney Phillips, 〈QAnon에 관해 이야기하는 것을 이야기할 필요가 있다We Need to Talk about Talking about QAnon〉, 《WIRED》, 2020년 9월 24일.

14   Andy Greenberg, 〈연구에 따르면 트위터는 여전히 넘쳐나는 쓰레기 계정을 따라갈 수 없다Twitter Still Can't Keep Up with Its Flood of Junk Accounts, Study Finds〉, 《WIRED》, 2019년 2월 8일.

15   Zach Campbell, 〈인공지능에 조종되는 드론 무리가 곧 유럽 국경을 순찰할 수도Swarms of Drones, Piloted by Artificial Intelligence, May Soon Patrol Europe's Borders〉, 《Intercept》, 2019년 5월 11일.

16   Megan Specia, 〈학부모, 학생, 교사들이 시험 결과로 영국에게 낙제점을 주다 Parents, Students and Teachers Give Britain a Failing Grade Over Exam Results〉,《New York Times》, 2020년 8월 14일.

17 Aubrey Allegretti, 〈유턴 시험: 교사는 논란의 여지가 있는 알고리즘 대신 GCSE와 A-수준 등급을 사용할 것으로 추정하다 Exams U-turn: Teacher Estimates to Be Used for GCSE and A-level Grades as Controversial Algorithm Ditched〉, news.sky.com, 2020년 8월 18일.

18 나는 2020년 8월 16일 @HUCKmagazine의 트위터 피드에서 시위 영상을 봤다.

19 Ian Bogost, 〈당신의 휴대폰은 종말론을 위해 만들어지지 않았다 Your Phone Wasn't Built for the Apocalypse〉,《Atlantic》, 2020년 9월 11일.

20 Nate Silver, 〈내가 전문가처럼 행동해 도널드 트럼프의 계획을 망친 방법 How I Acted Like a Pundit and Screwed Up on Donald Trump〉, FiveThirtyEight.com, 2016년 5월 18일.

21 Nate Silver, 〈트럼프가 여전히 이길 수 있다는 것을 상기시키기 위해 왔다 I'm Here to Remind You That Trump Can Still Win〉, FiveThirtyEight.com, 2020년 11월 1일.

22 Scott Keeter, Courtney Kennedy, Claudia Deane, 〈2020년 선거의 이해와 다른 종류의 조사 작업의 의미 Understanding How 2020 Election Polls Performed and What It Might Mean for Other Kinds of Survey Work〉,《Pew Research Center》, 2020년 11월 13일.

23 Harry Enten, 〈트럼프는 어떻게 여론조사를 격파했는가 How Trump Has Broken the Polls〉, CNN.com, 2020년 5월 3일.

24 Alex Thompson, 〈왜 우파가 페이스북에서 엄청난 이점을 가지는가 Why the Right Wing Has a Massive Advantage on Facebook〉,《POLITICO》, 2020년 9월 26일.

25 Julia Carrie Wong, 〈페이스북, 폭력성으로 얼룩진 친트럼프 세력인 스탑더스틸을 제거하다 Facebook Removes Pro-Trump Stop the Steal Group over 'Calls for Violence'〉,《Guardian》, November 5, 2020.

26 Elizabeth Dwoskin, Craig Timberg, Tony Romm, 〈한때 저커버그는 트럼프를 제재하고 싶어 했다. 그런데 페이스북은 트럼프를 수용하는 규칙을 작성했다 Zuckerberg Once Wanted to Sanction Trump. Then Facebook Wrote Rules that Accommodated

Him〉,《Washington Post》, 2020년 6월 28일.

27 Adrienne LaFrance, 〈페이스북은 종말을 가져올 기계 Facebook Is a Doomsday Machine〉,《Atlantic》, 2020년 12월 15일.

28 Matthew B. Crawford,《Shop Class as Soulcraft: An Inquiry into the Value of Work》(New York: Penguin Books, 2009)(매튜 B. 크로포드, 윤영호 역,《손으로, 생각하기》, 사이, 2017).

29 Corey Kilgannon, 〈농구 탐사자 Basketball Prospector〉,《New York Times》, 2013년 2월 1일.

30 나는《에스콰이어》에 로버트 카로에 관한 글을 썼다. 〈더 빅 북 The Big Book〉이란 제목의 기사는 2012년 5월호에 실렸다.

31 《에스콰이어》에 존 매케인에 관한 기사를 여러 번 썼다. 첫 번째 기사는 〈우리와 같은 사람 One of Us〉이라는 제목으로 2006년 8월호에 실렸다. 선거운동이 진행되면서 그와 만나는 시간이 줄어들었는데, 부분적으로는 내가 그의 선택 중 일부가 잘못되었다고 생각하는 것을 그와 참모진들이 알고 있었기 때문이고, 특히 그가 세라 페일린을 러닝메이트로 선택한 게 가장 컸다. 그는 상자 밖으로 괴물을 내보냈다. 그가 세상을 떠났을 때 나는 스스로도 놀랄 만큼 슬픔에 빠졌다. 그에게서 많은 것을 배웠고 그와 함께 보내는 시간이 즐거웠다. 존은 특별한 사람이었다.

❺장 범죄

: 숫자로 살인하기

1 이 인용구의 출처는 코맥 매카시 Cormac McCarthy의 소설《노인을 위한 나라는 없다》(코맥 매카시, 임재서 역, 사피엔스21, 2008)이다. 영화에서 토미 리 존스 Tommy Lee Jones가 피곤할 정도로 의심이 많은 보안관 에드 톰 벨을 연기했다.《노인을 위한 나라는 없다》는 소설과 동명 영화가 똑같이 훌륭한 흔치 않은 경우다. 두 작품 모두 범죄와 처벌에 대한 현대적 시각을 포함해 우리 시대에 대해 깊이 통찰하고 있다. 과학의 발전은 일정 부분 도움이 되었다. 하지만 범죄에 악영향을 끼친 부분도 존재한다. 우리는 이 양면성에 대해 제대로 이해할 필요가 있으며, 우리가 꼬리표를 붙인 범죄

자들과 피해자들도 각각 특정한 행동 패턴을 보이는 인간이라는 사실을 잊지 말아야한다. 게다가 완벽하지 않더라도 여전히 경찰은 때론 누가 누구에게 무엇을 했는지가장 잘 판단하는 사람들이다.

2　항상 캠벨의 버섯 크림수프가 등장했다. 헌신적인 동물운동가인 밥 바커는 방송에모피와 고기 등 동물성 제품이 없어야 한다고 주장했기 때문이다. 그래서 버섯 수프만 방송에 나왔다.

3　〈더 프라이스 이즈 라이트〉와 마찬가지로 〈프레스 유어 럭〉도 1983년부터 1986년까지 CBS에서 낮 시간에 방송되었다.

4　직접 두 사람을 비교하고 싶다면 인터넷에서 그들의 쌍둥이 머그샷을 찾아보면 된다. 사진 속 윌리엄 웨스트의 옆모습을 보면 정수리 쪽이 솟아 있다. 이를 제외하면두 사람은 놀라울 정도로 닮았다.

5　Robert D. Olsen Sr., 〈지문 이야기: 윌과 윌리엄 웨스트 사건 A Fingerprint Fable: The Will and William West Case〉, 《Identification News》(현재 《Journal of Forensic Identification》), 37권, 11호, 1987년 11월.

6　Alan McRoberts 편저, 《The Fingerprint Sourcebook》(Washington, D.C.: National Institute of Justice, 2011).

7　Celia Henry Arnaud, 〈DNA 포렌식 30년: DNA가 어떻게 범죄 수사에 혁명을 가져왔는가 Thirty Years of DNA Forensics: How DNA Has Revolutionized Criminal Investigations〉, 《Chemical&Engineering News》, 95권 37호, 2017년 9월 18일.

8　Douglas Starr, 〈이 심리학자는 사람들이 왜 저지르지 않은 범죄를 자백하는지 설명한다 This Psychologist Explains Why People Confess to Crimes They Didn't Commit〉, 《Science》, 2019년 6월 13일.

9　Pamela Colloff, 〈피가 말해줄 것이다 Blood Will Tell〉, ProPublica.org, 2018년 12월 20일.

10　Radley Balko, 〈물린 자국 증거로 잘못된 유죄를 선고받은 남자, 물린 자국 분석가들에 맞서다 Man Wrongly Convicted with Bite Mark Evidence Confronts Bite Mark Analysts〉, 《Washington Post》, 2017년 2월 16일.

11　David Grann, 〈방화 재판 Trial by Fire〉, 《New Yorker》, 2009년 9월 7일.

12 Cade Metz, Adam Satariano, 〈자유를 보장하거나 빼앗는 알고리즘 An Algorithm That Grants Freedom, or Takes It Away〉, 《New York Times》, 2020년 2월 6일.

13 Cathy O'Neil, 《Weapons of Math Destruction: How Big Data Increases Inequality and Threatens Democracy》 (New York: Broadway Books, 2016) (캐시 오닐, 김정혜 역, 《대량살상 수학무기: 어떻게 빅데이터는 불평등을 확산하고 민주주의를 위협하는가》, 흐름출판, 2017).

14 James Vincent, 〈하루도 안 되는 시간 동안 트위터는 마이크로소프트의 AI 챗봇에게 인종차별주의자가 되는 법을 가르쳤다 Twitter Taught Microsoft's AI Chatbot to Be a Racist Asshole in Less than a Da〉, 〈The Verge〉, 2016년 3월 24일.

15 Clare Garvie, Alvaro Bedoya, Jonathan Frankle, 〈영구적으로 정렬되는 사람들: 규제받지 않는 미국 경찰의 안면인식 프로그램 The Perpetual Line-Up: Unregulated Police Face Recognition in America〉, 《Georgetown Law Center on Privacy&Technology》, 2016년 10월 18일.

16 Steve Lohr, 〈당신이 백인이라면 안면 인식 기술은 정확하다 Facial Recognition Is Accurate, if You're a White Guy〉, 《New York Times》, 2018년 2월 9일.

17 Kashmir Hill, 〈알고리즘으로 잘못 기소되다 Wrongfully Accused by an Algorithm〉, 《New York Times》, 2020년 6월 24일.

18 이 인용문은 캐나다의 〈로저스 스포츠넷 Rogers Sportsnet〉의 하키 칼럼니스트 에릭 엥겔스 Eric Engels에게서 발굴해냈다. 그는 2018년 1월 14일 자신의 트위터 계정 @EricEngels에 이 글을 올렸다. 나는 이 글을 읽고 바보처럼 웃었다.

19 어떤 천재가 "쿠키"라고 이름을 지었을까? 당연히 난 쿠키를 수락한다! 누가 쿠키를 원하지 않겠는가? 잠깐, 내가 침대 프레임 사려는 걸 어떻게 알았지?

20 Kathleen McGrory, Neil Bedi, 〈Targeted〉, 《Tampa Bay Times》, 2020년 9월 3일. 그들의 조사는 소름 끼칠 만큼 훌륭하며 여러분도 이 기사를 정독하기를 바란다.

21 이런 헛소리에는 아무리 손가락 따옴표를 붙여도 모자라다.

22 이 장의 나머지 부분은 성범죄에 대해 자세히 다루고 있으며, 읽고 싶지 않으면 읽지 않기를 바란다. 여기서 언급한 전제가 이 책의 전제가 된다는 것만 알아두길. 우리는 우리의 인간성을 기억하기 어려운 때일수록 인간성을 잊지 않아야 최선의 결과를

낼 수 있다.

23 Michelle McNamara, 《I'll Be Gone in the Dark: One Woman's Obsessive Search for the Golden State Killer》(New York: HarperCollins, 2018)(미셸 맥나마라, 유소영 역, 《어둠 속으로 사라진 골든 스테이트 킬러》, 알마, 2020).

24 밥 맥키언Bob McKeown이 보도한 이 에피소드의 제목은 〈고백The Confession〉이었다. 2010년 10월 22일 CBC에서 방영되었다.

❻장 돈
: 시장 조정은 인간의 몫이다

1 나는 2014년 1월호 《에스콰이어》에 케네스 파인버그에 대한 글을 처음 썼다. 실제 그 기사의 제목은 〈국내 최고 시신 수습 전문가The Nation's Leading Expert in Picking Up the Pieces〉였다.

2 파인버그는 후에 다른 실종된 소방관의 미망인과 세 명의 반고아를 만났다. 파인버그와 이야기하는 동안 너무 심하게 울어서 그는 그녀가 쓰러질까 걱정했다. "제 인생은 끝났습니다." 그녀가 그에게 말했다. "전 절대 예전으로 돌아가지 못할 겁니다." 그녀는 완벽한 남자를 잃었다. 다음날 파인버그는 같은 소방관이 숨겨둔 두 번째 가족(결혼반지만 없는 또 다른 미망인에 아빠를 잃은 두 아이)을 대표하는 변호사에게서 전화를 받았다. 파인버그는 본 가족에게 두 번째 가족 이야기를 해야 할지 논의했는데, 아마 본 가족 아내의 슬픔을 달래거나 이복형제들이 자신도 모르게 만나 사귀는 상황을 막으려는 의도였을 것이다. 그는 입을 다물고 똑같은 수표 두 장을 썼다.

3 파인버그는 자신의 일과 관련해 두 권의 책을 썼다. 《What Is Life Worth?: The Inside Story of the 9/11 Fund and Its Effort to Compensate the Victims of September 11th》(New York: PublicAffairs, 2006), 《Who Gets What: Fair Compensation after Tragedy and Financial Upheaval》(New York: PublicAffairs, 2012).

4 급속한 조기 노화는 수세기 동안 희생양과 속죄자 이야기에 비유되었다.

5 〈머니 머신: 익명의 알고리즘 트레이더와의 인터뷰Money Machines: An Interview with an Anonymous Algorithmic Trader〉,《Logic》, 6호, 2019년 1월 1일. 전체 기사도 읽어볼 가치가 있다. 여기 나온 익명의 트레이더는 복잡한 개념을 간단하게 설명해 준다.

6 Will Douglas Heaven, 〈팬데믹 기간에 보인 우리의 이상행동이 AI 모델을 혼란스럽게 하고 있다Our Weird Behavior during the Pandemic Is Messing with AI Models〉, 《MIT Technology Review》, 2020년 5월 11일.

7 Maya Kosoff, 〈미디어계의 '영상 축으로의 대이동'은 모두 거짓말에 바탕을 둔 것인가? Was the Media's Big 'Pivot to Video' All Based on a Lie?〉, VanityFair.com, 2018년 10월 17일.

8 Mathew Ingram, 〈마이크의 몰락, 자만한 경영진과 페이스북의 비디오 중심 전략의 희생자 Mic Shuts Down, a Victim of Management Hubris and Facebook's Pivot to Video〉,《Columbia Journalism Review》, 2018년 11월 29일.

9 위튼은 이후 마음을 바꿔 ESPN의 〈먼데이 나이트 풋볼 Monday Night Football〉 녹화 장에서 실패한 시즌을 보낸 후 2019년 카우보이스로 돌아왔다. "방송은 아주 형편없 었습니다." 그가 말했다.

10 John McPhee, 《A Sense of Where You Are》 (New York: Farrar, Straus and Giroux, 1965).

11 Jason Witten, 〈방어할 수 없는 루트: Y 옵션 속으로 The Route You Can't Defend: Inside the Y Option〉, ESPN.com, 2018년 9월 20일.

12 더 자세히 말하면 팔리하피티야는 소셜캐피탈의 이해관계자들에게 보내는 그의 열 정적인 2019년 연례 서신에서 이 주제 외에 다른 많은 흥미로운 이야기들을 썼다. 그는 2020년 3월 9일 자신의 트위터 계정(@chamath)을 통해 이 편지를 공개했다. 그 편지는 내가 즐겨 읽었다고 말할 수 있는 몇 안 되는 금융 문서 중 하나이다. 나는 그 내용을 거의 완벽하게 이해했다.

13 Ed Catmull, Amy Wallace, 《Creativity, Inc.: Overcoming the Unseen Forces That Stand in the Way of True Inspiration》(New York: Random House, 2014)(에 드 캣멀·에이미 월러스, 윤태경 역,《창의성을 지휘하라》, 와이즈베리, 2014).

14 디즈니에서 일하면 월급봉투에 미키 마우스가 붙어 있다. 나는 디즈니에서 일하는

사람보다는 마약상처럼 생겼는데, 한 은행원이 나에게 디즈니에서 무엇을 했는지 물었다(그녀는 질문의 첫머리에서 "도대체…"를 생략했지만, 그 말을 들을 수 있었다). 나는 플루토의 목소리를 연기했다고 주장했다. 실제로 그녀는 내가 은행에 들어갈 때마다 "플루토!"라고 외치곤 했다. 나는 플루토가 말을 하지 않는다는 사실을 그녀에게 상기시켜줄 용기가 없었다.

15 Jonathan Watts, 〈콘크리트: 지구상에서 가장 파괴적인 물질 Concrete: The Most De-structive Material on Earth〉, 《Guardian》, 2019년 2월 25일.

16 Vince Beiser, 〈모래를 둘러싼 치명적인 글로벌 전쟁 The Deadly Global War for Sand〉, 《WIRED》, 2015년 3월 26일.

17 캐나다 브랜드인데 맛있다. 세련된 미각을 자랑하는 성인을 위한 초콜릿 바이다.

18 Jane Margolies, 〈오래된 원자재 콘크리트, 새로운 제조법이 나타나다 Concrete, a Centuries-Old Material, Gets a New Recipe〉, 《New York Times》, 2020년 8월 11일.

19 Lisa Sanders, 〈환자는 걸을 때 고통을 겪지만 변화를 알려주는 단서가 더 있었다 The Patient Had Pain When He Walked, but There Was a More Telling Change〉, 《New York Times Magazine》, 2018년 7월 27일.

20 그렇다, 그런 세계도 존재하고, 수요도 있다. 보디의 첫 번째 책인 《두 개의 원형 바늘로 양말 뜨기 Socks Soar on Two Circular Needles》는 10만 부 이상 팔렸다.

21 Ann Shayne, 〈캣 보디의 노트 A Note from Cat Bordhi〉, 《Modern Daily Knitting》, 2020년 9월 16일.

22 Caitlin Flanagan, 〈4기암은 최악이라고 생각했다 I Thought Stage IV Cancer Was Bad Enough〉, 《Atlantic》, 2020년 6월.

23 2020년 10월 7일 피터 굿과 통화했다. 훌륭한 디자이너인 동시에 그 남자는 아름다운 목소리를 가지고 있다. 그와 그의 아내의 디자인 회사인 커밍스&굿은 여전히 코네티컷주 체스터에 있다. 책에 실린 모든 로고는 이 회사의 허가를 받아 복사한 것이다.

24 Brett Martin, 《Difficult Men: Behind the Scenes of a Creative Revolution》, (New York: Penguin Books, 2014).

25 Paul Kimmage, 〈로리의 귀환: 폴 키미지가 지난 10년 경력의 골프 선수를 만나자 한계를 벗어난 질문도 범위를 벗어난 주제도 없어지다 Rory Revisited: No Questions

Off Limits, No Subject out of Bounds as Paul Kimmage Meets Golfer of the Decade〉, Independent.ie, 2020년 2월 2일.

26 로고 초기 디자인의 H 아래쪽에 있는 네 모서리를 자세히 보면 '차광 장치'를 발견할 수 있는데, 이것은 디자인이 디지털이라기보다는 아날로그라는 것을 말해준다. 당시 로고는 직접 복사로 복제되었는데, 직접 복사기는 사용함에 따라 모서리가 둥글어지는 경향이 있었다. 차광 장치가 모서리를 날카롭게 유지시켰다. 나는 고디 하우Gordie Howe가 입은 하키 스웨터에 피터 굿의 손으로 그린 차광 장치가 포함된 점이 매우 마음에 든다.

❼장 의학

: 모든 병은 질문을 던지며, 치료만이 그 대답이다

1 나는 《에스콰이어》에 쓸 미국 100달러 신권 지폐에 관한 기사 때문에 오랫동안 화폐 디자인을 조사했다(〈벤자민 지폐 The Benjamin〉 기사는 2013년 9월호에 실렸다). 미국 연방인쇄국에서 보낸 시간은 내게 때론 가장 일상적인 물건에 경이로운 사실들이 숨겨져 있음을 보여주었다. 누군가는 그 물건들을 만들었으니, 그 사람에게도 전하고픈 이야기가 있을 것이다.

2 예외: 1달러 지폐는 50년이 넘도록 전혀 바뀌지 않았으며, 2015년에는 의회가 앞으로도 1달러 화폐 디자인을 바꿀 수 없도록 막았다. 이는 1달러 화폐 디자인을 특별히 숭배해서 그런 게 아니다. 자판기 단체가 화폐 디자인이 새로 나올 때마다 자판기의 판독 장치를 바꾸고 싶어 하지 않기 때문이다.

3 2020년 3월 29일 CNN에서 파우치 박사는 제이크 태퍼 Jake Tapper에게 미국에서 수백만 명의 확진자가 나올 수 있으며 사망자는 10만~20만 명 사이일 것이라고 예상한 후 이 말을 했다. 안타깝게도 그의 예측은 상당히 과소평가된 것으로 드러났다.

4 Joseph Goldstein, 〈뉴욕시는 언제 정점에 도달할 것인가? 이에 대해 우리가 알고 있는 것들 When Will N.Y.C. Reach the Peak of the Outbreak? Here's What We Know〉, 《New York Times》, 2020년 4월 6일.

5 Ellen Gabler, Roni Caryn Rabin, 〈논란이 있는 코로나 데이터 뒤에 숨은 의사 The

Doctor Behind the Disputed Covid Data〉,《New York Times》, 2020년 7월 27일.

6 Jim Salter, Lindsey Tanner, 〈바이러스가 퍼질수록 주지사는 잘못된 병원 데이터에 의존한다As Virus Grows, Governors Rely on Misleading Hospital Data〉,《Associated Press》, 2020년 6월 26일.

7 Marisa Iati, 〈플로리다가 코로나19 바이러스 데이터 과학자를 해고했다. 이제 그녀는 자체적으로 통계를 발표하고 있다Florida Fired Its Coronavirus Data Scientist. Now She's Publishing the Statistics on Her Own〉,《Washington Post》, 2020년 6월 16일.

8 Amos Toh, 〈빅데이터가 코로나19 대응을 약화시킬 수 있다Big Data Could Undermine the COVID-19 Response〉,《WIRED》, 2020년 4월 12일.

9 Derek Thompson, 〈코로나19 감염 사례는 증가하는데 왜 사망률은 낮아지는가? COVID-19 Cases Are Rising, So Why Are Deaths Flatlining?〉,《Atlantic》, 2020년 7월 9일.

10 2020년 3월 13일 세계보건기구의 일일 브리핑에서 라이언 박사는 이렇게 발언했다.

11 Maggie Koerth, 〈과학은 코로나 바이러스에 대한 명확한 답을 가지고 있지 않다. 마스크도 예외는 아니다Science Has No Clear Answers on the Coronavirus. Face Masks Are No Exception〉, FiveThirtyEight.com, 2020년 4월 6일.

12 Michael Lewis,《The Undoing Project》(New York: W. W. Norton&Company, 2016)(마이클 루이스, 이창신 역,《생각에 관한 생각 프로젝트》, 김영사, 2018).

13 알고리즘은 계속 발전하고 있으며, 현재 알고리즘에 대한 사실이 미래에도 똑같이 사실에 해당하진 않을 것이다. 물론 인간도 마찬가지다.

14 Andre Esteva, Brett Kuprel 외, 〈심층신경망으로 피부암을 피부과 전문의 수준으로 분류하다Dermatologist-Level Classification of Skin Cancer with Deep Neural Networks〉,《Nature》, 2017년 1월 25일.

15 Philipp Tschandl, Noel Codella 외, 〈색소 침착된 피부 병변 분류에서 인간 판독 대 머신러닝 알고리즘의 정확도 비교: 개방형 웹 기반 국제 진단 연구Comparison of the Accuracy of Human Readers versus Machine-Learning Algorithms for Pigmented Skin Lesion Classification: An Open, Web-based, International, Diagnostic Study〉,《Lancet》, 2019년 6월 11일.

16   Philipp Tschandl, Christop Rinner 외, 〈피부암 인식을 위한 인간과 컴퓨터의 협업Human-Computer Collaboration for Skin Cancer Recognition〉,《Nature Medicine》, 2020년 6월 22일.

17   Tom Simonite, 〈알고리즘은 의사를 대체하지 않는다. 의사들을 보완해준다This Algorithm Doesn't Replace Doctors—It Makes Them Better〉,《WIRED》, 2020년 7월 17일.

18   샤론 박사는 누구도 이런 광범위한 개혁을 단번에 성공시킬 수 없으며, 변화는 긴밀하게 협력하는 과정이라고 조심스럽게 지적하고 있다. 자세한 내용은 2016년 출간된 학술지《엔시메마Enthymema》16호에 실린 그녀의 글 〈주의력의 충격The Shock of Attention〉을 참고하면 된다. 겸손하게 말했지만 그녀가 서사의학의 설립 정신에 상당 부분 이바지했다는 사실은 인정받아 마땅하다.

19   Sigal Samuel, 〈이 의사는 우리의 망가진 의료 시스템을 겨냥하고 있다. 한 번에 하나의 이야기로This Doctor Is Taking Aim at Our Broken Medical System, One Story at a Time〉, Vox.com, 2020년 3월 5일.

20   나는 2020년 8월 20일에 대니엘 스펜서 박사를 인터뷰했다. 그녀는 전반적으로 나의 무지에 관대했고, 나는 그녀의 인내심에 감사했다. 그녀는《Metagnosis: Revelatory Narratives of Health and Identity》의 저자이자《The Principles and Practice of Narrative Medicine》(Oxford: Oxford University Press, 2017)(리타 샤론 외, 김준혁 역,《서사의학이란 무엇인가》, 동아시아, 2021)의 공동저자이다.

21   Corina Knoll, Ali Watkins, Michael Rothfeld, 〈'나는 아무것도 할 수 없었다': 바이러스와 응급실 의사의 자살'I Couldn't Do Anything': The Virus and an E.R. Doctor's Suicide〉,《New York Times》, 2020년 7월 11일.

22   나는《에스콰이어》에 이 사고와 그것의 조사 과정을 썼다. 〈미스터리의 결말The End of Mystery〉은 2009년 9월호에 실렸다. 사고 발생 후 몇 년간 나는 관계자 몇 명, 특히 마이크 커닝햄과 이야기를 나누었다. 나는 이 사고와 조사 과정에 이상한 집착을 보였다. 왜 그런지 이유를 잘 설명할 수 없었지만, 가장 무작위적인 경험에서 질서를 찾으려는 사람들에겐 뭔가가 있었다. 그런 사람 옆에 있는 것은 우리보다 세상이 실제 어떻게 돌아가는지 훨씬 잘 아는 사람 옆에 앉아 있는 것이나 마찬가지다.

1%를 보는 눈

기계가 도달할 수 없는 오직 인간만이 가능한 창의성의 경지

1판 1쇄 인쇄 2023년 5월 10일
1판 1쇄 발행 2023년 5월 17일

지은이 크리스 존스
옮긴이 이애리
펴낸이 고병욱

기획편집실장 윤현주 **책임편집** 김경수 **기획편집** 한희진
마케팅 이일권 김도연 함석영 김재욱 복다은 임지현
디자인 공희 진미나 백은주 **제작** 김기창 **관리** 주동은 **총무** 노재경 송민진

펴낸곳 청림출판(주)
등록 제1989-000026호

본사 06048 서울시 강남구 도산대로 38길 11 청림출판(주)
제2사옥 10881 경기도 파주시 회동길 173 청림아트스페이스
전화 02-546-4341 **팩스** 02-546-8053

홈페이지 www.chungrim.com
이메일 cr2@chungrim.com

ISBN 979-11-5540-215-3 03100